Scrittori italiani e stranieri

Paolo Nori

Sanguina ancora

ROMANZO

L'incredibile vita di Fëdor Michajlovič Dostoevskij

MONDADORI

Dello stesso autore in edizione Mondadori
Bassotuba non c'è

L'editore ha ricercato con ogni mezzo i titolari dei diritti sull'immagine di copertina senza riuscire a reperirli: è ovviamente a piena disposizione per l'assolvimento di quanto occorra nei loro confronti.

I versi a pag. 41 sono tratti da *Frammenti*, testo di Franco Battiato, musica di Franco Battiato e Giusto Pio, copyright © 1980 by EMI Music Publishing Italia Srl. Tutti i diritti riservati per tutti i Paesi. Riprodotti per gentile concessione di Hal Leonard Europe Srl obo, EMI Music Publishing Italia Srl.

librimondadori.it

Sanguina ancora
di Paolo Nori
Collezione Scrittori italiani e stranieri

ISBN 978-88-04-72255-7

© 2021 Mondadori Libri S.p.A., Milano
I edizione aprile 2021

Anno 2021 - Ristampa   2 3 4 5 6 7

Sanguina ancora

È successo, non ricordo come, che Dostoevskij, nel 1849, ha dormito qualche volta da me e, in quelle occasioni, ogni volta che andava a letto mi pregava, se fosse andato in letargo, di non seppellirlo prima di tre giorni. L'idea che fosse possibile andare in letargo lo terrorizzava.
    KONSTANTIN ALEKSANDROVIČ TRUTOVSKIJ

0

Sanguina ancora

0.1 Che senso ha

Che senso ha, oggi, nel 2021, leggere Dostoevskij?

Perché una persona di venti, o di trenta, o di quaranta, o di settant'anni dovrebbe mettersi, oggi, a leggere, o a rileggere, Dostoevskij?

Ecco.

Domanda che non mi mette minimamente in imbarazzo.

La mia risposta è: non lo so.

Io, qualsiasi domanda mi si faccia, rispondo quasi sempre, come prima cosa, che non lo so. Poi, delle volte, vado avanti.

In questo caso, se mi si chiedesse che senso ha, oggi, nel 2021, leggere, o rileggere, Dostoevskij, direi che non lo so.

Poi andrei avanti.

E direi che c'è un personaggio secondario di *Delitto e castigo*, che si chiama Svidrigajlov, che a un certo punto dice che non c'è niente di più difficile della franchezza e niente di più facile dell'adulazione.

E che se nella franchezza c'è anche solo un centesimo di nota che suona falso, si avverte subito una stonatura, e ne viene fuori una scenata.

Mentre l'adulazione, anche se è tutto falso, sino all'ultima nota, riesce comunque sempre gradita, e la si ascolta non senza piacere; sarà pure un piacere grossolano, ma è pur sempre un piacere, dice Svidrigajlov.

E io, quando ho riletto quella pagina, ho pensato a uno scrittore italiano col quale siamo stati anche un po' amici, fino a quando non ho scritto una recensione di un suo romanzo, il quale scrittore, quando eravamo un po' amici, mi ha raccontato che, nel palazzo dove abitava lui, c'era un portiere analfabeta, che non sapeva né leggere né scrivere, e che, tutte le volte che usciva un romanzo, di questo scrittore, il portiere lo fermava e gli diceva «Dottore, il suo ultimo romanzo: bellissimo».

E lui, questo scrittore, che è una persona molto intelligente, e sensibile, e di una moralità specchiata, mi verrebbe da dire, e che sapeva benissimo che il suo portiere era analfabeta, quando sentiva così, mi ha raccontato, era contento.

Era un così bel modo, di cominciare la giornata.

Quindi: il senso di leggere Dostoevskij io non lo so, so che Dostoevskij, anche se non lo leggiamo, ci ha detto, nelle cose che ha scritto, come siam fatti prima ancora che venissimo al mondo, e poi so, bene o male, cosa è successo a me, quando ho cominciato a leggerlo, Dostoevskij.

0.2 Chissà se è vero

Ho sentito dire che, diventando vecchi, si regredisce a uno stadio infantile. Chissà se è vero. Una cosa che mi sembra succeda a me, in questi ultimi anni (ne ho già cinquantasei e, quando avrò finito di scrivere questo libro, ne avrò già cinquantasette), è che mi chiedo come mai faccio le cose che faccio.

Non le faccio così, senza pensarci, le faccio chiedendomi "Ma perché la faccio, questa cosa?".

Come quei bambini che, se gli dici che è ora di andare a letto, ti chiedono «Perché, è ora di andare a letto?».

E se gli dici che la verdura fa bene ti chiedono «Perché, la verdura fa bene?».

E se gli dici che non possono guardare tanta televisione, ti chiedono «Perché, non posso guardare tanta televisione?».

Ecco io, questi ultimi anni, uguale, quasi.

Un paio di anni fa, quando di anni ne avevo già cinquantacinque, mi sono chiesto come mai, io, nella mia vita, tra tutte le cose che avevo letto, avevo letto soprattutto dei libri russi.

"Perché?" mi sono chiesto.

E mi son ricordato del primo libro russo che ho letto, *Delitto e castigo*, di Dostoevskij.

0.3 Il posto

Delitto e castigo l'ho letto che avevo forse quindici anni, son passati ormai quarantun anni e, di quel momento in cui ho incontrato *Delitto e castigo*, io mi ricordo tutto; mi ricordo la stanza dov'ero, la mia stanzetta all'ultimo piano della nostra casa di campagna, mi ricordo com'ero voltato, mi ricordo l'ora del giorno, mi ricordo lo stupore di quello che stava succedendo, mi ricordo che mi chiedevo nella mia testa "E io?".

Quel libro, come i libri memorabili che ho incontrato nella mia vita, ha fatto diventare un momento qualsiasi tra gli innumerevoli momenti che ho passato nei cinquantasei e passa anni che son stato al mondo un momento indimenticabile, un momento in cui ero consapevole del fatto che stavo al mondo, un momento che mi sentivo il sangue che mi pulsava dentro le vene.

0.4 Perché?

Uno scrittore russo, Vasilij Rozanov, descrive Dostoevskij come un arciere nel deserto con una faretra piena di frecce che, se ti colpiscono, esce il sangue.

Ecco io, la prima reazione che ho avuto, quando ho capito di cosa parlava Dostoevskij in *Delitto e castigo*, quando Raskol'nikov, il protagonista, si chiede "Ma io, sono come un insetto o sono come Napoleone?", ecco quella domanda, io quindicenne, me la sono rivolta anch'io: "Ma io" mi son chiesto "sono come un insetto o sono come Napoleone?".

E ho avuto, me lo ricordo perfettamente, la sensazione che quella cosa che avevo in mano, quel libro pubblicato centododici anni prima a tremila chilometri di distanza, mi avesse aperto una ferita che non avrebbe smesso tanto presto di sanguinare. Avevo ragione. Sanguina ancora. Perché?

0.5 Questo libro

Questo libro, attraverso il racconto dell'incredibile vita di Fëdor Michajlovič Dostoevskij, ingegnere senza vocazione, traduttore umiliato dai propri editori, genio precoce della letteratura russa, nuovo Gogol', meglio di Gogol', aspirante rivoluzionario miseramente scoperto e condannato a morte, graziato e mandato per dieci anni in Siberia a scontare la sua colpa, riammesso poi nella capitale, quella Pietroburgo il cui mito, con le sue opere, contribuirà a costruire, «la più astratta e premeditata città del globo terracqueo», secondo una celebre definizione del suo uomo del sottosuolo, giocatore incapace e disperato, scrittore spiantato vittima di editori cattivi, marito innamoratissimo di una stenografa di venticinque anni più giovane di lui, padre incredulo che scrive a un amico: «Abbiate dei figli! Non c'è al mondo felicità più grande», pazzo benedetto che mette per iscritto le domande che tutti noi ci facciamo e che non osiamo confessare a nessuno, uomo dall'aspetto insignificante, goffo, calvo, un po' gobbo, vecchio fin da quando è giovane, uomo malato, confuso, contraddittorio, disperato, ridicolo così simile a noi, che riesce a morire nel momento del suo più grande successo, attraverso il racconto di questa vita romanzesca, questo libro che crede di essere un romanzo prova semplicemente a rispondere a quella domanda: perché?

Perché sanguina ancora?

0.6 A cosa serve?

Uno, mi rendo conto, potrebbe chiedermi: Ma a te piace sanguinare?

In un certo senso, sì.

Nel senso che viviamo, mi sembra, in un tempo in cui valgono solo le vittorie e i vincenti, un tempo in cui il participio presente perdente non indica una condizione temporanea, è un'offesa, in un tempo in cui, se ti chiedono «Come stai?» (e te lo chiedono, continuamente), devi rispondere «Benissimo!» col punto esclamativo, in un tempo in cui devi nascondere le tue ferite e i tuoi dispiaceri, come se tu non fossi fatto di quelle, e di quelli.

C'è un paese, in Sardegna, che si chiama Seneghe, che per quattro giorni all'anno si trasforma nel paese della poesia, perché c'è un festival di poesia e sui muri c'è pieno di cartelli con le scritte dei poeti, come quella di Wisława Szymborska che dice «Preferisco il ridicolo di scrivere delle poesie al ridicolo di non scriverne», e a me l'ultima volta che ci sono andato, nel 2016, è venuta subito in mente una cosa che aveva scritto Zavattini nel 1967 a Franco Maria Ricci: «Sono pessimista ma me ne dimentico sempre».

E mi è sembrato che non si potesse essere pessimisti, in quei giorni lì, a Seneghe, e mi è venuto in mente Angelo Maria Ripellino, che quand'era in sanatorio, in Repubblica Ceca, che si curava, chiamava sé stesso e gli altri ricoverati «i nonostante».

«L'avverbio – aveva scritto Ripellino – si fa sostantivo, a indicare noi tutti che, contrassegnati da un numero, sbilenchi, gualciti, piegati da raffiche, opponevamo la nostra caparbietà all'insolenza del male.»

Che meraviglia, Ripellino.

E ho pensato che per quelli che leggono i libri, che guardan le mostre, che ascoltano le sinfonie, i libri, i quadri, le musiche

che hanno incontrato nella loro vita li hanno aiutati in questa cosa così difficile e così strana, stare al mondo, a essere dei nonostante, a rendersi conto delle loro ferite, dei loro difetti, e ad accettarli, perché, come dice un cantante canadese, è attraverso le crepe che si vede la luce.

E questa condizione di nonostante, che io credo riguardi noi tutti, non interviene solo nei momenti decisivi, delle nostre vite, quando siamo in Repubblica Ceca in un sanatorio, credo intervenga anche nella vita di tutti i giorni, nella mia, perlomeno, succede, quando provo un sentimento che non ha un nome preciso, o se ce l'ha io non lo so.

Quel sentimento lì io l'ho riconosciuto, la prima volta, una volta che andavo a prendere una ragazza in stazione, era la prima volta che veniva a trovarmi, a Parma, abitavo a Parma, allora, e intanto che andavo in stazione, mi piaceva tanto, quella ragazza lì, intanto che andavo in stazione mi dicevo "Ma dove credi di andare, ma cosa credi di combinare, ma torna indietro, ma vai a casa".

Era un misto di ritrosia e di vergogna, ritrosogna, si potrebbe chiamare, che brutto nome, ritrosogna, ecco io la ritrosogna, son passati vent'anni, e quella ragazza lì è diventata la mamma di mia figlia ma io la ritrosogna ce l'ho ancora, tutte le volte per esempio che devo partir per la Russia: "Ma cosa credi di combinare" mi dico, "ma dove credi di andare, ma torna indietro" mi viene da dirmi nella mia testa, "ma stai a casa", invece poi ci vado, e mi sembra una cosa incredibile, che, nonostante la ritrosogna, riesco poi a andarci lo stesso.

E anche quando ho cominciato a scrivere questo libro sulla vita di Dostoevskij, nella mia testa mi dicevo "Ma cosa credi di fare, ma cosa vuoi scrivere, ma cosa credi di combinare, ma pianta lì", invece adesso non pianto lì, vado avanti.

0.7 A cosa serve

Mentre scrivevo questo romanzo, nel gennaio del 2020, ho partecipato alla riunione di una rivista che si chiama "Qualcosa".

L'argomento del numero di "Qualcosa" che stavamo preparando era: le storie sentimentali finite male; i disastri sentimentali, praticamente.

Noi, quella sera lì, le venti persone che erano lì, di quei momenti che abbiamo passato tutti, che siam stati male per amore, se così si può dire, di quei giorni così dolorosi che eravamo messi così male che ci sembrava di non esser mai stati tanto male nella nostra vita, e non ci sembrava possibile stare peggio, a ripensarci dopo degli anni, quella sera lì ci veniva da pensare "Ma come son stato male bene, quel giorno lì. Ma che bello, essere così vivi".

Ecco.

Una cosa del genere.

1
Diventare Dostoevskij

1.1 Le balle

Nella prima cosa che ho letto in cirillico, di Dostoevskij, c'è una balla.

Una menzogna, direbbe forse lui.

È un pezzetto che si trova in un libro che si intitola *Teksty i risunki* (Testi e disegni), pubblicato a Mosca nel 1989 dalla casa editrice Russkij jazyk (Lingua russa), libro destinato agli studenti di russo.

Si tratta di una nota che Dostoevskij ha lasciato il 31 gennaio del 1873 nell'album dei ricordi di Ol'ga Aleksandrovna Kozlova, una sua conoscente di Pietroburgo.

Lì, a un certo momento Dostoevskij scrive:

«Per me, chissà perché, ricordare equivale a soffrire, e mi succede perfino che più felice è il ricordo suscitato, più forte è la sofferenza. Nello stesso tempo, nonostante tutto quel che ho perduto, la vita mi piace moltissimo: mi piace la vita per la vita, e, sono serio, mi preparo, ogni momento, a <u>cominciarla</u>, la mia vita. Presto avrò cinquant'anni, e ancora non sono riuscito a stabilire: sta per finire, la mia vita, o è appena cominciata? Ecco il tratto principale del mio carattere: forse anche della mia attività.»

Fëdor Dostoevskij

31 gennaio 1873

Bellissime parole, e vere, probabilmente.

La balla, o menzogna, riguarda i numeri. Dostoevskij è nato il 30 ottobre (nel calendario giuliano, quello in vigore in Russia, in quello gregoriano sarebbe l'11 novembre) del 1821, quindi il 31 gennaio del 1873 non aveva quarantanove anni, ne aveva cinquantuno. I cinquant'anni li aveva già compiuti da un po'.

Non fa niente, come direbbe il protagonista del suo primo romanzo, Devuškin.

A me, tra l'altro, le balle, le menzogne, piacciono, un po' di anni fa ho cominciato un quadernetto dove volevo scrivere tutte le balle che raccontavo perché avevo l'impressione che mi avrebbero detto qualcosa su com'ero. L'ho tenuto per un po', e la maggior parte delle balle che raccontavo riguardava il prezzo delle cose che compravo.

La mamma di mia figlia, che ha un carattere un po' così, deciso, è laureata in Storia dell'Unione Sovietica e io la chiamo Togliatti perché lei è profondamente, intimamente, indubitabilmente convinta di essere "il migliore", è una persona che tiene molto al risparmio; una volta ogni due mesi, d'inverno, riceve i complimenti del gestore del gas che la rifornisce per il fatto di aver consumato molto meno della media dei loro clienti: io mi dico, tra me e me, che quelle balle gliele racconto a fin di bene, per evitarle un dolore, ma forse è perché non voglio che abbia di me un'opinione ancora peggiore di quella che ha, che già non mi sembra mi consideri chissà che cosa.

Se dovessi dire cosa le piace, di me, a Togliatti, credo che direi che è la stessa cosa che a Bazarov, straordinario personaggio di Turgenev (da *Padri e figli*), piaceva dei russi, «la pessima opinione che hanno di sé stessi».

Ma forse mi sbaglio.

Io Togliatti non la capisco e non l'ho capita mai, e questa è una delle cose che mi piacciono, di lei.

Quel quadernetto poi l'ho interrotto, perché erano troppe, le cose da scriverci; io sono peggio, sicuramente, di Dostoevskij, ma il fatto che anche Dostoevskij abbia il mio difetto, raccontar delle balle, è una cosa che mi fa resistere agli attacchi di ritrosogna – "Ma come fai a mettere in fila la vita di Dostoevskij, ma chi ti credi di essere, Arrigo Petacco?" – e andare avanti come se sapessi benissimo dove voglio arrivare.

1.2 Firmato

La seconda (e ultima) moglie, di Dostoevskij, Anna Grigor'evna Dostoevskaja (nata Snitkina), racconta nelle sue memorie che, molti anni dopo la morte di Dostoevskij, il giovane compositore Sergej Prokof'ev, che stava scrivendo un'opera sul romanzo *Il giocatore*, che, come vedremo, è stato il romanzo che ha fatto incontrare Anna Grigor'evna e il suo futuro marito, le si era rivolto per una consulenza.

Al momento di salutarsi, dopo averla ringraziata per l'aiuto, Prokof'ev le aveva chiesto di lasciare qualche parola nel suo album.

Aveva avvisato Anna Grigor'evna che era un album singolare, di una persona singolare, un compositore russo, un tale Prokof'ev, un originale, che permetteva di scrivere sul proprio album solo cose che avevano a che fare col sole.

Anna Grigor'evna aveva preso la penna, ci aveva pensato un po' e poi aveva scritto:

«Fëdor Dostoevskij: il sole della mia vita. Firmato: Anna Dostoevskaja.»

1.3 Già Dostoevskij

Anna Grigor'evna Snitkina conosce Dostoevskij nel 1866, quando lei ha vent'anni e lui quarantacinque, e lui la chiama perché ha bisogno di una stenografa alla quale dettare un romanzo che deve assolutamente scrivere entro la fine del mese, *Il giocatore*.

Lei ha letto i suoi romanzi, è, diremmo oggi, una sua fan, un'ammiratrice:

«Era stato lo scrittore preferito del mio povero padre – avrebbe poi scritto Anna –, e mi era familiare fin dall'infanzia. Io stessa, poi, ero entusiasta delle sue opere e avevo pianto leggendo le *Memorie da una casa di morti*.
E, d'un tratto, una fortuna del genere. Non solo conoscere quel celebre scrittore, poterlo anche aiutare nel suo lavoro!»

Quando Anna incontra il suo futuro marito per la prima volta, lui non è, semplicemente, un possibile datore di lavoro, è Dostoevskij: è già Dostoevskij.

1.4 Non ridete

Ma quand'è che Fëdor Michajlovič Dostoevskij, figlio di un medico militare, orfano di madre fin da quando ha quindici anni, ex ingegnere senza vocazione che, a ventidue anni, ha dato le dimissioni e ha rifiutato la modesta, tranquilla carriera che gli si prospettava, diventa il Fëdor Michajlovič Dostoevskij che conosciamo, quello che ci fa sanguinare, quello che se lo scriviamo su un computer il correttore automatico non lo segna come errore perché lo conosce anche lui?
Succede a San Pietroburgo all'inizio di giugno del 1845, in un appartamento al numero 64 della prospettiva Nevskij, all'angolo con la Fontan'ka, uno dei canali che attraversano il centro di Pietroburgo.
Uno dei primi giorni di giugno del 1845, Dostoevskij è uscito da quella casa, ha guardato il cielo,

«la giornata limpida, il sole, le persone che passavano e in tutto, e con tutto me stesso sentivo che era successo qualcosa di solenne, nella mia vita, una svolta definitiva, sentivo che era iniziato qualcosa di completamente nuovo, qualcosa che non avevo mai immaginato neanche nei miei sogni più appassionati (e io ero, allora, un terribile sognatore). "Ma davvero sono così grande?" ho pensato vergognoso in uno stato di timida gioia. Oh, non ridete, poi non ho più pensato che ero grande ma, allora, come potevo sopportare una cosa del genere? "Oh, sarò degno di questi elogi, e che uomini, che uomini! Ecco, dove sono gli uomini! Me lo meriterò, cercherò di diventare bello come loro, sarò leale!"

[...]

Oh, come sono frivolo, e se solo Belinskij sapesse che cose orribili e vergognose ci sono in me! E tutti dicono che questi letterati sono orgogliosi, egocentrici. Però, persone del genere si trovano solo in Russia, sono sole, ma sanno la verità, e la verità, il bene, la giustizia, trionfano sempre, e vincono sul vizio e sul male, vinceremo; oh, da loro, con loro!»

Ma cos'era successo? E chi è questo Belinskij? E quali sono le cose orribili e vergognose che ci sono in Dostoevskij? E chi sono quelle persone che si trovano solo in Russia? Cos'era successo?

1.5 Un intermezzo

Ci son due cose che mi dispiacciono, in quello che sto per scrivere: la prima, è che sto per scrivere una cosa che ho già scritto in altri libri (succede anche a Dostoevskij, di ripetere le cose da un libro all'altro, ma a me di più); la seconda, che la cosa che sto per scrivere è un po' immodesta, per i motivi che dirò più avanti.

Mi son ricordato di una volta che, avevo appena cominciato a abitare con Togliatti, e avevo appena firmato un contratto con una grande casa editrice che si chiama Einaudi, e una sera, non so perché, non lo facevo quasi mai, ma, aspettando che Togliatti tornasse a casa, mi ero messo a lavare i piatti e, intanto che lavavo i piatti, "Ma pensa" avevo pensato, "uno che sta per firmare un contratto con una grande casa editrice che si chiama Einaudi, guardalo qua che lava i piatti. Che umiltà" avevo pensato, e poi mi ero fermato nel mio lavare, "Ma sei deficiente?" avevo pensato.

Ero deficiente.

Mi succede, di essere deficiente, abbastanza spesso, anche.

C'è uno straordinario poeta e drammaturgo italiano che si chiama Raffaello Baldini che, in un suo straordinario testo teatrale che si intitola *La fondazione*, ha fatto dire al protagonista una battuta: «C'è una battuta, a proposito di battute, che la diceva sempre il maestro Liverani: "La battaglia contro la coglionaggine comincia da sé stessi"».

Ecco io, per quanto possa essere poco interessante, io devo dire che la mia coglionaggine non la combatto, la assecondo. Mi piace, quando mi accorgo di essere un deficiente, sono momenti memorabili. E, per quanto possa essere immodesto, ho l'impressione che a Dostoevskij succedesse la stessa cosa.

1.6 La cosa peggiore di Turgenev

In una lettera del 1867 al poeta e membro dell'Accademia delle Scienze Apollon Nikolaevič Majkov, Dostoevskij racconta che, a Ginevra, è passato a trovare Turgenev, cosa che non avrebbe voluto fare:

«Ho rimandato, ho rimandato – scrive –, poi alla fine ho deciso di fargli visita. Sono andato a mezzogiorno, e l'ho trovato che faceva colazione. Le parlo francamente: a me, anche prima, questo signore non è mai piaciuto. E la cosa peggiore è il fatto che io, già da tempo, da Wiesbaden, gli devo cinquanta talleri, e non glieli ho mai ridati!»

Ecco.

La cosa peggiore di Turgenev, è che Dostoevskij gli deve dei soldi.

1.7 Un personaggio di Tolstoj

Se c'è, nella letteratura russa, uno che sa stare al mondo, mi sembra sia il fratello di Anna Karenina, Stepan Arkadič Oblonskij, detto Stiva, il capofamiglia della prima famiglia infelice che troviamo in quel romanzo straordinario (ho paura che, in questo libro, l'aggettivo più usato sarà straordinario, portate pazienza).

Quando a Mosca, nella prima parte di *Anna Karenina*, arriva, dalla campagna, Lëvin per chiedere la mano della cognata di Stiva Oblonskij, Kitty, Stiva lo porta al ristorante, e, dovendo scegliere tra due dei suoi ristoranti preferiti, sceglie quello dove ha il debito più grande.

Il contrario di Dostoevskij, che, le persone con cui ha dei debiti, cerca di evitarle, che provinciale, ma questo fatto, invece di nasconderlo, e di nascondersi, ce l'ha ben presente e lo fa bene presente: «Questo signore [Turgenev] non mi è mai piaciuto. E la cosa peggiore [di Turgenev] è il fatto che io, già da tempo, da Wiesbaden, gli devo cinquanta talleri, e non glieli ho mai ridati!».

In uno (straordinario) libro di Serena Vitale, *Il bottone di Puškin*, c'è un'amica di Puškin, una donna molto bella, molto intelligente, molto colta e molto di mondo, come Stiva, che dà confidenza a chiunque, anche a soggetti che Puškin non toccherebbe neanche con un bastone, tanto sono cattivi, ignoranti e repellenti.

Quando Puškin le chiede cosa ci trova, nella conversazione di quei soggetti, lei lo guarda stupita e gli dice: «Tu non sai cosa ignora quell'uomo!».

Ecco, a me sembra che Dostoevskij, e i suoi personaggi, si stupiscano, spesso, non dell'ignoranza altrui, ma della propria, ignoranza, dei propri difetti, della propria cattiveria, delle proprie limitazioni, e che, invece di nasconderli, li mettano in mostra: guardate, guardate che spettacolo.

E hanno ragione: è uno spettacolo.

La scoperta delle loro deficienze, della loro coglionaggine, direbbe forse Baldini, è una grande scoperta, per Dostoevskij e per noi che lo leggiamo.

Ma andiamo con ordine.

1.8 Cos'era successo

Torniamo al momento in cui Dostoevskij non è ancora Dostoevskij, è un ingegnere che ha dato le dimissioni dal servizio e che vuol provare a fare della propria passione, la letteratura, un mestiere.

Comincia con le traduzioni.

Tra la fine del 1844 e l'inizio del 1845, con il fratello Michail e il compagno di studi Oskar Petrovič Patton, decidono di tradurre, in tre, un terzo ciascuno, e di pubblicare, a loro spese, e di mettere in commercio, *Mathilde*, romanzo di Eugène Sue.

Dopo qualche settimana Patton deve partire per il Caucaso e non se ne fa niente.

Dostoevskij traduce, allora, da solo, il romanzo di George Sand *La dernière Aldini*, uscito in Belgio nel 1838.

Dopo aver finito la traduzione scrive al fratello: «Mi è successa una cosa poco simpatica. Figurati come ci sono rimasto, quando mi sono accorto che il romanzo che avevo appena finito di tradurre l'hanno già tradotto».

Il grande critico russo Viktor Šklovskij, in una specie di saggio autobiografico intitolato *Racconto sull'OPOJAZ*, scrive: «Se, per una ragione qualsiasi, vi dovesse succedere di ricominciare a vivere, non abbiate paura degli insuccessi».

1.9 Non aveva paura

Non aveva paura, degli insuccessi.

All'epoca, Dostoevskij va a abitare con Dmitrij Vasil'evič

Grigorovič, che aveva studiato ingegneria come lui, che, come lui, era appassionato di letteratura e che, come lui, sarebbe diventato un letterato.

Grigorovič racconta che, quando va a vivere con Dostoevskij, Dostoevskij ha appena finito di tradurre il romanzo di Balzac *Eugénie Grandet*.

«Balzac» scrive Grigorovič «era il nostro scrittore preferito; dico "nostro" perché ne eravamo entrambi appassionati e lo consideravamo di gran lunga superiore a tutti gli altri scrittori francesi.»

Una rivista, "La biblioteca di lettura", inaspettatamente accetta di pubblicare la traduzione e Dostoevskij è contentissimo.

È la prima cosa che riesce a pubblicare, la traduzione di un romanzo del suo scrittore preferito, «una traduzione fantastica», scrive al fratello Michail.

Le riviste russe, i cosiddetti *tolstye žurnaly* (riviste grosse), all'epoca, e per tutto il Novecento, funzionano così, pubblicano, anche, interi romanzi.

E mi sembra di vederlo, Dostoevskij, che aspetta l'uscita della sua prima cosa stampata e che pregusta l'incredulità di vedere il proprio nome, tutto per intero, in caratteri di stampa: «Traduzione di: Fëdor Michajlovič Dostoevskij».

Quando alla fine riesce a recuperare l'ultimo numero della "Biblioteca di lettura", lo scorre per cercare *Eugénie Grandet* e la trova.

Che meraviglia.

E cerca il nome del traduttore, e non lo trova. Perché non c'è.

E scorre le pagine, e si accorge che il romanzo che lui ha tradotto è stato ridotto di un terzo.

La cura dei redattori russi dell'epoca non era impeccabile, da un punto di vista filologico, bisogna dire.

Dostoevskij ci resta molto male, ma non rinuncia nemmeno dopo questo insuccesso.

Non aveva paura, degli insuccessi.

1.10 Povera gente

Dice Grigorovič che Dostoevskij, in quel periodo, passa giornate intere, e notti, perfino, alla scrivania.

Quando lui gli chiede che cosa sta facendo, Dostoevskij non risponde, o risponde a monosillabi e non si capisce niente di quello che dice.

Fino a che, una mattina, Dostoevskij non chiama Grigorovič nella sua stanza.

Ha in mano un grande quaderno e gli dice: «Siediti, Grigorovič. L'ho ricopiato ieri, voglio leggertelo; siediti, e non interrompermi».

E gli legge, tutto d'un fiato, un romanzo, *Povera gente*.

«Avevo sempre avuto un'alta opinione di Dostoevskij – ricorda Grigorovič –; la sua erudizione, le sue conoscenze letterarie, i suoi giudizi e la serietà del carattere avevano su di me un grande effetto. Mi chiedevo spesso come era potuto succedere che io fossi già riuscito a scrivere qualcosa, e che questo qualcosa fosse stato pubblicato, come potessi ritenermi già in qualche modo un letterato mentre Dostoevskij non aveva ancora fatto niente, in questo campo. Dalle prime pagine di *Povera gente* capii che quello che aveva scritto Dostoevskij era meglio di tutto quello che avevo composto io fino a quel momento; questa convinzione si rafforzava man mano che la lettura proseguiva. Pieno di ammirazione, ebbi la tentazione di saltargli al collo; mi tratteneva solo la sua avversione per le effusioni rumorose e espressive. Però non riuscivo a stare seduto tranquillo al mio posto e ogni tanto interrompevo la lettura con esclamazioni entusiaste.»

Alla fine della lettura, Grigorovič prende il manoscritto e lo porta a un suo amico, Nikolaj Nekrasov, che è un poeta giovane (nato anche lui nel 1821, come Dostoevskij) ma già molto conosciuto.

1.11 Quella nottata

Dostoevskij ricorda che la sera di quello stesso giorno, una volta dato il manoscritto a Grigorovič, era andato in periferia, a trovare uno dei suoi vecchi compagni.

Avevano parlato per tutta la notte di *Anime morte*, il romanzo di Gogol', e l'avevano letto, anche.

«Allora – scrive Dostoevskij – succedeva così, tra i giovani: si riunivano in due, tre e: "Se leggessimo Gogol', signori?", e si sedevano e leggevano, magari per tutta la notte. Allora moltissimi, tra i giovani, erano come toccati da qualcosa, era come se aspettassero qualcosa.»

Sarebbe come se oggi, in Italia, dei ventenni si trovassero per passare una sera insieme e a un certo punto uno dicesse: «E se leggessimo Foscolo, ragazzi?». E gli altri dicessero «Certo, com'è che non ci abbiamo pensato noi, leggiamo Foscolo!».

1.12 Stranissimo

È stranissimo, per un italiano, come me, constatare l'importanza che gli scrittori hanno avuto in Russia; non solo Dostoevskij, gli scrittori russi in quanto scrittori, il loro ruolo sociale.

Tolstoj, per esempio, aveva fondato una specie di religione, c'era gente che si comportava come Tolstoj, andava in bicicletta come Tolstoj, mangiava come Tolstoj, c'erano i ristoranti, per tolstojani.

Come se oggi, in Italia, ci fosse della gente che mangia come Saviano.

O come Scurati.

O come Michela Murgia.

O come Paolo Nori, Dio ci scampi e liberi.

1.13 Una cosa più importante del sonno

Comunque loro, Dostoevskij e il suo amico, leggono Gogol', *Anime morte*, e Dostoevskij torna a casa che son già le quattro del mattino; siamo alla fine di maggio, a Pietroburgo ci sono le notti bianche, non tramonta mai il sole, la notte pietroburghese è luminosa quasi come il giorno.

«C'è un tempo bellissimo – scrive Dostoevskij –, fa caldo. Entrato nel mio appartamento, non vado a dormire, apro la finestra e mi siedo lì vicino. D'un tratto il campanello mi fa fare un salto: sono Grigorovič e Nekrasov, che mi si gettano al collo in preda all'entusiasmo e poco manca che si mettano a piangere. La sera prima sono rientrati a casa presto, hanno preso il mio manoscritto e hanno cominciato a leggerlo, per vedere com'era.»

Pensano di leggerne dieci pagine; arrivano a pagina dieci, decidono di leggerne altre dieci e poi, senza fermarsi, rimangono lì tutta la notte, fino al mattino, leggendo ad alta voce e alternandosi, quando uno si stanca.

«"Stava leggendo della morte dello studente – mi disse poi a tu per tu Grigorovič – e d'un tratto mi accorgo che, nel punto in cui il padre corre dietro alla bara, a Nekrasov viene a mancare la voce, una volta, un'altra, e d'un tratto non ce la fa, sbatte il palmo sul manoscritto: – Ah, accidenti a lui! – voleva dire: accidenti a lei. E così siamo andati avanti tutta la notte." Quando finiscono, sono d'accordo di venire subito da me. "Che importa se dorme, lo svegliamo, questa cosa è più importante del sonno!"»

Nekrasov poi dice che porterà subito il manoscritto a Vissarion Belinskij.

1.14 Vissarion Belinskij

Credo che i giornalisti più celebri, nella Russia dell'epoca, non fossero quelli che commentavano la politica, come oggi in Italia, ma quelli che commentavano, raccontavano, e sostenevano la letteratura, e che il più celebre, tra i celebri giornalisti russi dell'epoca, fosse Vissarion Belinskij.

Vissarion Belinskij, nella Russia del primo Ottocento, era come Marco Travaglio nell'Italia di oggi, solo che, diversamente da Marco Travaglio, Belinskij non aveva a che fare con Berlusconi, Bersani, D'Alema, Veltroni, Renzi, Salvini, Di Maio o Di Battista, aveva a che fare con Puškin, Gogol', Lermontov, Turgenev, Dostoevskij, Herzen, Leskov, Aksakov, Gončarov, Saltykov-Ščedrin eccetera eccetera.

È stato un periodo, è quasi inutile sottolinearlo, straordinario.

1.15 Diario di uno scrittore

Più di trent'anni dopo, nel 1877, nel numero di gennaio di una rivista che Dostoevskij avrebbe fatto da solo, che si chiamava "Diario di uno scrittore" e che avrebbe avuto un successo straordinario, nel numero di gennaio del 1877 avrebbe scritto:

«Tutti i nostri critici (e io seguo la letteratura da quasi quarant'anni), sia i defunti sia gli attuali, tutti, in una parola, quelli almeno che io ricordo, appena cominciavano un qualsiasi resoconto sulla letteratura russa corrente (un tempo, per esempio, solevano esserci nelle riviste, nel mese di gennaio, resoconti di tutto l'anno precedente), adoperavano più o meno, ma con grande amore, sempre la stessa frase: "Al tempo nostro, in cui la letteratura è in un tale ristagno", oppure "In questo tempo così povero di letteratura", oppure "Vagando nei deserti della letteratura russa" ecc. ecc. Una stessa idea in mille forme. E pure in questi ultimi quarant'anni sono uscite le ultime opere di Puškin, ha cominciato e ha finito Gogol', c'è stato Lermontov, sono apparsi Ostrovskij, Turgenev, Gončarov, e almeno un'altra decina di scrittori di grande ingegno»

che potrebbero essere, per esempio, lo stesso Dostoevskij, Lev Tolstoj, Nikolaj Leskov, Aleksandr Herzen, Sergej Aksakov, Nikolaj Černyševskij, Michail Saltykov-Ščedrin, Fëdor Tjutčev, Nikolaj Nekrasov e Afanasij Fet, perlomeno, per non parlare di Koz'ma Prutkov, che era un celebre aforista che aveva scritto «Anche una fontana ha diritto di riposarsi», e «Non si abbraccia l'inabbracciabile», e «Vuoi essere felice? Siilo».

1.16 Ma torniamo al maggio del 1845

Nekrasov, quindi, porta il manoscritto a Belinskij.
«È comparso il nuovo Gogol'!» gli grida entrando da lui con in mano *Povera gente*.
«Da voi i Gogol' crescono come funghi» risponde Belinskij, ma il manoscritto lo prende.
Quando Nekrasov torna da lui, la sera dopo, Belinskij è agitatissimo: «Me lo porti, me lo porti subito!».
E Nekrasov glielo porta.

1.17 Con un tratto

«Mi ricordo – scrive Dostoevskij – che al primo sguardo sono rimasto molto colpito dal suo aspetto, dal suo naso, dalla sua fronte. Me l'ero immaginato, chissà perché, in modo completamente diverso: "Uno spaventoso, terribile critico". Mi ha accolto in modo straordinariamente solenne e freddo.
"Be', deve essere così" ho pensato, ma non è passato, forse, neanche un minuto, che tutto è cambiato: la solennità non di-

pendeva dal personaggio, dal grande critico che accoglie uno scrittore esordiente ventiduenne [ne ha ventitré, in realtà] ma, per così dire, dal rispetto per quei sentimenti che voleva trasmettermi il prima possibile, dalle parole importanti che aveva fretta di dirmi. Parlò con passione, con gli occhi che brillavano: "Ma lo capisce lei – mi ripeté più volte, e gridando come faceva di solito – quello che ha scritto?". Gridava sempre quando era infervorato.

"Solo d'istinto, è stato capace di scriverlo, da artista; ma ha compreso, lei, tutta la terribile verità che ci ha fatto vedere? Non è possibile che a vent'anni l'abbia già capito. Ma questo suo infelice impiegato si è comportato in un modo, e si è spinto a tal punto che per la vergogna non osa nemmeno ritenersi infelice, e quasi considera la minima lamentela una manifestazione del libero pensiero, e non osa neppure ammettere di ritenersi infelice, e quando un uomo buono, il suo generale, gli dà questi cento rubli, è distrutto, annichilito dallo stupore che qualcuno come lui possa far compassione a 'la loro eccellenza', non sua eccellenza, 'la loro eccellenza', come dice lui nel romanzo! Ma il bottone staccato, il bacio alla mano del generale che dura un minuto, per quest'infelice non son dispiaceri, ma orrori, orrori! Nella sua gratitudine sta il suo orrore! È una tragedia! E lei ha toccato l'essenza stessa della questione, ha indicato subito la cosa più importante. Noi, giornalisti e critici, ragioniamo solo, cerchiamo di chiarirlo a parole, invece lei, un artista, con un tratto, di colpo, con un'immagine mostra la vera essenza, in modo che si possa toccare con mano, in modo che al lettore più irragionevole diventi, all'improvviso, tutto chiaro. Ecco il segreto dell'arte, ecco la verità dell'arte! Ecco il servizio dell'artista al vero! A lei la verità viene rivelata e annunciata come a un artista, le viene data come un dono, apprezzi il suo dono e gli resti fedele, e sarà un grande scrittore!...".»

1.18 A dormire

Quando Dostoevskij esce da casa di Belinskij, si trova poi lì, sulla prospettiva Nevskij, davanti al civico 64, all'angolo con la Fontan'ka, e si accorge, come abbiamo già detto, che «è iniziato qualcosa di completamente nuovo, qualcosa che non avevo mai immaginato neanche nei miei sogni più appassionati (e io ero, allora, un terribile sognatore)».

Quella casa, che all'epoca si chiamava Casa Lopatin, era, nel 1845, una delle più grandi di Pietroburgo: conteneva diciotto appartamenti, ed era una casa nella quale, come ha scritto Belinskij, si poteva «abitare per degli anni senza conoscere i propri vicini».

L'ultima volta che ci sono passato davanti era dipinta di un colore tra il rosa shocking e il ciclamino, a pianterreno c'era una società che, a guardarla da fuori, sembrava una specie di banca, o di finanziaria, al primo piano mi è sembrato di capire che affittassero delle stanze: ho cercato su internet prospettiva Nevskij, 64, è vero: uno, se vuole, oggi, nel 2021, può andare a dormire nella casa dove Dostoevskij è diventato Dostoevskij.

1.19 Un romanzo

Balzac, lo scrittore preferito di Dostoevskij e Grigorovič, dice che un romanzo dev'essere una cosa inaudita.

E uno che scrive un romanzo ha, probabilmente, da una parte, quella pulsione lì, a scrivere una cosa inaudita, dall'altra, si aspetta che il mondo reagisca, alla cosa inaudita che lui gli dà.

1.20 Il mondo

Cosa succede, quando compare un romanzo inaudito?

Non un bel romanzo, non un romanzo passabile, non un

romanzo carino; uno che scrive dei romanzi, non scrive per scrivere un romanzo carino, scrive per scrivere una cosa che prima non c'era, una cosa che non è mai stata detta, che nessuno ha mai sentito, una cosa inaudita: e cosa succede, quando compare un romanzo inaudito?

Credo succeda quel che è successo quando ho sentito quella ferita che mi si è aperta mentre leggevo *Delitto e castigo*.

Quello è l'effetto che dovrebbe fare la comparsa di un romanzo, ed è una cosa che non succede solo coi romanzi: quando ho sentito leggere in russo una poesia di Anna Achmatova, autunno del 1988, in viale San Michele, a Parma, la prima volta che sentivo la lingua russa, il suono che fa la lingua russa, quella volta lì, la poesia è *Il re dagli occhi grigi*, l'effetto che ha fatto quella poesia lì è che la stanza dove eravamo si è dipinta di blu, è diventato tutto leggero ed è stato chiarissimo, non avevo più dubbi, io avrei studiato il russo per il resto della mia vita.

Mi è successo poi diverse volte, nella mia vita, di essere sotto un palco a sentire qualcuno che parlava di un libro, o che leggeva una poesia, o che cantava una canzone, e di sentirmi, insieme agli altri che ascoltavano, insieme al pubblico, un'unica bestia: respiravamo all'unisono.

L'arte, i romanzi, fanno quello, forse: determinano la frequenza dei tuoi respiri, guidano il flusso del tuo sangue, comandano il tuo sistema nervoso, e uno che decide, coscientemente, di scrivere un romanzo, io credo che, come minimo, inconsciamente si aspetti questo, di determinare i respiri, di guidare il flusso del sangue, di comandare i sistemi nervosi.

Per quello, un momento in cui il primo romanzo sta per uscire è un momento terribile, per chi l'ha scritto, perché ha l'impressione di essere sul punto di trasformarsi in qualcuno che è capace di fare qualcosa che pochissimi, tra i suoi simili, sanno fare.

1.21 Non sono esigente

Povera gente, il primo romanzo di Dostoevskij, è, forse, oggi, tra i romanzi di Dostoevskij che hanno avuto successo, il meno letto; per questo, nel raccontarlo, non ho nessun attacco di ritrosogna: verranno, ho paura, quando si tratterà di parlare di *Delitto e castigo*, o dell'*Idiota*, o dei *Fratelli Karamazov* ("Ma cosa credi, di spiegare *I fratelli Karamazov*? Ma chi ti credi di essere? Ma lascia perdere!").

Povera gente è un romanzo epistolare composto da 54 lettere che, dall'8 aprile al 30 settembre, si scambiano un povero copista di una certa età, Makar Devuškin, e una povera, giovane orfana, Varvara (detta Varen'ka) Dobroselova, che abita di fronte a Makar in un gruppo di povere case poco lontano dalla Fontan'ka.

«Manifestate il desiderio, matočka – scrive Makar il 12 aprile –, di conoscere la mia vita nel dettaglio, e tutto quel che mi circonda. Con gioia mi affretto a esaudire il vostro desiderio, mia carissima. Comincerò dal principio, matočka, così ci sarà un ordine maggiore. In primo luogo, in casa nostra, la scala dell'ingresso principale è più che passabile; la scala di servizio, invece, meglio non parlarne: a chiocciola, umida, lercia, con i gradini sbrecciati e le pareti così unte che la mano resta appiccicata quando ci si appoggia sopra. Sui pianerottoli bauli, sedie, armadi sventrati, robe vecchie appese, finestre rotte; ci sono tinozze con ogni genere di sporcizia, sudiciume, pattume, gusci d'uovo e interiora di pesci; l'odore è nauseabondo... per farla breve, non è una bella cosa.»

Dentro:

«Immaginate, più o meno – scrive Makar –, un lungo corridoio, del tutto buio e sporco. Sulla destra, una parete cieca, sulla sinistra porte e ancora porte, che si stendono in fila come stanze d'albergo. E questi quartierini li affittano, e dentro ciascuno c'è una stanza; e in una stanza ci vivono in due, in tre. Di ordine nemmeno a parlarne, una vera arca di Noè! D'altra parte, a quanto pare si tratta di brave persone, tutte istruite e colte. La padrona di casa è una vecchiaccia molto piccola e sporca, sta tutto il giorno in ciabatte e tutto il giorno non fa che gridare.»

La casa,

«nulla da dire, è comoda, ma in qualche modo non ci si respira, cioè, non è che ci sia un cattivo odore, ma, se così ci si può esprimere, c'è come una puzza di marcio, acuta e dolciastra. All'inizio l'impressione è sfavorevole, ma non fa niente, basta restare da noi un paio di minuti e tutto passa e non lo senti più, e tutto passa perché tu stesso cominci a puzzare, e il vestito puzza, e le mani puzzano, e tutto puzza e poi ti ci abitui. È per quello che da noi muoiono i canarini. Il guardiamarina ne ha già comprati cinque, ma loro non vivono con la nostra aria, è per quello che gli son morti tutti.»

In questo contesto abitativo, Makar si è sistemato in un modo abbastanza originale: abita dietro un tramezzo nella cucina comune, che, a sentire lui,

«è grande, spaziosa e piena di luce. È vero – scrive poi dopo –, al mattino c'è un po' di fumo, quando cuociono il pesce o la carne, e poi versano l'acqua e lavano dappertutto.»

Oltretutto

«in cucina, su delle corde, è sempre appesa della vecchia biancheria, e l'odore della biancheria dà un po' fastidio, ma non fa niente.»

I coinquilini di Makar non sono ricchi nemmeno loro, sono poveri, ma sono tutti più ricchi di lui, perché si possono permettere una stanza tutta per loro. Il vantaggio dell'angolino di Makar, dietro un tramezzo, in cucina, in mezzo all'odore del pesce e alla biancheria, sta nel fatto che costa poco. Così, Makar può permettersi anche di bere il tè, che prima non beveva e che non berrebbe neanche adesso, se fosse per lui, ma

«c'è da vergognarsi, mia carissima, a non bere il tè: qui sono tutte persone che stanno bene, e così ci si vergogna. Ed è per gli altri che lo si beve, Varen'ka, per l'apparenza, per darsi un tono, mentre per me è lo stesso, non sono esigente.»

1.22 Come scrive Makar

Questo Makar Devuškin, aspira a scrivere meglio, perché un po' si vergogna, del proprio stile. «Io» scrive «non ho talento. Anche se mi metto a imbrattare dieci pagine, non ne vien fuori niente, non c'è nessuna descrizione. Ci ho anche provato!» scrive Devuškin; eppure questo libro, il romanzo con cui Dostoevskij, secondo Belinskij, è andato più avanti di Gogol', è fatto quasi solo dello stile di Makar, che ha un modo di scrivere che sembra Sancio Panza, tutto fatto di modi di dire, di proverbi, e di diminutivi.

Varvara, per esempio, nel corso della corrispondenza la chiama «mia inestimabile», «mia ostinata», «anima mia», «mia piccola colomba», «angioletto mio», «mia egregia signorina», «mia piccola amica», «briciolina mia», «luce mia», «luce dei miei occhi», «animuccia mia», «cara amica», «graziosissima», «orfanella», «mia carissima», «Varen'ka», «matočka»; che è, quest'ultima, una variante popolare, contadina, del più comune matuška, che letteralmente significa «mammina», e col quale ci si rivolgeva, e ci si rivolge ancora, in Russia, a una donna che è cara a chi parla, e che, generalmente, ma non necessariamente, è più anziana di chi parla.

Questo appellativo, «matočka», comune nella lingua parlata, non lo era nella lingua scritta, Dostoevskij è stato il primo, a metterlo per iscritto, e questo sarà notato non solo dai vocabolari, come vedremo.

1.23 Uno dei protagonisti di Povera gente

Uno dei protagonisti di *Povera gente* è un personaggio che, come in una commedia di Bulgakov, pur essendo uno dei protagonisti (il protagonista, nella commedia di Bulgakov), non compare mai: Aleksandr Sergeevič Puškin.

Nelle pagine in cui Varen'ka racconta la sua vita precedente, confessa di essersi innamorata di un giovane istitutore, Pokrovskij, e che, quando Pokrovskij aveva compiuto gli anni, lei aveva speso tutto quel che aveva, non tantissimo, per regalargli una raccolta delle opere di Puškin; quando poi capisce che Makar Devuškin ha la passione della scrittura, gli regala un libro, *I racconti di Belkin*, di Puškin, e Devuškin legge un racconto, *Il direttore della stazione di posta*, e reagisce così:

«Ora, vi voglio dire, matočka, che capita di vivere e di non sapere che lì, accanto a te, c'è un libretto nel quale tutta la tua vita è esposta come sul palmo di una mano. E quello che prima a te era incomprensibile, adesso, appena cominci a leggere questo libretto, a poco a poco tutto ti viene in mente, e lo scopri, e lo decifri, e sapete perché mi sono innamorato del vostro libretto? Ci sono delle opere che, per quanto tu le legga, per quanto ti ci impegni, sono scritte con tanta intelligenza che è come se tu non le capissi. Io, per esempio, di mio, sono un po' stupido, allora non posso leggere opere troppo importanti, ma questa, al contrario, la leggi, è come se l'avessi scritta tu stesso, proprio come se tu avessi preso il tuo cuore, così com'è, l'avessi rivoltato da una parte all'altra di fronte alla gente, e avessi descritto tutto, nel dettaglio, e avessi detto: "Ecco, guardate com'è". Sì, ed è tutto semplicissimo, e anch'io l'avrei scritto così, e perché non l'ho fatto?»

si chiede Devuškin.

E alla fine, non voglio dire come va a finire, *Povera gente*, ma alla fine, quel che resta, l'ultimo oggetto che viene nominato in questo primo romanzo di Dostoevskij, è un libro di racconti di Aleksandr Sergeevič Puškin, *I racconti di Belkin*.

Un po' come nella biografia di Dostoevskij.

Quando Dostoevskij arriva a Pietroburgo, nel 1837, uno dei primi posti in cui va è la casa dove, fino a pochi mesi prima, aveva vissuto Puškin, che era morto in duello nel gennaio del 1837, a trentasette anni.

Dostoevskij, in quel 1837, è in lutto, per la morte della madre, e anni dopo dice che, se non fosse stato in lutto per sua mamma, si sarebbe messo in lutto per la morte di Puškin.

E l'ultima cosa che scrive, Dostoevskij, l'ultimo suo straordinario successo, l'ultimo di una lunghissima serie di fallimenti e di successi, è un celeberrimo discorso su Puškin nel quale dice che «mai, nessuno scrittore russo, né prima né dopo di lui, è mai stato così in confidenza, così visceralmente vicino al proprio popolo come Puškin».

Ma cosa aveva fatto, Puškin, di così importante, per meritarsi tutte queste attenzioni?

Adesso proviamo a raccontarlo, prima però voglio dire altre due o tre cose che sono dentro *Povera gente* e raccontare cosa succede quando il romanzo poi esce.

1.24 Nominarle

Dostoevskij, fin dall'inizio, scrive di cose che si fa fatica non solo a scriverle, anche a nominarle, e non solo a nominarle, anche a pensarle.

I bambini, per esempio, quando muoiono.

Il primo romanzo, *Povera gente*, la prima bara di un bambino.

In una delle famiglie che abitano con Devuškin, i Gorškov, muore il primogenito, un bambino di nove anni. Non si sa di cosa, forse di scarlattina. Una bara piccola, semplice, bella. La sorella, sei anni, tace, appoggiata alla bara, con in mano una caramella che non mangia. Seria, pensierosa.

«A me non piace, matočka» scrive Devuškin, «quando un bambino si fa pensieroso.»

1.25 Il futuro

C'è un regista russo che si chiamava Kulešov che una volta ha fatto un esperimento destinato a diventare celebre, nella storia del montaggio (si chiama Effetto Kulešov).

Ha filmato quattro sequenze: qualche secondo del primo piano di un attore, che si chiamava Mozžuchin, che guardava in lontananza; qualche secondo di una zuppa fumante; qualche secondo di un bambino steso, come se fosse morto, dentro una bara; qualche secondo di una ragazza su un divano che guardava, languida, la cinepresa.

Poi Kulešov, il regista, aveva montato le sequenze in questo modo: primo piano dell'attore-zuppa fumante; primo piano dell'attore-bambino nella bara; primo piano dell'attore-ragazza sul divano.

E la faccia dell'attore, Mozžuchin, nel primo montaggio sembrava una faccia affamata, nel secondo una faccia disperata, nel terzo una faccia innamorata, e la faccia era sempre quella, e l'esperimento di Kulešov dimostra che il significato che si attribuisce a una cosa cambia a seconda delle cose che la circondano, e viene in mente quel paradosso di Mommsen che dice che ci son delle volte che il futuro getta le sue ombre sul passato, che è quello che succede nelle tre sequenze di Kulešov: che la faccia di Mozžuchin si colora dell'ombra di quel che le succede (cioè di quel che vien dopo di lei), prende il colore del futuro, in un certo senso.

Questa cosa succede, delle volte, nel rapporto tra la biografia di Dostoevskij e le opere che scrive.

Cioè a Dostoevskij capita, come a tutti, che delle cose che scrive riflettano cose che gli sono successe in passato, ma a lui succede anche che delle cose che ha scritto, nel passato, si realizzino in futuro.

1.26 La miseria

Il povero Devuškin fa continuamente dei regali, alla povera Varen'ka, dei fiori, delle caramelle, e per Varen'ka rinuncia a bere il tè, e si fa prendere in giro, e fa dei debiti, e quando passa davanti a un mendicante e sente dire «In nome di Cristo», è costretto a passare senza dir niente, e a me viene in mente quando mia figlia era piccola, che voleva che facessi l'elemosina a tutti i mendicanti che incontravamo e io non lo facevo e mi sentivo malissimo, ma questo non c'entra, e quando il povero Devuškin va in rovina, Varen'ka lo viene a sapere e gli dà i pochi soldi che ha, delle copeche, dei centesimi, e questa miseria, questi due poveretti a me hanno ricordato quel che si legge nelle memorie della seconda moglie di Dostoevskij, Anna, che racconta che alla fine del 1867, a Ginevra, la sera, verso le sette, lei e il marito andavano a passeggiare, e, per non stancarla (lei era incinta), si fermavano spesso davanti alle vetrine illuminate dei negozi di lusso, e Fëdor Michajlovič le faceva vedere i gioielli che le avrebbe regalato se fosse stato ricco.

«Dobbiamo rendergli giustizia: mio marito aveva gusto artistico, e i gioielli che sceglieva erano deliziosi» scrive Anna Dostoevskaja.

1.27 I bambini

E quando, nel romanzo scritto nel 1845, si legge del bambino, e della bara nuova fatta fare apposta, viene in mente di quando a Dostoevskij nasce la primogenita (Sonja, chiamata così in onore di Sonja Marmeladova, la protagonista di *Delitto e castigo*, che di mestiere faceva la prostituta, avevano un bel coraggio, Dostoevskij e sua moglie), e la lettera che Dostoevskij manda a Majkov nel marzo del 1868:

«La bambina ha solo un mese – scrive Dostoevskij – e ha persino la mia stessa espressione sul viso, la mia intera fisionomia, le rughe sulla fronte; sta stesa come se stesse componendo un romanzo! Non sto parlando di tratti. Persino la sua fronte, stranamente, assomiglia alla mia. Da questo, ovviamente, potrebbe sembrare che lei non sia così bella (perché io sono un *fusto* solo agli occhi di Anna Grigor'evna, dico sul serio!). Ma Lei, che è un artista, sa benissimo che si può non avere esattamente un bel viso, ma essere comunque molto graziosi.»

E, soprattutto, torna in mente quel che scrive Anna Grigor'evna, di quei giorni a Ginevra, nel 1868:

«Con mia grande felicità, Fëdor Michajlovič si rivelò essere il più tenero padre; assisteva immancabilmente al bagno della bambina e mi aiutava, lui stesso l'avvolgeva in una coperta da picnic chiusa con delle spille inglesi; la portava in braccio e la faceva dondolare e, abbandonando i suoi impegni, si affrettava verso di lei, non appena sentiva la sua vocetta. La prima domanda al suo risveglio o al suo ritorno a casa era: "Come sta Sonja? Sta bene? Ha dormito bene, ha mangiato?"»

Fëdor Michajlovič passava ore accanto alla sua culla, a volte cantando canzoni per lei, a volte parlandole, e quando aveva tre mesi era sicuro che Sonja lo avesse riconosciuto, e questo è quello che scrisse a Majkov il 18 maggio 1868:

«Questa piccola creatura, a tre mesi, così misera, così minuscola, per me era già un volto e una personalità. Cominciava a riconoscermi, a volermi bene, e sorrideva quando mi avvicinavo. Quando le cantavo delle canzoni con la mia voce ridicola, le piaceva ascoltarle. Non piangeva né aggrottava le sopracciglia quando le davo un bacio; smetteva di piangere quando mi avvicinavo.»

«Ma non ci è stato dato molto tempo per goderci la nostra felicità – continua la moglie di Dostoevskij –. Nei primi giorni di maggio, il tempo era meraviglioso e noi, su consiglio insistente del medico, portavamo la nostra cara bambina tutti i giorni al parco, dove dormiva nel suo passeggino per due o tre ore. Un giorno sfortunato, durante una passeggiata del genere, il tempo cambiò improvvisamente, cominciò a soffiare la *bize* e la bambina prese il raffreddore, si vede, perché la notte le salì la febbre, e tossiva. Ci rivolgemmo immediatamente al miglior pediatra, che veniva da noi ogni giorno, e ci assicurava che la nostra bambina si sarebbe ripresa. Anche tre ore prima della sua morte, diceva che la piccola stava molto meglio. Nonostante le sue rassicurazioni, Fëdor Michajlovič non riusciva a fare nulla e quasi non si allontanava dalla sua culla. Entrambi eravamo atterriti dall'angoscia, e i nostri cupi presentimenti si sono avverati: nel pomeriggio del 12 maggio (del nostro stile), la nostra piccola Sonja è morta. Non sono in grado di descrivere la disperazione che ci ha assalito quando abbiamo visto la nostra cara figlia morta. Profondamente scioccata e rattristata dalla sua morte, ero terribilmente spaventata per il mio sfortunato marito. La sua disperazione era violenta, singhiozzava e piangeva come una donna, in piedi di fronte al corpo freddo della sua piccolina, e le copriva il viso pallido e le mani di baci caldi. Non ho mai visto una disperazione così violenta. A entrambi sembrava di non poter sopportare il nostro dolore. Per due giorni, senza separarci nemmeno per un minuto, andammo insieme in diverse istituzioni per ottenere il permesso di seppellire la nostra bambina, insieme la vestimmo con un abito di raso bianco, insieme la mettemmo in una bara bianca coperta di raso e piangemmo, piangemmo in modo incontrollabile. Era spaventoso guardare Fëdor Michajlovič, tanto aveva perso peso durante la settimana in cui Sonja si era ammalata. Il terzo giorno, portammo il nostro tesoro in una chiesa russa per il servizio funebre, e da lì al cimitero, nel *Plain Palais*, dove la seppellimmo nell'area riservata alla sepoltura dei bambini. Pochi giorni dopo, la sua tomba fu ornata con dei cipressi e tra loro fu collocata una croce di marmo bianco. Ogni giorno io e mio marito andavamo sulla sua tomba, portavamo dei fiori e piangevamo.»

1.28 L'aspetto

Nella biografia *Dostoevskij bez gljanca* (Dostoevskij senza orpelli), a cura di Pavel Fokin, la vita di Dostoevskij viene ricostruita in base alle testimonianze dei contemporanei.

Un suo compagno d'infanzia, Stepan Dmitrievič Janovskij, ricorda l'aspetto esteriore di Dostoevskij nell'anno in cui pubblica il suo primo romanzo.

«Ecco una descrizione dell'aspetto esteriore di Fëdor Michajlovič com'era nel 1846 – scrive Janovskij –. Era più basso della media, con delle ossa grandi, particolarmente ampie erano le spalle e il petto; la testa ce l'aveva proporzionata, ma la fronte era straordinariamente sviluppata, con le parti laterali che sporgevano in modo particolare; gli occhi piccoli, grigio chiari, e straordinariamente vivaci, le labbra sottili e sempre serrate, che davano a tutto il viso l'espressione di una certa particolare bonarietà e tenerezza; i suoi capelli erano più che chiari, erano quasi biancastri, e straordinariamente sottili, mani e piedi molto grandi. I suoi vestiti erano puliti, quasi eleganti; aveva una finanziera nera di ottima qualità, un gilè nero, una camicia di tela d'Olanda di una bianchezza accecante e un cilindro alla Zimmermann. Se qualcosa rovinava l'armonia della tenuta, erano le scarpe, e il fatto che lui, Dostoevskij, si muoveva in un modo un po' goffo, come l'allievo di un'accademia militare, o un seminarista appena uscito dal seminario.»

A leggere questa descrizione vengono in mente tre cose: che quel cappello alla Zimmermann lo troveremo poi, ridotto malissimo, all'inizio di *Delitto e castigo*; che a vedere Dostoevskij vestito così, da scrittore, sembra di sentire quella canzone di Battiato «Deve sentirsi imbarazzato un vigile nella divisa il primo giorno di lavoro»; e che un personaggio del primo romanzo di Tiziano Scarpa, *Occhi sulla graticola*, è uno studente che sta facendo una tesi sulle brutte figure in Dostoevskij, e sembra che non ci sia dubbio: questo è un signore che sta per fare un mucchio di brutte figure.

E anche nel suo primo libro, *Povera gente*, che è uscito proprio nel 1846, nei giorni in cui Janovskij vede Dostoevskij con il cilindro alla Zimmermann, c'è pieno di brutte figure, e il signore che fa le brutte figure è, soprattutto, il protagonista, Devuškin, che, come abbiamo già detto, si indebita per far dei regali alla sua giovane amica e non ha i soldi per far risuolare gli stivali o per comprare i bottoni che gli mancano, e gliene mancano, e si vergogna del modo in cui è costretto ad andare a lavorare, e una volta, i primi di settembre, gli succede una cosa terribile.

1.29 Una biografia

Un'altra descrizione esteriore, nel libro a cura di Fokin, è quella di Christina Danilovna Alčevskaja, anche lei pubblicista e memorialista, che ci racconta un Dostoevskij di qualche anno più tardi, già dopo la condanna a morte e l'esilio:

«Di fronte a me – scrive – c'era un uomo basso, magro, vestito senza cura. Non l'avrei detto vecchio; non si notavano né calvizie né canizie, segni abituali della vecchiaia: sarebbe stato perfino difficile dire quanti anni avesse effettivamente; però, guardando il suo volto sofferente, i suoi bassi, piccoli occhi infossati, le sue rughe profonde, ciascuna delle quali sembrava avesse una sua biografia, si poteva dire con sicurezza che era una persona che aveva molto pensato, molto sofferto, molto sopportato.»

1.30 La cosa terribile

La cosa terribile che è successa a Makar Devuškin, il protagonista di *Povera gente*, è il fatto che lui, che di mestiere fa il copista (come Akakij Akakievič, il protagonista del *Cappotto* di Gogol'), l'8 settembre, nel copiare una pratica molto importante, affidatagli dal capufficio, ha saltato una riga. Il giorno dopo lo chiamano da «Sua Eccellenza», cioè dalla persona più importante di quel ministero, dal generale, e gli dicono: «Negligenza! Sconsideratezza! Siete nei guai!».
 Lui vorrebbe aprire la bocca ma non ci riesce.
 Vorrebbe chiedere scusa, ma non ci riesce.
 Vorrebbe scappare, ma non si azzarda.
 E a quel punto succede una cosa che, a raccontarla, Devuškin fa «fatica a tenere in mano la penna per la vergogna».

«Il mio bottone – scrive Devuškin – che se lo pigli il demonio, il bottone che era appeso a un filo d'un tratto si è strappato, è rimbalzato, si è messo a saltellare (l'avevo probabilmente sfiorato senza volerlo), a tintinnare, a rotolare ed è andato a finire, maledetto, dritto ai piedi di Sua Eccellenza; le conseguenze sono state da fare paura. Sua Eccellenza ha subito rivolto la propria attenzione alla mia figura e al mio abbigliamento.»

Lui, Devuškin, consapevole del proprio aspetto, si getta a raccogliere il bottone e non gli riesce tanto bene:

«Quello rotola, gira, non riesco a tirarlo su; in poche parole: mi sono distinto anche in quanto a agilità – scrive –. A questo punto – continua –, sento che anche le ultime forze mi stanno abbandonando, che tutto è perduto, oramai. Tutta la reputazione è perduta, tutto l'uomo è andato in rovina!»

Alla fine riesce a prendere in mano il bottone, si risolleva, e «invece di restarmene lì, come uno scemo, con le mani lungo i fianchi», cerca di attaccare il bottone ai fili strappati «come se fosse possibile, riattaccarlo, e per di più sorridevo, sì, continuavo a sorridere».

1.31 Sua Eccellenza

Sua Eccellenza ha voltato le spalle a Makar Devuškin, come per non guardarlo più, poi gli ha gettato ancora un ultimo sguardo, si è voltato verso il capufficio e ha detto, al capufficio:
«Ma come è possibile? Ma guardi in che stato è! Ma come fa? Ma cosa fa?». «Mai avuto segnalazioni» ha risposto il capufficio, «comportamento esemplare, stipendio sufficiente, secondo le regole.» «Be', bisogna aiutarlo» ha detto Sua Eccellenza, «dategli un anticipo», «L'ha già preso» ha detto il capufficio, «ha preso parecchi mesi di anticipo. Non figura tanto bene» ha detto, «ma non ci sono mai state segnalazioni.» Devuškin scrive a Varvara che lui, in quel momento, avrebbe voluto sparire sottoterra (quanti ce ne saranno, nei romanzi di Dostoevskij, di momenti nei quali il protagonista vorrebbe sparire sottoterra?). Ma Sua Eccellenza si rivolge proprio a lui, a voce alta,

e gli dice: «Allora: deve essere copiato ancora, e senza errori! Forza, Devuškin, venga qui un attimo». Poi Sua Eccellenza dà a ciascuno dei presenti una disposizione e li congeda. Spariscono tutti, rimangono solo Devuškin e Sua Eccellenza.

1.32 Un generale

Quando gli altri sono usciti dalla stanza, Sua Eccellenza tira fuori in fretta il portafoglio e dal portafoglio un biglietto da cento rubli e dice a Devuškin: «Ecco, per quel che posso, consideratelo come volete», e glielo ficca in mano. Devuškin si confonde, gli prende la mano. Sua Eccellenza arrossisce tutto e stringe la mano di Devuškin. «Come se io fossi un suo pari» ha scritto Devuškin. «Come se fossi io stesso un generale.»
Poi Sua Eccellenza dice: «Andate pure. Per quello che posso... Non fate errori, e andrà tutto bene».

1.33 Prima che esca Povera gente

Scrive Grigorovič, il coabitante di Dostoevskij, che, dopo che Belinskij aveva letto il manoscritto di *Povera gente*, in Dostoevskij era avvenuto un cambiamento notevole.
«Nel periodo in cui si stampava *Povera gente*, lui, Dostoevskij, si trovava continuamente in uno stato di grande eccitazione nervosa» scrive.
Questo stato è evidente anche dalla corrispondenza.
Il 16 novembre del 1845, Fëdor Michajlovič Dostoevskij scrive al fratello, Michail.

«Fratello mio, non succederà mai più, credo, che io sia famoso come lo sono ora. Mi rispettano tutti in modo straordinario, c'è un'incredibile curiosità, nei miei riguardi. Ho conosciuto un sacco di gente proprio per bene. Il principe Odoevskij mi chiede di farlo felice con una mia visita, il conte Sollogub si strappa i capelli per la disperazione. Tutti mi accolgono come se fossi un prodigio. Non posso aprire bocca senza che, da tutte le parti, dicano "Dostoevskij ha detto questo, Dostoevskij ha fatto quello". Belinskij mi vuol così bene che di più non si può. Da qualche giorno è tornato da Parigi il poeta Turgenev [che in realtà, più che come poeta, diventerà famoso come romanziere], e mi si è attaccato con un attaccamento tale, con una tale amicizia, che Belinskij dice che si è innamorato, di me, proprio. E anch'io, son quasi innamorato anch'io. Un poeta, un talento, un aristocratico, un bell'uomo, ricco, intelligente, colto, venticinque anni [ne aveva ventisette, in realtà]. Ho un mucchio di idee, e non faccio in tempo a raccontarne una, non so, a Turgenev, che il giorno dopo, in quasi tutti i cantoni di Pietroburgo, tutti sanno che Dostoevskij scrive questo o quello. Insomma, fratello, se dovessi farti l'elenco di tutti i miei successi, non troverei abbastanza carta, per scriverteli tutti. Goljadkin [cioè il suo romanzo successivo, *Il sosia*] sta venendo benissimo. Sarà il mio capolavoro.»

Non sarà, il suo capolavoro, *Il sosia*, come vedremo, ma prima di entrare nella vita di Dostoevskij scrittore professionista, cioè prima di raccontare quel che succede dal 1846 (anno in cui escono i suoi due primi romanzi, *Povera gente* e *Il sosia*) in poi, mi concedo un breve intermezzo, ma prima del breve intermezzo, voglio finire questa prima parte di questa specie di romanzo con il post scriptum con il quale Dostoevskij finisce quella lettera al fratello Michail del 16 novembre del 1845: «Ho riletto la mia lettera e mi sono accorto che: prima di tutto, sono un analfabeta, secondariamente, sono un fanfarone».

2
Intermezzo

2.1 Aerei

Io, per qualche anno, da giovane, tra i ventidue e i venticinque anni, ho lavorato all'estero, in Algeria e in Iraq e, leggevo già dei romanzi russi, ma prendevo spesso l'aereo, per dei viaggi anche lunghi, e in questi viaggi aerei leggevo anche dei romanzi, non so come dire, da viaggio aereo, quei best seller internazionali che si trovano, o si trovavano allora, nelle librerie degli aeroporti e, devo dire, mi piacevano. C'era un autore, Frederick Forsyth, che mi ha aiutato un paio di volte a raggiungere Algeri e Baghdad, *L'alternativa del diavolo*, e *Dossier Odessa*, se non ricordo male; quando poi, quindici anni dopo, alla fine degli anni Novanta, dopo essermi laureato in russo e dopo aver cominciato a scrivere dei romanzi, ho trovato in libreria un suo romanzo di fantapolitica scritto all'inizio degli anni Novanta e ambientato in Russia nel 1999, l'ho preso e l'ho letto e, devo dire, mi è sembrato stranissimo non tanto per come era fatto, era sempre avvincente, ben scritto e magnificamente montato, ma era stranissimo il modo in cui descriveva i russi.

In quel libro lì, che si chiama *Icona*, i russi non avevano soldi, diversamente dagli americani e dagli inglesi, che erano tutti benestanti, dentro nel libro.

I russi non avevano amici, e anche tra loro non si volevano bene, diversamente dagli americani e dagli inglesi che si invitavano a cena continuamente. I russi, in *Icona*, erano antisemiti, diversamente da americani e inglesi che invece erano amici di Israele e del popolo ebraico. E i russi, in *Icona*, stupidi, erano, diversamente da americani e inglesi che erano furbi. I russi erano anche poco simpatici, mentre invece gli americani e gli inglesi dicevan delle battute che poi ridevano tutti, e la birra, dei russi, era balorda, mentre la birra degli americani e la birra degli inglesi era buona, e se un americano o un inglese incontrava un russo per strada gli regalava una bottiglia di birra perché anche lui, come la birra della nazione da cui proveniva, era buono anche lui.

E il russo, che era povero, e non era abituato a questi gesti di bontà anglosassone, all'inizio ringraziava e si commuoveva, poi gli nasceva dentro una riconoscenza che però nel giro di pochissimo tempo si trasformava in odio perché i russi, come tutti gli slavi, in quel libro lì, eran cattivi, a differenza degli americani e degli inglesi che nel loro Dna avevano inscritta la bontà, com'è dimostrato anche dalla storia, e questo è in sintesi l'inizio del libro che ho letto un po' di anni fa.

Dopo, i servizi segreti russi, in quel libro lì, ammazzavano un sacco di gente, soprattutto dei russi, invece i servizi segreti occidentali non ammazzavan nessuno. E se per caso saltava fuori un documento che avrebbe richiesto un intervento dei servizi segreti occidentali che magari alla fine avrebbe potuto anche esser violento, chissà, i responsabili dei servizi segreti occidentali cosa facevano? Andavano in chiesa, si inginocchiavano «Fa' che non sia vero, Signore» si mettevano a pregare, «fa' che non sia vero. Fa' che il documento sia falso, Signore, per cortesia» dicevano i responsabili dei servizi segreti occidentali in quel libro lì, mentre i responsabili dei servizi segreti russi nelle loro riunioni usavano un linguaggio volgare, cosa che può sembrare strana ai lettori occidentali ma che dipende dal fatto che in Russia la volgarità è molto comune, c'era scritto in quel libro lì che si intitola *Icona* ed è stato anche un best seller molto venduto negli aeroporti dell'Occidente.

E dopo poi, dentro quel giallo internazionale, gli occidentali che si consegnavano ai russi, in quel libro lì, è perché erano alcolizzati incapaci che inspiegabilmente si eran trovati ai vertici dei servizi segreti occidentali, mentre i russi che consegnavano informazioni agli occidentali erano sobri padri di famiglia che odiavano il sistema sovietico perché era ingiusto e si eran rivolti agli occidentali solo perché avevano un figlio malato che poteva esser curato solo con delle medicine speciali americane che gli agenti occidentali gliele regalavano senza chiedere niente in cambio e solo dopo l'agente russo decideva per conto suo di tradire, che tra l'altro, tradendo lui l'Unione Sovietica, non si può neanche dire tradire, non son tradimenti, è a fin di bene, si capisce in quel libro lì che io a un certo punto avevo anche pensato che era un po' manicheo che tutti gli occidentali erano buoni tutti gli orientali eran cattivi invece no, c'erano anche un occidentale ubriacone e un russo buono.

Che poi, obiettivamente, in quel libro lì, devo dire, Forsyth dimostra delle grandi doti anche di immaginazione perché quel libro lì poi finisce in un modo che io non avrei mai immaginato, una fine così.

Che per prevenire la deriva nazista verso la quale scivolava la Russia nel '99, a pochi mesi dalle elezioni era ormai certa la vittoria elettorale di un blocco nazista e antisemita, i servizi segreti britannici avevano organizzato una truffa che nel giro di pochi mesi, con l'aiuto inconsapevole del metropolita russo, che essendo russo faceva anche lui la figura un po' del coglione, i servizi segreti britannici con un solo agente in tre settimane riuscivano a rivoltar la frittata, e siccome loro avevan capito benissimo che un paese così da coglioni come la Russia non c'era niente da fare non poteva esser governato democraticamente, i servizi segreti anglosassoni eran riusciti a trovare e a fare insediare il diretto discendente dell'ultimo zar Nicola II, che detto zar Nicola II, mi dispiace, essendo russo anche lui, era anche lui un coglione, si capiva in quel libro lì.

E il suo unico discendente diretto o quasi diretto, comunque il più adatto, sorpresa sorpresa, era un inglese, che si installava alla fine sul trono di tutte le Russie di modo che il romanzo finiva in gloria.

Ecco.

Questo secondo me è il riassunto più obiettivo possibile che io son capace di fare di *Icona*, di Frederick Forsyth, che è un libro che mi sembra, ancora oggi, molto interessante per via che indica, un po', il rapporto che abbiamo noi occidentali, di solito, con i russi.

Cioè, prima di tutto, i russi, per noi, per la maggior parte di noi, sono diversi da noi; secondariamente, per la maggior parte di noi, non sono tanto intelligenti; in terzo luogo, sono cattivi.

Se dovessi dirlo con un termine regionale di quella lingua che si agita dentro di me quando mi agito, i russi, per la maggior parte di noi occidentali, sono dei cancheri.

Allora.

La stesura di questo libro ha occupato un periodo, nella mia vita, e nella vita dei miei contemporanei, che sarà ricordato come il periodo del Coronavirus, o della pandemia.

Io mi son trovato spesso, in questi giorni, chiuso nella mia casa di Casalecchio di Reno, io Dostoevskij e il rumore del mio frigorifero mentre fuori, oltre le finestre, tutti parlavano del Coronavirus, e la sera anch'io, finito di lavorare, andavo sui social a guardare cos'era successo, e c'era moltissima gente che aveva paura, e un po' di gente che non aveva paura affatto, per esempio un mio amico, che si chiama Matteo B. Bianchi, in quei giorni lì ha chiesto in rete qual è il contrario di ipocondriaco; perché lui, ha scritto, con la diffusione del Coronavirus si sentiva proprio così: il contrario di un ipocondriaco.

Una ragazza gli aveva risposto che, secondo lei, il contrario di ipocondriaco era ipercondriaco, e a me è sembrata una bella parola, e l'ho assunta, come neologismo, e, riguardo alla paura del Coronavirus, e di tutti i virus in generale, io sono così, ipercondriaco, ho pensato, quasi spericolato.

Io, nella mia vita, come tutti, sono stato, qualche volta, in pericolo di vita, tra l'uscio e l'assa, come dicono a Parma, e, mi ricordo benissimo, la prima volta che è successo ho pensato "No, io adesso guarisco".

E nei confronti dei russi, e della paura che fanno i russi, e della presunta stupidità e cattiveria dei russi, e della presunta noia e pesantezza della letteratura russa, io, lo so fin da quel giorno che ho letto *Delitto e castigo* e che mi si è aperta la piaga che ho qui, sotto la gabbia toracica, io lo so, che non sono cattivi, io lo so, che non sono noiosi, io lo so, che fan bene, io lo so, che la Russia, i russi, la letteratura russa, meno male che ci sono.

Ecco.

E adesso andiamo pure avanti.

3
Una vita difficile

3.1 Sempre al fratello

Il romanzo *Povera gente* esce nel gennaio del 1846 sulla rivista "Annali patri".
Subito dopo, il primo febbraio del 1846, Dostoevskij scrive al fratello Michail:

«Ti manderò poi la rivista. È uscita il 15 gennaio. Oh, fratello! Il linguaggio esasperato con cui hanno accolto il romanzo! Su "Le illustrazioni", non ho letto critiche, ma insulti. Su "L'ape del nord" solo Dio sa, cosa c'era. Però mi ricordo di come accolsero Gogol', e tutti sappiamo come accolsero Puškin. Anche il pubblico è infuriato: i tre quarti dei lettori insultano, mentre un quarto (sì e no) elogia in modo sperticato. Si discute animatamente.
Insultano, insultano, ma comunque leggono (la rivista si vende in modo stupefacente, incredibile. È probabile che fra un paio di settimane non ne rimanga nemmeno una copia). Così è stato anche per Gogol'. Lo insultavano, lo ri-insultavano, lo insultavano ancora, ma, comunque, lo leggevano, e adesso hanno fatto la pace con lui e hanno cominciato a elogiarlo. Gli ho lanciato un bell'osso per cani. Lascio che si sbranino, lavoreranno per la mia gloria, quei coglioni. Fanno delle figure, come "L'ape del nord", con la sua critica, apice della vergogna. Che cosa incredibilmente sciocca! Però, che lodi ho sen-

tito, fratello! Figurati che tutti quelli che sono dalla mia parte, e anche Belinskij, credono che io sia andato ben più avanti di Gogol'. Nella "Biblioteca di lettura", il critico è Nikitenko, ci sarà un'analisi enorme di *Povera gente*, molto positiva. Belinskij in marzo farà un putiferio. Odoevskij scriverà anche lui un articolo. Sollogub, il mio amico, ne scriverà uno anche lui. Io, fratello, sono in cammino per raggiungere la fama, e tra tre mesi ti racconterò di persona tutte le mie avventure.

Il nostro pubblico ha istinto, come tutte le folle, ma non ha educazione. Non capisce come si possa scrivere in questo modo. Sono abituati a vedere in tutto la faccia dello scrittore, ma io la mia non l'ho mica fatta vedere. E loro non si sono neanche accorti che quello che parla è Devuškin, non io, e che Devuškin può solo parlare così. Trovano che il romanzo sia molto lungo, ma non c'è parola superflua. In me hanno visto una corrente originale (Belinskij e gli altri), che consiste nel fatto che io faccio un'Analisi, non una Sintesi, io vado in profondità e, frugando tra gli atomi, trovo il tutto, Gogol' invece prende il tutto direttamente e non è profondo, come me. Leggi, e vedrai tu stesso. Il mio futuro è meraviglioso, fratello!»

3.2 Un conte

Vladimir Aleksandrovič Sollogub, un conte che era anche scrittore e commediografo, che qualche anno più tardi sarà nominato storiografo di corte, all'inizio del 1846 aveva letto *Povera gente* e gli era sembrata «la testimonianza di un talento così autentico, di tanta semplicità e tanta forza, che quel romanzo mi ha portato a uno stato di estasi».

«Dopo averlo letto – scrive Sollogub –, ero andato subito dall'editore del giornale, Andrej Aleksandrovič Kraevskij, mi pare, per chiedergli dell'autore; mi aveva detto che si chiamava Dostoevskij e mi aveva dato il suo indirizzo. Ero andato immediatamente da lui in un piccolo appartamento di una via della periferia, di Pietroburgo, a Peski, mi pare.

Avevo trovato un giovanotto dall'aspetto pallido e malato. Indossava una giacca da casa piuttosto consunta e con le maniche stranamente corte, come se non fosse la sua. Quando mi sono presentato e gli ho raccontato con entusiasmo l'effetto profondo e stupefacente che il suo romanzo mi aveva fatto, un romanzo che aveva così poco a che vedere con tutto quello che veniva scritto a quel tempo, lui si è imbarazzato, si è confuso, e mi ha allungato l'unica cosa che si trovava in quella stanza, una vecchia sedia fuori moda. Mi sono seduto, e abbiamo parlato; a dire il vero, chi parlava di più ero io… è sempre stato un mio vizio. Dostoevskij rispondeva con modestia alle mie domande, era modesto e evasivo. Ho notato subito che, per natura, era timido, riservato e orgoglioso, ma pieno di talento e amabile. Dopo essere stato seduto con lui per venti minuti, mi sono alzato e l'ho invitato a venire da me per un pranzo alla buona.

Dostoevskij si è, letteralmente, spaventato.

"No, conte, mi perdoni" ha detto imbarazzato, sfregandosi una mano contro l'altra, "ma, a dir la verità, non sono mai stato nel gran mondo e non so se…"

"Chi le ha parlato di gran mondo, caro Fëdor Michajlovič; io e mia moglie apparteniamo effettivamente al gran mondo, ci andiamo, ma non lo lasciamo venire, da noi."

Dostoevskij ha riso, ma è rimasto irremovibile, e solo due mesi dopo si è deciso, un giorno, a venirmi a trovare.»

3.3 Cambiare strada

Avdot'ja Jakovlevna Panaeva, scrittrice e memorialista russa, che, secondo qualcuno, servirà da modello per la figura di Nastas'ja Filippovna, nell'*Idiota*, moglie dello scrittore Ivan Panaev e poi, dal 1846, di Nekrasov, il poeta che aveva portato il manoscritto di *Povera gente* a Belinskij, la Panaeva scrive che

«Dostoevskij, a causa della giovinezza e del temperamento nervoso, non sapeva comportarsi e era evidente il suo orgoglio e l'amor proprio che nasceva dall'idea di avere un gran talento, come scrittore.

Sbigottito dal suo primo, inaspettato, brillante passo nell'arena letteraria, e sommerso dai complimenti dei critici letterari, lui, da persona sensibile, non poteva nascondere la propria superbia di fronte agli altri giovani scrittori, che entravano, timorosi, in questa arena con le proprie opere.

Con la comparsa di altri nuovi scrittori nel nostro circolo, c'era il rischio di rendersi ridicoli e Dostoevskij, come se lo facesse apposta, si esponeva a queste prese in giro sostenendo, con tono irascibile e altezzoso, che lui era incomparabilmente superiore agli altri, in quanto a talento.

E cominciarono a sparlare di lui alle sue spalle, a irritare il suo amor proprio con delle frecciatine; era bravissimo, in questo, soprattutto Turgenev; conduceva deliberatamente Dostoevskij a polemizzare e lo portava al sommo dell'irritazione.

Dostoevskij si arrampicava sugli specchi e difendeva con coraggio le sue idee, anche quelle più paradossali, e Turgenev non gli dava tregua e lo prendeva in giro.

Una volta Turgenev, in presenza di Dostoevskij, aveva descritto il suo incontro, in provincia, con una persona che si credeva un uomo geniale, e aveva rappresentato in modo magistrale il lato ridicolo di questa persona. Dostoevskij era diventato pallido come un lenzuolo, tremava tutto e era scappato via per non sentire il racconto di Turgenev fino alla fine.

Io avevo chiesto: "Ma che senso ha deriderlo così?".

Ma Turgenev era nella migliore disposizione di spirito, aveva coinvolto anche gli altri e nessuno aveva dato un significato particolare all'uscita di Dostoevskij.

Turgenev si mise poi a comporre un poemetto umoristico su Devuškin, il protagonista di *Povera gente*, come se Devuškin avesse scritto dei versi per ringraziare Dostoevskij di aver resa nota a tutta la Russia la sua esistenza, e nei versi si ripeteva spesso la parola "matočka".

Da quella sera, Dostoevskij non si è più fatto vedere da noi, e ha evitato persino di incrociare i componenti del circolo per strada. Una volta, dopo averlo visto, per strada, Panaev, mio marito, voleva fermarsi e chiedergli perché non si fosse fatto vedere per così tanto tempo, ma Dostoevskij era rapidamente passato sull'altro marciapiede.»

Una vita difficile.

3.4 Una critica

Da allora, dal gennaio del 1846, a oggi, di pareri e di critiche su quell'opera ce ne sono stati tantissimi.

Uno dei più recenti è di un signore che si chiama Annibale e che, il 18 aprile del 2014, sul sito www.amazon.com, ha recensito così il romanzo d'esordio di Dostoevskij, *Povera gente*: «Ricevuto il libro entro i termini fissati, molto curato l'imballo, ottima la qualità, mio figlio suggerisce a tutti questo venditore, saluti Annibale».

3.5 Puškin

E adesso possiamo parlare di Puškin.

4
Puškin

4.1 Aleksandr Sergeevič Puškin

Aleksandr Puškin, che è nato nel 1799, cioè è un uomo del XIX secolo, può essere considerato il padre della letteratura russa, un po' come Dante Alighieri per la letteratura italiana, anche se Puškin, in Russia, è di più, del tanto che è Dante in Italia.

Fëdor Dostoevskij, come abbiamo visto, arriva a Pietroburgo quindicenne, a metà del mese di maggio del 1837, e uno dei primi posti che va a visitare, insieme al fratello, è la casa dove Puškin ha abitato negli ultimi mesi della sua vita, al numero 12 del lungofiume Mojka, e dove è morto, il 29 gennaio del 1837, dopo due giorni di agonia causati da una ferita rimediata in un duello con un militare francese che lui sospettava corteggiasse la moglie.

Quella casa è stata poi trasformata in un museo, che viene visitato ogni anno da centinaia di migliaia di russi che si sentono raccontare, per l'ennesima volta, la storia del poeta, e la sua tragica morte, e che, per l'ennesima volta, si commuovono.

Adesso noi, noi italiani, nel senso, se non conosciamo il russo, siamo un po' esclusi, dalla comprensione di quel che è stato Puškin, perché Puškin è stato prima di tutto un poeta, e leggere la poesia in traduzione è, come dire, un'altra cosa.

Ci sono, certamente, le opere in prosa, frutto della maturità (se così si può dire per una persona che muore a trentasette anni) di Puškin: *I racconti di Belkin*, *La donna di picche* e *La figlia del capitano*.

È un po' poco, ma è tantissimo, e se vi mettete a leggerli, e se capitate su una traduzione come si deve, c'è il caso che diciate anche voi, come il Makar Devuškin di *Povera gente*, che siete «innamorati di questo libretto».

4.2 Dei romanzi russi?

La protagonista della *Donna di picche* (racconto di Puškin pubblicato nel 1834), Anna Fedotovna, è una contessa russa che, nel Settecento, è stata a Parigi, dove era conosciuta come La Vénus moscovite, e dove ha fatto innamorare Richelieu, e dove ha perso a carte un mucchio di soldi, e dove ha imparato, dal conte di Saint-Germain, un modo per rifarsi.

All'inizio del racconto Anna Fedotovna ha ottant'anni, e vive a Pietroburgo, in centro, in via Gorochovaja, in una bellissima casa (che si è conservata), circondata dalla «sua innumerevole servitù, ingrassata e incanutita nella sua grande casa», servitù che «fa quel che vuole, e fa a gara per derubarla».

All'inizio del racconto, nel salotto di Anna Fedotovna arriva il nipote, che si chiama Pavel e che lei chiama Paul, e lei gli dice: «Paul, portami dei romanzi, solo, non di quelli di adesso».

«In che senso, grand'maman?» dice Paul.

«Nel senso di un romanzo dove il protagonista non abbia ammazzato né il padre né la madre e dove non ci siano morti annegati. Ho una gran paura dei morti annegati.»

Paul le risponde: «Vuole dei romanzi russi?».

E lei gli dice: «Esistono dei romanzi russi?».

4.3 Sempre questa mania di divagare

Credo che una parte dei lettori di questo libro non siano laureati in letteratura russa. Non è un difetto, è la condizione della stragrande maggioranza della popolazione.

Io, per dire, sono uno che legge dei libri, ma, secondo me, quelli che leggono i libri non sono necessariamente meglio di quelli che non li leggono, i libri, e, tra quelli che leggono i libri, io sono uno che la maggior parte dei libri che ha letto son libri russi, ma, secondo me, tra quelli che leggono i libri, non è che quelli che leggono i libri russi son meglio di quelli che non li leggono, i russi.

Cioè io credo che la letteratura russa sia la letteratura più bella del mondo, ma non è che voglio convincere tutti, e il mio sentimento nei confronti di chi, per esempio, non ha mai letto Puškin, Gogol', Lermontov, Leskov, Dostoevskij, Tolstoj, Čechov, Bulgakov, Chlebnikov, Charms, Il'f e Petrov, i fratelli Strugackij o Venedikt Erofeev è di invidia, perché che meraviglia, che ha davanti, se si dovesse mai decidere a mettersi per strada. Ecco. Volevo dirlo.

4.4 Romanzi russi

Credo, come ho già detto, che una parte dei lettori di questo libro non siano laureati in letteratura russa. E che non sia un difetto.

Credo che qualcuno, dei lettori di questo libro, provi per la letteratura russa, e per le opere di Dostoevskij in particolare, un po' di paura. Cioè che pensi magari che siano opere importanti, intelligenti, che affrontino temi alti, filosofia, religione, ma che siano difficili, noiose, complicate, che si debba far fatica, che ci voglia il tempo di studiarlo, Dostoevskij, di meditarlo.

Qualcuno magari, che ha letto Nabokov, condivide l'idea di Nabokov che Dostoevskij sia un ciarlatano, uno scrittore triviale, un comico che ha tanto successo perché il pubblico, si sa, ha dei gusti triviali, è così poco raffinato, il pubblico.

Ecco.

No.

Non è complicato, Dostoevskij, non è una cosa da intellettuali, non è triviale.

Cioè è anche triviale (come le nostre giornate), e è anche da intellettuali, ma è anche uno scrittore che si legge con la passione con la quale avete letto Dumas quando avevate quindici anni, se avete letto Dumas quando avevate quindici anni.

Nabokov, grande scrittore, su Dostoevskij si sbaglia.

Qualcuno di voi potrebbe chiedersi chi sono io, per confutare Nabokov, nessuno, solo che Nabokov, poverino, su Dostoevskij si sbaglia, su Dostoevskij ha ragione Bulgakov.

4.5 Protesto

Di questi giorni che ho passato a scrivere il romanzo e che Togliatti, la Battaglia e io abbiamo passato in casa senza quasi uscire (la Battaglia sarebbe nostra figlia), senza andare al cinema, senza andare in libreria, senza andare in biblioteca, senza andare a scuola, senza andare in palestra, senza prendere un autobus o un treno, di questi giorni molte cose me le dimenticherò, qualcuna no.

Mi ricorderò, credo, di quella volta che abbiamo ordinato dall'indiano, e qualcosa non è andato bene e siam stati male, e dopo cena, constatando il nostro malessere, ci siamo chiesti cosa fosse successo e io ho detto: «Secondo me le lenticchie erano di seconda freschezza».

E abbiamo riso, perché sia Togliatti che la Battaglia hanno letto *Il maestro e Margherita*, di Bulgakov, e nel *Maestro e Margherita* c'è uno storione di seconda freschezza che se uno lo legge una volta se lo ricorda per tutta la vita.

Dei tanti pomeriggi che ho passato in casa, nella mia vita di ragazzo, molti me li son dimenticati, uno no.

Era un dopo mangiato che gli altri dormivano, io ero sveglio, non avevo niente da leggere e ho preso l'antologia di mio fratello, che faceva, secondo me, la prima superiore, e l'ho sfogliata e son capitato in un teatro di Mosca dove c'era un uomo con una giacchetta a quadri, un gatto grande come un ippopotamo (che si dice in russo, me lo ricordo da allora, бегемот – begemót) e i moscoviti che, eran passati dei secoli, eran sempre gli stessi. Non avevo mai sentito parlare, prima di allora, di quello scrittore, era un certo Michail Afanas'evič Bulgakov, nato a Kiev nel 1891, morto a Mosca nel 1940.

E il giorno dopo sono andato a cercare il romanzo e l'ho letto subito e ho visto che quel Begemót, a un certo punto, con un suo collega che si chiamava Korov'ev, voleva entrare all'Unione degli scrittori, che era un club molto riservato, nella Mosca di quegli anni, e una signora li aveva fermati all'entrata e aveva chiesto se eran scrittori, e loro avevan detto di sì, e lei aveva chiesto la tessera, e Korov'ev aveva detto che, secondo lui, Dostoevskij di tessere non ne aveva ma di sicuro era uno scrittore.

E la signora aveva detto «Lei non è Dostoevskij», e Korov'ev aveva chiesto «E come fa a saperlo?», e la signora aveva detto «Dostoevskij è morto», e lui aveva riposto «Protesto! Dostoevskij è immortale».

4.6 Il Settecento

Devo avere forse già detto, forse più di una volta, che credo che una parte dei lettori di questo libro non sia laureata in letteratura russa.

Credo quindi che, se chiedessi loro di indicarmi uno scrittore russo del Settecento, non saprebbero chi dire.

Perché nel Settecento, la letteratura russa, in pratica, non esisteva.

Cioè esisteva, ma era una letteratura imitativa, non era fondata su una tradizione nazionale, i romanzieri russi del Settecento (il più conosciuto è uno storico che si chiama Karamzin) imitavano modelli francesi, perché per un russo, scrivere un romanzo, era un'attività esotica, nessuno voleva diventare scrittore russo, all'epoca, perché non c'erano, gli scrittori russi, non c'erano modelli da imitare.

Esattamente come nessuno, in Italia, fino agli anni Cinquanta del Novecento, voleva diventare astronauta, perché non c'erano, gli astronauti. O come nessuno, nel XVIII secolo, voleva diventar calciatore perché non c'erano, i calciatori. Non c'era neanche il calcio, nel XVIII secolo.

In Russia poi c'era una situazione stranissima che contribuiva, a questa mancanza di letteratura nazionale, cioè il fatto che quelli che sapevano leggere e scrivere, i nobili, le persone istruite, conoscevano male il russo, e molto meglio il francese.

E i romanzieri russi del primo Ottocento, quando scrivevano in russo, era come se traducessero dal francese, scrivevano in russo dei romanzi francesi, in un certo senso, anche come struttura, come temi. Il dicibile, nei romanzi russi del Settecento e del primo Ottocento, era un dicibile francese.

Una cosa simile è forse successa anche in Italia, e non troppo tempo fa, qualche decennio fa, quando hanno cominciato a comparire romanzi pieni di «dannatamente», e «fottutissimo», e «Cristo santo», che erano romanzi scritti da italiani e ambientati in Italia ma erano evidentemente americani, di formazione.

Questa cosa non ha a che fare, naturalmente, solo con la letteratura, ha a che fare anche con la lingua che parliamo tutti i giorni, che sta slittando, senza che ce ne accorgiamo, verso una lingua nuova.

Un po' di tempo fa, per esempio, mi hanno invitato a Parma a un incontro dove c'erano una decina di persone che dovevano scegliere delle parole che non sopportavano, e c'era anche il segretario del comune di Parma per il quale una di queste parole era *stakeholders*.

Adesso io, stakeholders, allora, non l'avevo mai sentita, non sapevo cosa volesse dire e gliel'ho chiesto e lui me l'ha spiegato ma io non ho mica capito tanto bene, e ancora adesso, questa parola stakeholders, non so, se mi chiedessero se voi, che leggete questo libro, siete degli stakeholders, io non saprei rispondere, siete degli stakeholders?

A me non sembrate degli stakeholders, ma questo non significa niente, perché a me non è mai successo di essere, non so, in treno, o in autobus, o in bicicletta, e di vedere un gruppo di persone e di pensare "Ve', degli stakeholders".

Ma torniamo alla Russia e agli scrittori russi del Settecento.

Il fatto è che oggi, i romanzieri russi del Settecento, non li legge quasi nessuno, nemmeno in Russia.

Il romanziere più conosciuto, all'epoca, l'abbiamo già detto, era uno storico, si chiamava Karamzin, e il suo romanzo più celebre si intitola *La povera Lisa*, e è la storia di una fanciulla sedotta e abbandonata, e sembra un romanzo sentimentale francese, perché i russi colti, all'epoca, non leggevano e non scrivevano in russo, leggevano e scrivevano prevalentemente in francese (anche questo l'abbiamo già detto), e anche in famiglia, quando parlavano, la nonna, per esempio, non la chiamavano babuška, la chiamavano grand'maman, come Paul, che non lo chiamavano Pavel, lo chiamavano Paul.

Il primo romanzo russo vero e proprio, il libro dal quale saltano fuori Tolstoj Dostoevskij Lermontov Turgenev e tutti quelli che conosciamo e leggiamo, è un romanzo in versi, si chiama *Evgenij Onegin*, che è il nome del protagonista, e Puškin comincia a scriverlo negli anni Venti dell'Ottocento.

La storia è semplicissima: questo Evgenij, che vive a Pietroburgo ed è un uomo elegante, ammirato, un *lion*, direbbe forse Balzac, un ragazzo giovane, nobile, bello e ricco, ecco lui, questo Evgenij, viene costretto a tornare in provincia perché uno zio sta per morire.

Gli dà fastidio in particolare il fatto che, una volta arrivato, lo aspettano delle giornate noiosissime a curare un moribondo e intanto pensare: "Quand'è che il diavolo ti porta via?".

Ma è fortunato: quando arriva lo zio è già morto.

Nella fortuna, però, è sfortunato, si deve fermare un po' lì, le pratiche di successione, non so bene, e si annoia moltissimo.

Anche se il fatto che Evgenij si annoi non è propriamente una sfortuna, si annoiava anche a Pietroburgo, perché la noia, lo spleen, in quegli anni, negli anni Venti dell'Ottocento, andava di moda, dicono.

Sembra che i giovani più eleganti, allora, a Mosca e a Pietroburgo, non potessero fare a meno di annoiarsi. Se uno era giovane e non si annoiava era un po' uno sfigato, duecento anni fa, da quel che capisco; annoiarsi era un po', allora, come andare in Costa Smeralda qualche secolo dopo, una fortuna che andava ostentata, se così si può dire.

C'è da dire, poi, che non è che in provincia Onegin stia tanto peggio di come stava nella capitale, perché qui, tra i ritratti degli zar alle pareti, tra le stufe rivestite di piastrelle colorate, in mezzo a tutte queste cose fuorimoda, Onegin sbadiglia esattamente come sbadigliava nella capitale e, come nella capitale, anche qui in provincia non può fare a meno di evitare il suo prossimo, con un'eccezione: Vladimir Lenskij.

Vladimir Lenskij è un po' l'unico con cui Onegin riesce a parlare: è l'unico, forse, al quale permette di avvicinarsi, anche se non lo considera proprio uno, non so come dire, degno di lui.

4.7 Vladimir Lenskij e la sua fidanzata

Vladimir Lenskij, scrive Puškin, è un bel giovane, nel fiore degli anni, discepolo di Kant, idealista, poeta, che crede che la sua anima gemella sia in attesa di unirsi con lui, e crede che i suoi amici sopporterebbero qualsiasi cosa, per difendere il suo onore, e crede che un gruppo di eletti dalla provvidenza faranno dono al mondo di un futuro beato.

Scrive poesie in cui parla di un «nonsocosa, di un'infinita vaghezza, di rose romantiche, del fiore appassito della vita», e non ha compiuto diciott'anni.

È ricco, giovane, intelligente, e quando è in società tutti gli dicono di com'è noiosa la vita da scapolo, e chiedono alla figlia di cantare.

Ma lui si è già consegnato alla sua fidanzata, Ol'ga, alla quale sarà fedele per sempre, le altre ragazze non lo interessano, mentre lo interessa Onegin, così annoiato, così diverso, da lui, e, siccome nessuno dei due ha niente da fare, diventano amici.

Questa Ol'ga, questa fidanzata, Puškin la descrive nel secondo capitolo del romanzo: «Gli occhi come un cielo azzurro, i riccioli come il fior del lino, i gesti, la voce, il corpo snello, tutto... ma prendete un romanzo qualsiasi» scrive Puškin, «ci troverete il suo ritratto fedele».

Una cosa simile la fa poi Gogol' in *Anime morte*, quando comincia a descrivere l'albergo in cui alloggia Čičikov e poi si ferma e dice: insomma, è come tutti gli altri alberghi di qualsiasi altro posto in cui siete stati.

4.8 La sorella

La sorella di Ol'ga si chiama Tat'jana e non è bella come Ol'ga, è selvatica, triste, taciturna, e sta, la maggior parte del tempo, alla finestra, a guardar fuori, in «un ozio ricamato di sogni».

Quando va, insieme a Lenskij, a casa dei Larin, e vede Ol'ga e Tat'jana, Onegin poi dice a Lenskij: «Io, se, come te, fossi un poeta, mi sarei innamorato dell'altra sorella», cioè di Tat'jana.

Questo secondo capitolo Puškin lo scrive nel 1823; poco meno di sessant'anni dopo, nel 1880, Dostoevskij, in un discorso memorabile, dirà che c'è un difetto nell'*Evgenij Onegin*, il titolo. Non doveva intitolarsi *Evgenij Onegin*, doveva intitolarsi "Tat'jana", perché è lei, la vera protagonista del romanzo, secondo Dostoevskij.

4.9 Cosa succede a Tat'jana

A Tat'jana, quando vede Onegin, succede una cosa strana: s'innamora.

Non si era mai innamorata, e si innamora in un modo, come

ci si innamora quando non ci si è mai innamorati, non riesce a dormire e chiede alla *njanja* di aprire la finestra e le chiede «Ma tu, njanja, sei mai stata innamorata?».

4.10 Che mestiere è la njanja

Njanja, come molti lettori sapranno, in russo significa nutrice, tata, bambinaia, ed è quella che, nell'Ottocento, si prendeva cura dei bambini, e con la quale molti russi nobili dell'Ottocento continuavano ad avere, anche da grandi, una relazione.

Le njanje, allora, erano spesso serve della gleba, e vivevano nella casa dei padroni: Puškin, per esempio, l'autunno del 1824 lo passa a Michajlovskoe, la tenuta di famiglia, poco lontano da Pskov, in compagnia della sua njanja, che si chiamava Arina Rodionovna.

Proprio quell'anno, nel 1824, Puškin comincia a scrivere una nota che si intitola *Sulle cause che rallentano il cammino della nostra letteratura*. Ribadisco che allora, nel 1824, la letteratura russa praticamente non c'era.

Non c'era niente di quel che leggiamo oggi.

Non c'era ancora l'*Evgenij Onegin*, che Puškin aveva appena cominciato, non c'era la prosa, di Puškin, e non c'era la prosa di Gogol' (Gogol', nel 1824, aveva quindici anni), non c'era quella di Lermontov (che di anni ne aveva dieci), né quella di Turgenev (sei anni), né quella di Dostoevskij (tre anni), né quella di Tolstoj (che sarebbe nato quattro anni dopo, nel 1828), né quella di Čechov (che sarebbe nato trentasei anni dopo, nel 1860), né quella di Bulgakov (che sarebbe nato sessantasette anni dopo, nel 1891).

In quella nota Puškin scrive che il motivo principale che rallenta il corso della letteratura russa è il fatto che i russi colti non usano la lingua russa ma la lingua francese, che tutti i loro concetti e le loro idee, questi russi colti, fin dall'infanzia, tutte le loro conoscenze le avevano ricavate da dei libri stranieri, che si erano abituati a pensare in un'altra lingua (il francese), che la scienza, la politica e la filosofia non avevano ancora parlato, in russo, perché una lingua russa metafisica, non concreta, non legata alla vita quotidiana, alla biografia degli uomini e delle donne, alle loro giornate, ai loro oggetti, ancora non esisteva, e che i russi colti, quelli che sapevano scrivere, anche nella corrispondenza erano costretti a usare delle circonlocuzioni, prese in prestito da altre lingue, per spiegare perfino i sentimenti e le esperienze più comuni.

In quell'appunto Puškin cita due versi del poeta e commediografo russo Dmitrij Petrovič Gorčakov (1758-1824): «Nel mio paese natale ci sono mille riviste e nemmeno un libro».

In quell'autunno del 1824, la sera, Puškin passa molto tempo con la sua njanja, Arina Rodionovna, serva della gleba, analfabeta, che non solo non ha mai letto un libro, non ha probabilmente mai preso in mano un foglio di carta, e non è Puškin che racconta delle cose alla njanja, è il contrario, è la njanja che (ri)racconta a Puškin le favole che gli raccontava quando era piccolo, e Puškin è incantato, da quelle favole e da quella lingua.

4.11 Una che assomiglia a Arina Rodionovna

La persona che assomiglia di più a Arina Rodionovna, tra tutte le persone che ho incontrato nella mia vita, è mia nonna Carmela.

Mia nonna Carmela, che era nata nel 1915, era la sedicesima di diciassette fratelli e sorelle e ha fatto la terza elementare. Era nata in provincia di Parma, in un paese che si chiama Basilicanova, e la sua lingua madre, la lingua che parlavano i suoi famigliari e i suoi compaesani, nel 1915, era il dialetto parmigiano, che era una lingua concreta, legata alla vita quotidiana, alla biografia degli uomini e delle donne, alle loro giornate, ai loro oggetti, e la lingua degli italiani colti, l'italiano, mia nonna l'ha incontrata, per la prima volta, sui banchi di scuola: l'italiano, per mia nonna, è stata prima una lingua scritta, poi una lingua parlata, mai bene del tutto, c'erano delle parole, come boiler, che lei non è mai stata capace di pronunciare, non aveva gli organi fonatori adatti, il boiler lei l'ha sempre chiamato il bolide.

La cosa singolare della Russia, per quanto è grande, è che in Russia non ci sono i dialetti, e che il russo, per Arina Rodionovna e per tutti i russi, è prima una lingua parlata e poi una lingua scritta (i russi hanno l'alfabeto solo a partire dal IX secolo dopo Cristo, con la missione di Cirillo e Metodio).

Nel 1863, in *Note invernali su impressioni estive*, Dostoevskij scrive: «Non fosse stato per Arina Rodionovna, la njanja di Puškin, probabilmente non avremmo avuto nemmeno il nostro Puškin», e a questa signora, a questa serva della gleba, che non aveva probabilmente nemmeno un cognome, a Pskov, che è il capoluogo della regione dove c'era la casa di Michajlovskoe, hanno fatto un monumento.

Col fazzoletto in testa, e gli stivali da contadina.

Sembra mia nonna, quando andava nell'orto, a tirar su le patate, e poi di sera mi diceva «Ho fatto una lavorata, Paolo».

Io, adesso, non sono un esperto di Puškin, sono un appassionato, ma se dovessi dire in tre righe quel che ha fatto Puškin, se dovessi dire il motivo per cui Puškin è così importante per la letteratura e per la cultura russa, direi che nel suo romanzo in versi, *Evgenij Onegin*, nelle sue opere teatrali, il *Boris Godunov*, nelle sue opere in prosa, a cominciare dai *Racconti di Belkin*, direi che ha preso una lingua che gli ignoranti parlavano da millenni, in Russia, e l'ha alzata a livello letterario.

In un discorso tenuto a Mosca nel 1880 Ivan Turgenev ha detto:

«Non c'è dubbio che Puškin abbia creato la nostra lingua poetica, letteraria, e che a noi, e ai nostri discendenti, resti soltanto da seguire la strada tracciata dal suo genio. Puškin da solo – ha continuato Turgenev – ha dovuto fare due lavori che, in altri paesi, sono stati fatti a distanza di interi secoli, e anche di più, vale a dire: organizzare una lingua, e creare una letteratura.»

E uno straordinario poeta d'avanguardia, Velimir Chlebnikov, all'inizio del Novecento, scrive un verso che mi piace ricordare: «Oh, puškinaggine di un mezzogiorno illanguidito».

E un altro poeta, Aleksandr Blok, cento anni fa, il 10 febbraio del 1921, alla Casa del letterato di Pietrogrado tiene un discorso che comincia così: «Ci sono tetri nomi di imperatori, di condottieri, di inventori di strumenti di morte, di torturatori e torturati e, accanto ad essi, c'è un nome lieve: Puškin».

E ogni volta che rileggo queste righe di Blok penso che io, qui, oggi, in Emilia, in questa cucina, a cosa penso?

Penso a un imperatore, a un condottiero, a un inventore di strumenti di morte?

No, penso a un poeta.

E mi viene in mente un signore che si chiama Andrej Sinjavskij, e che si faceva chiamare Abram Terc, che, condannato a sette anni di lavori forzati per aver pubblicato delle cose all'estero, dal gulag, dove si trova, ha il permesso di scrivere due lettere al mese alla moglie, e le scrive di Puškin.

Queste lettere vengono pubblicate poi dalla moglie come 127 *lettere d'amore* in un volume intitolato *Passeggiate con Puškin*.

Delle *Passeggiate* Sinjavskij dirà: «Le passeggiate vogliono essere una dichiarazione d'amore a Puškin e di riconoscenza alla sua ombra che mi ha salvato nel lager».

Nelle passeggiate Sinjavskij ci racconta cosa succede quando Tat'jana, innamorata di Onegin, decide di scrivergli una lettera per confessargli il proprio amore.

Una cosa inaudita. Una ragazza che scrive a un uomo confessandogli il proprio amore.

«Quando apriamo la lettera di Tat'jana – scrive Terc-Sinjavskij –, ci sentiamo mancare la terra sotto i piedi. Sprofondiamo in una persona come sprofonderemmo in un fiume che ci trascini e ci faccia vorticare a capriccio della sua volubile corrente, un fiume che lambisce i contorni di un'anima compiutamente espressa dal fluire del suo discorso.»

C'è da dire, però, che la lettera di Tat'jana a Onegin che si trova nel romanzo di Puškin non è proprio la lettera che Tat'jana ha scritto a Onegin, perché Tat'jana l'ha scritta in francese; Puškin, dice lui, l'ha tradotta e l'ha messa in rima.

4.12 Un dialogo

«Ma tu, njanja, sei mai stata innamorata?» ha chiesto Tat'jana alla sua njanja, e lei le ha risposto «Ma cosa dici? D'amore noi non parlavamo».
«E come hai fatto a sposarti?»
«Si vede che Dio ha voluto così. Avevo tredici anni, e mio marito era più giovane di me.»
«Ah, njanja, che angoscia, mi sento male.»
«Bisogna spruzzarti d'acqua santa, bruci tutta.»
«Non sono malata, njanja, sono innamorata.»
«Bambina mia» dice la njanja di Tat'jana, «che Dio t'aiuti.» E le fa il segno della croce.
E Tat'jana la manda via, e prende carta e penna e scrive la «sua lettera sconsiderata».

4.13 La poesia

Mentre stavo scrivendo questo libro, ho fatto un incontro, al computer, on line, su Zoom (c'era sempre quella specie di isolamento che, nella nuova lingua italiana, si è chiamato lockdown), ho fatto un incontro nel quale gli stakeholders erano gli studenti dell'università del Piemonte orientale e, tra le altre cose, si parlava del fatto che, secondo la teoria di un critico russo che si chiama Viktor Šklovskij, il procedimento che crea l'arte, la poesia, consiste nel guardare il mondo, la nostra quotidianità, la nostra casa, la nostra strada, i nostri gesti, le nostre abitudini, le nostre routine, le cose che facciamo tutti i giorni, come se le vedessimo e le facessimo per la prima volta.

Uno stakeholder, in quell'occasione, uno studente di letteratura russa, mi ha chiesto cosa pensavo dell'ultimo biglietto di Majakovskij, quello in cui Majakovskij diceva che la vita quotidiana aveva prevalso sull'amore, e a me è venuto in mente Jurij Lotman, il grande semiologo, che scrive che Puškin, proprio nel periodo di cui abbiamo parlato, nell'autunno del 1824, quando resta da solo con Arina Rodionovna a Michajlovskoe, abbandona l'idea romantica che il poeta debba essere un uomo strano, e si converte all'idea che il poeta sia «semplicemente un uomo».

E, di conseguenza, cambia, per Puškin, e per la letteratura russa, mi vien da dire, il concetto di poetico.

Poetico diventa quel che è consueto, giornaliero, e l'eccezionale appare, adesso, a Puškin, esagerato, teatrale, privo di verità e di poesia.

«La poesia e le origini della bellezza» secondo Puškin adesso stanno «dove il romantico vedeva soltanto la routine, la prosa, la banalità», dice Lotman.

E a me sembra che qui, in Puškin, sia già compresa la rivoluzione che un secolo dopo, all'inizio del Novecento, un gruppo di critici che verranno chiamati, con disprezzo, formalisti, porterà nella critica letteraria.

Uno di loro, Viktor Šklovskij, mi sembra dica bene quel che cerco di dire in un pezzo che si chiama *Mille aringhe*, e che sta dentro un libro che si intitola *La mossa del cavallo*.

4.14 Mille aringhe

Nei manuali, i problemi sono disposti in bell'ordine. Alcuni problemi vogliono un'equazione con una sola incognita, altri, di seguito, ne richiedono di secondo grado.

Le soluzioni si trovano alla fine, incolonnate:

4835   5 pecore.
4836   17 rubinetti.
4837   13 giorni.
4838   1000 aringhe.

Sciagurato, scrive Šklovskij, chi comincia lo studio della matematica direttamente dalle soluzioni e cerca di trovare un senso nell'accuratissima colonna.
Importano i problemi, il loro svolgimento, non le soluzioni.
Si trovano nella situazione di chi, volendo studiare la matematica, studia le colonne delle risposte, quei teorici ai quali nelle opere d'arte interessano le idee, le conclusioni, non la struttura delle opere.
Nel loro cervello – scrive Šklovskij – si forma la colonna seguente:

Romantici = rinuncia religiosa
Dostoevskij = ricerca di Dio
Rozanov = problema del sesso
Anno diciottesimo ... rinuncia religiosa
Anno diciannovesimo ... ricerca di Dio
Anno ventesimo ... problema del sesso
Anno ventunesimo ... trasferimento nella Siberia settentrionale.

Ma per i teorici dell'arte, scrive Šklovski, esistono le cattedre universitarie, come per i baccalà esistono gli essiccatoi: del resto, poveretti, non danno noia a nessuno.

4.15 Poveretti

Io, devo confessare, sono uno di quei poveretti, insegno all'università.
E mi piace, essere un poveretto.

Mi piace, essere un disgraziato.
Ma cosa c'entro, io?
Niente.
Andiamo pure avanti.

4.16 Avanti

Tat'jana fa mandare (da un servo) la lettera a Onegin e si mette a aspettare una risposta. Passa un giorno, niente; passan due giorni, niente. Il terzo giorno arriva Lenskij, Tat'jana gli chiede del suo amico, non ne sa niente. Alla sera, alla finestra, Tat'jana si sorprende a tracciare le lettere: E. O.; in quel momento sente il galoppo di un cavallo, guarda fuori: Onegin.

Tat'jana scappa in giardino, Onegin la raggiunge.

Onegin le dice «Non neghi, lei mi ha scritto». Comincia così. Come per dire: «L'ho colta sul fatto, lei è in difetto».

«Non neghi, lei mi ha scritto.»

Tat'jana non ha nessuna intenzione di negarlo.

Allora Onegin va avanti e riconosce che quella lettera gli ha mosso, dentro, qualcosa.

E aggiunge:

«Anch'io sarò sincero con lei, mi sottometto al suo giudizio. Se volessi confinare la mia vita nella cerchia domestica, se dovessi essere marito e padre, se i quadretti famigliari mi avessero mai incantato, non cercherei una fidanzata diversa. Sarebbe lei, Tat'jana, la compagna dei miei tristi giorni da sposato, e io sarei felice, per quanto sono capace di esserlo.

Ma io – prosegue Onegin – ahimè, non sono nato per la felicità. Le sue perfezioni, con me, non servono a niente. Mi creda: il nostro matrimonio sarebbe un disastro. Per quanto io possa amarla, mi passerebbe poi subito. Lei comincerebbe subito a piangere e le sue lacrime non mi toccherebbero. Sarebbe un matrimonio nel quale la povera moglie soffrirebbe per un marito indegno e sarebbe, giorno e notte, da sola; un marito sempre cupo, taciturno, sempre arrabbiato, eppure geloso, anche. Io, sa, anch'io la amo, di un amore fraterno, e forse anche di più, di un amore fraterno; lei è giovane, amerà di nuovo, solo, se posso dare un consiglio, non sia così impulsiva, si trattenga, perché non tutti sono comprensivi come me, possono fraintenderla, sa, la sua inesperienza la può danneggiare.»

Dà il braccio a Tat'jana, la riaccompagna in casa, e arrivederci.

Qualche giorno dopo il giovane poeta, Lenskij, convince Onegin a tornare a casa di Ol'ga e Tat'jana; c'è una festa, per l'onomastico di Tat'jana.

Onegin va, e, come sua abitudine, si annoia.

Solo che non è la noia che gli piace, metafisica, romantica, è una noia greve, di campagna, volgare, sta male, si arrabbia, e dà la colpa a chi l'ha invitato, Lenskij, e si vuol vendicare, e fa la corte a Ol'ga, e balla con lei, e Lenskij li vede, gli viene un gran nervoso e va a casa.

E il mattino dopo manda un suo conoscente, Zareckij, da Onegin con quello che, all'epoca, si chiamava un "cartello", cioè una sfida a duello, e Onegin accetta, e fanno un duello, e Onegin lo uccide.

E fine.

Fine di Lenskij, poeta idealista russo-tedesco che ha vissuto diciotto anni ed è morto pochi giorni prima del suo matrimonio con Ol'ga Larina.

La quale Ol'ga Larina, il capitolo successivo, si è già sposata con un ulano.

Viene in mente una poesia di Ernesto Ragazzoni, che è una specie di riassunto del *Giovane Werther* di Goethe (ispirato, sembra, da William Thackeray) e che mettiamo nel paragrafo successivo che questo paragrafo è durato tantissimo (e anche questo capitolo, ma tra poco torniamo a Dostoevskij).

4.17 I dolori del giovane Werther
(di Ernesto Ragazzoni)

Il giovane Werther amava Carlotta
e già della cosa fu grande sussurro.
Sapete in che modo si prese la cotta?
La vide una volta spartir pane e burro.

Ma aveva marito Carlotta, ed in fondo
un uomo era Werther dabbene e corretto;
e mai non avrebbe (per quanto c'è al mondo)
voluto a Carlotta mancar di rispetto.

Così, maledisse la porca sua stella;
strillò che bersaglio di guai era, e centro;
e un giorno si fece saltar le cervella,
con tutte le storie che c'erano dentro.

Lo vide Carlotta che caldo era ancora,
si terse una stilla dal bell'occhio azzurro;
e poi, vòlta a casa (da brava signora),
riprese a spalmare sul pane il suo burro.

4.18 Una moglie

Onegin sparisce, Ol'ga si sposa con l'ulano, di Tat'jana non si sa bene cosa fare, è la più grande, e ancora non si è sposata, ha rifiutato tutti i partiti, e una vicina consiglia alla madre di portarla a Mosca, alla fiera delle fidanzate.
    E vanno a Mosca, alla fiera delle fidanzate.
    Onegin, intanto, va in giro, e, non ci si crede, si annoia, ma si annoia tanto, e dopo un po', ma dopo degli anni, torna indietro, e la prima cosa che fa, quando torna in città, va a un ballo, a casa di un generale grasso, suo conoscente, e vede una don-

na bellissima, con un cappello color lampone, che parla con tutti con dei modi incantevoli e chiede al generale «Ma chi è?».

«Vieni che ti presento» gli dice il generale grasso, «è Tat'jana Larina», gli dice, «mia moglie.»

«Ah... non sapevo che eri sposato, da molto?»

«Da due anni.»

4.19 Peggio

Onegin allora scrive una lettera a Tat'jana, nella quale si scusa di disturbarla, ma lui si è proprio sbagliato.

Per non perdere la propria odiosa libertà, ha rifiutato la proposta di Tat'jana, e adesso si accorge che guardarla, rubare un sorriso, un movimento degli occhi, tormentarsi di fronte a lei, questa è la beatitudine.

E si consegna, per iscritto a lei, «Il mio destino è vostro» scrive, o qualcosa del genere.

Nessuna risposta.

Scrive una seconda lettera, una terza, una quarta, nessuna risposta.

Incontra Tat'jana, lei fa finta di niente: come se niente fosse.

Lui si chiude in casa, passa l'inverno barricato a leggere, e poi, quando esce, in primavera, il primo posto dove va: da Tat'jana. E la trova che legge una sua lettera, e piange.

E Tat'jana lo vede e gli dice: «Buongiorno. Pensi che caso: allora, in campagna, io ero una povera ragazza che si era innamorata di lei, e lei non mi ha voluto. Qui sono ricca, conosciuta, e lei mi vuole. Non le dirò una bugia, la amo anch'io; ma sono stata data a un altro, e a lui sarò sempre fedele».

E se ne va.

E Onegin resta lì.

Come un baccalà in un essiccatoio.

E, d'un tratto, sente il rumore degli speroni del marito, il generale grasso.

E in questo momento imbarazzante, Puškin lascia il suo Evgenij. Lo pianta lì per sempre, mollato dalla donna che ama, sorpreso dal marito.
Poveretto.
Peggio, di un baccalà in un essiccatoio.

4.20 Semplicissima

Cioè, in pratica, il comportamento di Tat'jana, è un po' il contrario del comportamento di Anna Karenina, e, in fin dei conti, l'*Onegin* è una storia semplicissima: all'inizio Tat'jana vuole Onegin, che non la vuole; alla fine, Onegin vuole Tat'jana, che non lo vuole.
Secondo Viktor Šklovskij,

«una motivazione psicologica complicata spiega perché i due non si siano amati nello stesso momento. Boiardo motiva lo stesso artificio con un incantesimo. Nel suo *Orlando innamorato* Orlando ama Angelica, ma dopo aver bevuto causalmente a una fonte incantata, dimentica il suo amore; a sua volta Angelica beve l'acqua di una fonte dotata del potere contrario, sicché, al posto dell'odio di un tempo incomincia a provare un ardente amore per Orlando. Di fronte a noi sta ora il quadro seguente: Orlando fugge da Angelica che lo insegue di paese in paese. I due vagano per il mondo intero finché ritornano al bosco dove si trova la fonte incantata e bevono ancora una volta la sua acqua. A questo punto la situazione si capovolge di nuovo: è Angelica a odiare Orlando e questi a amare Angelica. Qui la motivazione è quasi messa a nudo.»

Nell'*Onegin* succede esattamente la stessa cosa, ma senza fonti incantate, e con intorno la Russia, e in una lingua che, io credo, varrebbe la pena di studiare solo per poter leggere l'*Onegin* in originale.

5
Diventa difficilissima

5.1 Quindici copeche

Il 23 aprile del 1849, alle tre del mattino, Dostoevskij torna a casa, sulla prospettiva Voznesenskij, al numero 8, nella Dom Šitja, nel cuore di Pietroburgo, sette minuti a piedi dal cavaliere di bronzo, il monumento dedicato a Pietro I da Caterina II intorno al quale, nel dicembre del 1825, si è consumata la prima rivoluzione russa, quella dei decabristi, soffocata nel sangue con l'entrata in scena di Nicola I, che, ventiquattro anni dopo, regna ancora su tutte le Russie (tutte le Russie sono tre: la piccola Russia, cioè l'Ucraina, la Russia bianca, cioè la Bielorussia, e la Russia Russia, cioè la Russia).

Dostoevskij ha preso una stanza in affitto in questo palazzo, all'ultimo piano, nella primavera del 1847.

Qui ha scritto *Le notti bianche*, qui sta scrivendo *Netočka Nezvanova*, il grande romanzo che, secondo lui, è molto meglio del suo libro d'esordio, *Povera gente*, che gli ha dato una notorietà che, gli sta cominciando a venire il dubbio, potrebbe essere effimera.

Potrebbe essere già tutto finito, dopo tre anni: 1846-1849.

Quella notte d'aprile del 1849, Dostoevskij si è addormentato da poco meno di un'ora, quando si sveglia per il rumore di una sciabola, apre gli occhi e si accorge che nella sua stanza da letto c'è della gente.

Sente una bella voce, gentile, che gli dice «Si alzi».

Vede un commissario di polizia e un colonnello in divisa blu. È il colonnello che ha parlato. Chiede cosa stia succedendo e il colonnello gli risponde, con una voce ancor più gentile, di vestirsi.

C'è anche un soldato, sulla porta, con la sciabola, è lui che l'ha svegliato.

Frugano i suoi libri, raccolgono le sue carte e le sue lettere, cercano nel camino, frugano la cenere con la canna della sua pipa.

Sul tavolo c'è una moneta da quindici copeche, vecchia e un po' imbarcata.

Il commissario la osserva attentamente, poi l'allunga al colonnello.

«Non sarà mica falsa?» dice Dostoevskij.

«Mmm» dice il commissario. «Bisogna verificare.»

Aggiungono la moneta al pacco delle carte.

Scendono in strada, caricano Dostoevskij su una carrozza, lo portano al commissariato del Giardino d'estate.

Ma cos'era successo?

5.2 Il sosia

Alla fine di novembre del 1845, nella casa sulla prospettiva Nevskij dove ha accolto Dostoevskij per la prima volta dopo aver letto il suo *Povera gente*, Vissarion Belinskij ha organizzato una serata con la lettura pubblica (dell'autore) del secondo romanzo di Dostoevskij, *Il sosia* (sottotitolo: *Un poema pietroburghese*).

Oltre al padrone di casa ci sono Turgenev, Grigorovič e altri.

La lettura non ha un grande successo.

Lo straordinario talento di Dostoevskij comincia a essere messo in dubbio.

Qualcuno solleva dei dubbi anche sulla sua prima opera; non era poi quel gran capolavoro. Turgenev, qualche anno dopo, dirà che «il fatto che Belinskij avesse considerato così tanto il romanzo d'esordio di Dostoevskij era un segno del fatto che stava perdendo dei colpi».

Ma queste cose salteran fuori dopo: allora, nel 1845, da Belinskij e dai suoi discepoli *Povera gente* è ancora considerato un capolavoro.

Il sosia, no.

Belinskij stesso, benché ne apprezzi l'idea, ritiene che la forma sia da rivedere.

Una cosa strana di questo romanzo, di questo "poema pietroburghese", è il fatto che, forse, è un romanzo di Dostoevskij che può piacere a quelli ai quali non piacciono, i romanzi di Dostoevskij, e ce ne sono, tanti, e uno tra i più noti, Vladimir Nabokov, credeva che *Il sosia* fosse la cosa più riuscita, tra quelle scritte da Dostoevskij.

Viceversa, a quelli a cui Dostoevskij piace (e ce ne sono tantissimi) *Il sosia* rischia di non piacere.

A me, per esempio, l'ho letto tre volte, non riesce a piacermi. Mi sfugge l'idea.

5.3 Sempre Nabokov

Dicono che una volta Nabokov, a chi gli chiedeva quale fosse il messaggio del suo nuovo romanzo, avesse risposto «Un messaggio? Non son mica un postino, per portare un messaggio».

E, allo stesso modo, l'idea; non sono sicuro che dentro un romanzo ci sia un'idea: una.

Per anni ho pensato che *L'idiota*, di Dostoevskij, fosse un romanzo costruito sull'idea che il mondo lo salverà la bellezza, poi, pochi mesi fa, l'ho riletto, mi sono accorto che quella frase lì, che io mi ricordavo pronunciata, più volte, dal principe Myškin, non la dice Myškin.

Compare due volte: una volta Ippolit chiede a Myškin «Ma davvero lei ha detto che il mondo lo salverà la bellezza?», e Myškin non risponde, un'altra volta Aglaja dice a Myškin «E, questa sera, quando vieni da noi, non metterti a dire che il mondo lo salverà la bellezza e cose del genere». E Myškin non dice niente. È perfino possibile che questa frase Myškin non l'abbia mai detta, che gli sia stata solo attribuita, non lo sappiamo: tutt'altro che un'idea centrale.

Ma ci arriveremo, tra una ventina d'anni; per il momento siamo ancora al 1846.

Il sosia esce e non viene preso tanto bene, neanche dagli amici di Dostoevskij, che trovano che la forma non sia adatta a un'idea così bella.

Quale sia quest'idea così bella, non saprei dire.

Forse l'idea del doppio, che, secondo Leonid Grossman, è un'idea che ossessiona Dostoevskij per tutta la vita, e che Dostoevskij riuscirebbe a realizzare compiutamente solo nell'ultimo romanzo, *I fratelli Karamazov*, che sono là in fondo lontanissimi.

Ma a me, sarò io, a me non sembra che l'idea del doppio sia un'idea così nuova, così rivoluzionaria, così dostoevskiana, e, la cosa che mi lascia più dubbi, sul *Sosia*, è che non lo leggo, e non lo rileggo, volentieri.

Ci sono, certo, delle cose che mi piacciono, come il contrasto tra il minuscolo Goljadkin, il funzionario protagonista del romanzo, e la terrificante Pietroburgo.

«Era una notte orribile – di novembre – umida, nebbiosa, piovosa, carica di neve, gravida di flussioni, di raffreddori, di febbri, di angine, di infiammazioni di ogni possibile genere e specie, in una parola, di tutti i doni del novembre pietroburghese» scrive Dostoevskij nel *Sosia*, e questo Goljadkin, questo personaggio così poco comprensibile (per me), quando a un certo punto dice: «È chiaro che hanno corrotto, trafficato, astrologato, spiato solo per, alla fin fine, distruggere il signor Goljadkin», a me sembra una prefigurazione dell'uomo del sottosuolo, quando dice «Io son poi da solo, e loro sono tutti», ma ho l'impressione che l'uomo del sottosuolo, vent'anni dopo, questa idea la esprima in una forma memorabile, che mi tocca, mi ferisce e mi riguarda molto di più di quanto non mi riguardi il mondo di Goljadkin, che resta per me, nonostante le riletture, e nonostante il parere del molto onorevole signor Nabokov, un personaggio astratto, poco comprensibile.

Io, mi vergogno anche a confessarlo, non ho mai capito se il sosia, di questo Goljadkin, esiste davvero oppure no. Non ci ho capito niente, in questo romanzo, mentre l'uomo del sottosuolo ho l'impressione di averlo capito per bene.

Ma è ancora presto, per l'uomo del sottosuolo.

Nel 1846, dopo *Il sosia*, esce *Il signor Procharčin*, che è un racconto rispetto al quale nessuno loda nemmeno l'idea.

È proprio un po' un passo falso, propiziato anche dalle difficili condizioni in cui Dostoevskij è costretto a scriverlo.

Il protagonista, come in *Povera gente*, e come nel *Cappotto* di Gogol', è un činovnik, che significa impiegato, funzionario: i censori, chissà perché, nel caso del *Signor Procharčin*, proibiscono a Dostoevskij di usare la parola činovnik, impiegato, funzionario.

Comunque, del racconto non è contento neanche Dostoevskij, che, nell'autunno del 1846, sta già scrivendo la sua opera successiva, un romanzo breve intitolato *La padrona*, che uscirà, poi, nel 1847:

«Scrivo la mia *Padrona* – scrive al fratello Michail –, viene già meglio di *Povera gente*: la mia penna è guidata dalla fonte dell'ispirazione, che viene direttamente dall'anima. Non come con *Procharčin*, che mi ha fatto dannare, quest'estate.»

Lo scrittore francese André Gide, appassionatissimo di Dostoevskij, recensendo, nel 1908, il suo epistolario appena tradotto in francese dice che, forse, Dostoevskij è il peggiore scrittore di lettere di tutti i tempi.

Ci son dei casi in cui viene da dargli ragione. Ma, al di là della forma («la mia penna è guidata dalla fonte dell'ispirazione, che viene direttamente dall'anima»), l'idea che Dostoevskij ha di quel che ha scritto in quel 1846 va ricordata: *Il signor Procharčin* è un po' una porcheria, o, perlomeno, non è un'opera ispirata, *La padrona* invece sì, che è un romanzo ispirato (direttamente dall'anima).

5.4 Ancora Belinskij

Nel 1847, Vissarion Grigor'evič Belinskij, del racconto lungo *La padrona* del suo amico e protetto Fëdor Michajlovič Dostoevskij, appena uscito, scrive: «In tutto il racconto non ci sono una parola o un'espressione semplice, viva: tutto è ricercato, forzato, sui trampoli, adulterato e falso».
Insomma: non ci siamo.
Non ci siamo affatto.
Non ci siamo per niente.
Non andiamo bene.
Non è così che si fa.
Neanche per idea.

5.5 Un incontro sulla prospettiva

In un celebre racconto del 1835, *La prospettiva Nevskij*, Nikolaj Gogol' scrive:

«Oh, non credete alla prospettiva Nevskij! Io mi imbacucco sempre più che posso nel mio cappotto, quando cammino per la prospettiva Nevskij, e mi sforzo di non guardare gli oggetti che incontro. Tutto è inganno, tutto è sogno, tutto è diverso da quel che sembra! Voi pensate che quel signore che cammina nella sua finanziera di ottimo taglio sia molto ricco? No ve': la finanziera è tutto quel che ha. Voi pensate che quei due grassoni che si sono fermati davanti alla chiesa in costruzione giudichino l'architettura della chiesa? Affatto: parlano del modo strano in cui due cornacchie si son messe una di fronte all'altra. Voi pensate che quell'entusiasta che agita le braccia parli di come sua moglie abbia gettato dalla finestra qualcosa verso un ufficiale che lui non conosce? Per niente: parla di Lafayette. Pensate che queste signore... meno di tutto credete alle signore.»

La prospettiva Nevskij è la strada principale di San Pietroburgo, quella che va dalla Nevà alla Nevà (la Nevà è il fiume di San Pietroburgo) tagliando in due il centro e passando davanti alla Stazione di Mosca (quella dove arrivano i treni da Mosca), alla casa dove Dostoevskij è diventato scrittore, al più grande mercato coperto della città (Gostinyj dvor), alla prima biblioteca russa, fondata da Caterina II (la Publičnaja), al più grande negozio di libri russo (Dom Knigi, che era in origine il palazzo dei Singer, quelli della macchina da cucire), alla cattedrale di Kazan', una specie di copia in piccolo della cattedrale di San Pietro a Roma, al caffè dal quale, il 29 gennaio del 1837, Aleksandr Puškin era partito per il duello nel quale sarebbe stato colpito a morte, al palazzo d'Inverno, domicilio della famiglia reale la cui presa ha dato il via alla rivoluzione del 1917 e che oggi è la sede, tra le altre cose, del più celebre museo russo, l'Ėrmitaž, e a tante altre cose.

Sulla prospettiva Nevskij, nella primavera del 1846, si avvicina a Dostoevskij un giovane in mantello e cilindro che gli chiede «Mi permetta di chiederle: sta già pensando al suo prossimo romanzo?».

Si chiamava Michail Vasil'evič Petraševskij, era coetaneo di Dostoevskij, e nel 1840, diciannovenne, aveva cominciato a lavorare a un manoscritto intitolato *I miei aforismi, o concetti frammentari su tutto, elaborati da me medesimo.*

Petraševskij, fin da ragazzo, al liceo, era stato segnalato come libero pensatore, e il libero pensiero, all'epoca, in Russia, non era ben visto; dire di uno che era un libero pensatore, nella Russia dell'Ottocento, era come, nell'Italia degli anni

Trenta del Novecento, dire di uno che era un democratico, non era un complimento.

Petraševskij lavorava come traduttore al ministero degli Esteri e, grazie a questo impiego, aveva accesso ai libri proibiti.

Era un liberale, un repubblicano, un ateo, e un socialista, e aveva aspirazioni rivoluzionarie.

Sembra che nel corso delle riunioni che si tenevano a casa sua, dove si leggevano Fourier e Proudhon e si parlava di falansteri e di progressività delle imposte, Petraševskij a un certo punto avesse detto: «Noi abbiamo condannato a morte il modo di vivere di coloro che ci circondano, adesso bisogna eseguire la sentenza».

Lui, quel modo di vivere, non lo condivideva da tempo: dicono che una volta fosse entrato nella cattedrale di Kazan' vestito da donna e si fosse seduto tra le fedeli fingendo di pregare. Ma l'aspetto singolare, e la barba nera, avevano fatto venire dei sospetti alle vicine, che si erano rivolte a una guardia che gli si era avvicinata e gli aveva detto: «Egregia signora, sembra che lei sia un signore travestito». E sembra che Petraševskij avesse risposto: «Egregio signore, a me invece sembra che lei sia una signora travestita». La guardia si era confusa, non aveva saputo cosa dire, e Petraševskij aveva approfittato di questo momento di confusione per dileguarsi e tornare a casa.

Abitava, in una casetta di legno, nel quartiere di Pietroburgo chiamato Kolomna, quartiere che Gogol' (sempre lui), nel racconto *Il ritratto*, pubblicato per la prima volta nel 1835, descrive così:

«Conoscete quella parte della città che si chiama Kolomna? Lì niente assomiglia agli altri quartieri di Pietroburgo; quella non è né città né provincia. Ti sembra di sentire, mentre attraversi le strade di Kolomna, tutti gli slanci e i desideri giovanili che ti abbandonano. Lì il futuro non arriva, lì tutto è quiete e riposo, lì si trova chi è sceso dal movimento della capitale. Lì si trasferiscono i funzionari in pensione, le vedove, i poveri che hanno a che fare con il tribunale e sono condannati a vivere lì quasi per tutta la vita, le ex cuoche, che passano la giornata a darsi degli spintoni al mercato, parlano di sciocchezze con un contadino in una bottega di minutaglie, e comprano tutti i giorni cinque copeche di caffè e quattro di zucchero, insomma tutta quella categoria di persone che si può definire, con una parola, cinerea, persone che, con i propri vestiti, volti, capelli, occhi, hanno un aspetto torbido, cinereo, come un giorno in cui, in cielo, non c'è la bufera e non c'è il sole, un giorno né questo né quello. Cala la nebbia, e toglie i confini agli oggetti. Si possono includere le maschere teatrali a riposo, i consiglieri titolari a riposo, i pupilli di Marte a riposo, senza un occhio e con il labbro gonfio. Questa è gente priva del tutto di passioni: vanno in giro e non guardano niente, tacciono e non pensano a niente. Nelle loro stanze non c'è molta roba, delle volte solo una bottiglia di pura vodka russa, che succhiano pian piano tutto il giorno, senza che dia loro alla testa, il che succede invece a bere forte, come piace fare, la domenica, ai giovani artigiani tedeschi, questi eroi di via Meščanskaja, dominatori dei marciapiedi dopo la mezzanotte.

La vita, a Kolomna, è solitaria da morire: raramente passa una carrozza, salvo, forse, quella di una compagnia di attori, che con i suoi tuoni, i suoi strepiti e i suoi tintinnii disturba la pubblica quiete. Là tutti sono pedoni. Il cocchiere molto spesso si trascina senza clienti portando del fieno per il suo cavallo peloso. Un appartamento si può trovare per cinque rubli al mese compreso perfino il caffè del mattino. Le vedove che hanno una pensione, là sono come aristocratiche; si comportano bene, spazzano spesso la propria stanza, parlano con le proprie amiche del rincaro della carne di manzo e dei cavoli; spesso con loro vive una figlia giovane, una creatura silenziosa, timida, delle volte graziosa, un cagnetto disgustoso e un orologio a muro con un pendolo che batte tristemente. Poi ci sono gli attori il cui stipendio non permette loro di uscire da Kolomna, gente libera, come tutti gli attori, che vive per il piacere. Seduti in veste da camera riparano una pistola, costruiscono, con il cartone, diversi oggettini, buoni per la casa, giocano a dama e a carte con gli amici che li sono venuti a trovare, e così passano la mattinata, e più o meno le stesse cose le fanno la sera, con l'aggiunta delle volte di un punch. Dopo questi pezzi grossi, questi aristocratici di Kolomna, viene della gente assolutamente insignificante e minuscola. Nominarli è difficile come contare la quantità di insetti che nascono dall'aceto vecchio. Ci sono vecchie che pregano, vecchie che si ubriacano, vecchie che pregano e si ubriacano insieme, vecchie che tirano avanti non si sa bene in che modo, che come formiche trascinano vecchi stracci e biancheria dal ponte Kalinin fino al mercato delle pulci per venderli, laggiù, per quindici copeche, insomma: gli avanzi più infelici dell'umanità, la cui condizione non potrebbe essere migliorata neppure dal più filantropo degli economisti.»

Così, secondo Gogol', era Kolomna nel 1835. Undici anni dopo, nel 1846, in una casetta di legno di Kolomna, tutti i venerdì, si riunivano alcuni filantropi, appassionati di economia, di socialismo e di rivoluzione, tra i quali un giovane scrittore sul viale del tramonto, Fëdor Michajlovič Dostoevskij.

5.6 Il circolo

Nell'autunno del 1846 Dostoevskij si trasferisce sull'isola Vasilevskij, sull'altro lato della Nevà, dietro il palazzo d'Inverno, in una delle tre prospettive che tagliano l'isola per il lungo, il Bol'šoj prospekt.

Segnalo di sfuggita che sul Bol'šoj prospekt dell'isola Vasilevskij ho vissuto anch'io, più di una volta, abbastanza a lungo, e lo segnalo non tanto per mettermi in mezzo ma per dire che, a andare a Pietroburgo, se uno è appassionato di letteratura, succede quasi per forza di trovarsi vicini di casa di Gogol', di Puškin, di Turgenev, di Lermontov, di Saltykov-Ščedrin, di Charms, di Blok, di Belyj, di Nabokov, di Anna Achmatova, di Brodskij, di Dovlatov eccetera eccetera eccetera. Fine della segnalazione di sfuggita.

In quell'autunno del 1846, nella casa del Bol'šoj prospekt dell'isola Vasilevskij, Dostoevskij e i suoi coabitanti avevano fondato una specie di comune che chiamavano "Associazione".

L'atmosfera amichevole che si respirava in quella specie di studentato, scrive Evgenija Saruchanjan, autrice di *Dostoevskij a Pietroburgo*, aveva aiutato Dostoevskij a superare gli insuccessi letterari e la crisi nei rapporti con Belinskij e con i suoi sostenitori.

I frequentatori dell'Associazione si sforzavano di vivere nello spirito di Fourier e secondo le idee socialiste che agitavano, allora, la gioventù, non solo russa (due anni più tardi, nel mezzo della storia che stiamo raccontando, esce in Germania un libretto dall'incipit eloquente: «Uno spettro si aggira per l'Europa: lo spettro del comunismo»).

Dostoevskij e i suoi coabitanti frequentavano le riunioni del venerdì a casa Petraševskij, nelle quali si ragionava di una nuova società, divisa, secondo l'insegnamento di Fourier, in falangi, o associazioni, ospitate da speciali edifici chiamati falansteri.

Nel suo piccolo possedimento di famiglia, a Demorovka (possedeva centocinquanta anime, cioè servi della gleba), Petraševskij, nell'inverno tra il '47 e il '48, aveva costruito un falansterio destinato ai contadini, ma, alla vigilia del giorno in cui era previsto il trasferimento nel nuovo edificio, i contadini l'avevano dato alle fiamme.

Petraševskij, scrive Saruchanjan, aveva allora pensato che, perché i suoi contemporanei, traviati da un modo di vivere innaturale, capissero Fourier, era necessario ancora un po' di tempo.

Le riunioni del venerdì erano cominciate qualche mese prima che Petraševskij conoscesse Dostoevskij, nell'inverno del 1845: partecipavano giovani socialisti, utopisti, contrari alla servitù della gleba e fautori della creazione di un governo repubblicano che prendesse il posto del governo tirannico (lo zar era, allora, Nicola I).

Nel 1846, Petraševskij partecipa alla stesura della seconda edizione del *Dizionario tascabile delle parole straniere entrate nel corpo della lingua russa*.

Scrive, per esempio, le definizioni di «Materialismo», «Misticismo», «Morale», «Diritto naturale».

Il «Misticismo», secondo Petraševskij, sarebbe «un grandissimo errore [...] che, più di ogni altra cosa, impedisce il progresso della mente umana».

«Materialisti» secondo Petraševskij erano «quelli che avevano ragionato per bene sulla materia e sullo spirito e avevano concluso che al mondo non c'è nient'altro al di fuori della materia».

Col loro dizionario, secondo Aleksandr Herzen, i rappresentanti del Circolo Petraševskij «avevano stupito tutta la Russia»; la seconda edizione del dizionario, però (quella alla quale aveva collaborato Petraševskij), uscita nell'aprile del 1846 con una tiratura di duemila copie, e dedicata al fratello dello zar, il principe Michail Pavlovič, era stata proibita dalla censura qualche giorno dopo l'uscita, e tutte le copie, a parte 350 che erano già state vendute, erano state sequestrate e bruciate, come il falansterio di Demorovka.

Il libro *Dostoevskij a Pietroburgo*, di Evgenija Saruchanjan, è del 1970, e non sorprende che Saruchanjan consideri i rappresentanti del Circolo Petraševskij in modo positivo, e sottolinei che «Lenin considerava che l'intelligencija dei socialisti rivoluzionari è cominciata con i membri del Circolo Petraševskij».

Sorprende, invece, considerando quel che abbiamo letto (che «chi ha ragionato per bene sulla materia e sullo spirito ha concluso che al mondo non c'è nient'altro al di fuori della materia»), il fatto che «uno dei più appassionati membri del Circolo Petraševskij era Fëdor Michajlovič Dostoevskij».

La testimonianza di un contemporaneo chiarisce, o complica, il quadro.

5.7 Il poeta Apollon Majkov

Il poeta Apollon Nikolaevič Majkov, nato anche lui nel 1821, come Dostoevskij, scrive che

«una volta, di sera, Dostoevskij è venuto nel mio appartamento, nel palazzo di Aničkov (in via Sadovaja, 48, vicinissimo alla piazza del Fieno). Era molto agitato e mi ha detto che doveva dirmi una cosa importante.
"Lei, naturalmente, capisce" mi ha detto "che Petraševskij è un chiacchierone, che non è una persona seria e che dalle sue fantasie non salterà fuori niente di buono. Per questo alcune persone serie hanno deciso di uscire dal suo Circolo (ma in segreto, e senza dir niente agli altri) e di costituire una propria società segreta con una propria segreta tipografia, se sarà possibile, per stampare libri e riviste, perfino. Di lei dubitavamo, perché lei è troppo narcisista (è incredibile – commenta Majkov – che sia stato Fëdor Michajlovič Dostoevskij a dire, a me, che io ero narcisista!)".
"In che senso?"
"Nel senso che lei non riconosce l'autorità. Lei, per esempio, dubita dei metodi di Fourier."
"Di politica, di economia" ha risposto Majkov, "io non mi interesso, ma, effettivamente, il metodo di Fourier mi sembra sia una sciocchezza. Ma perché mi dice queste cose?"
"Noi siamo in sette: Spešnëv, Mordvinov, Mombelli, Pavel Filippov, Grigor'ev, Vladimir Miljutin e io, e come ottavo abbiamo scelto lei; vuole far parte della società segreta?"
"Per fare cosa?"
"Per fare la rivoluzione in Russia. Abbiamo già una tipografia, l'abbiamo ordinata a pezzi, da diversi posti, su disegno di Mordvinov, è già pronta."
"Io" ha risposto Majkov "non solo non voglio far parte della società segreta, consiglio anche a lei di venirne fuori. Che attivisti saremmo mai, noi? Noi siamo poeti, artisti, non siamo

gente pratica, e non abbiamo un centesimo. Davvero le sembra che saremmo dei bravi rivoluzionari?"

Dostoevskij si è messo allora a predicare a lungo e con calore, agitando le braccia, nella sua camicia rossa con il colletto sbottonato.

Abbiamo litigato per un po', poi ci siamo stancati e siamo andati a dormire. Al mattino Dostoevskij mi ha chiesto:
"Allora?"
"Allora come ieri. Mi sono svegliato prima di lei e ho riflettuto. Io non entro e, ripeto, se è ancora possibile, rompa con loro e ne venga fuori."

"Questi poi sono affari miei. Ma lei stia attento. Quello che ci siamo detti lo sanno solo sette persone. Lei è l'ottavo, un nono non ci deve essere."

"A questo riguardo, qua la mano! Non dirò una parola."
Ecco – conclude Majkov – quello che ci siamo detti.»

5.8 Il 1848

Nella biografia su Dostoevskij di Leonid Grossman, uscita per la collana Vite di uomini illustri nel 1962, si legge che, il 21 febbraio del 1848, allo zar Nicola I arriva una busta che viene dall'ambasciata russa di Francia. Fuori c'è scritto: «Molto importante». Dentro c'è un foglio con su scritto: «Tutto è perduto, il re ha abdicato».

Era successo che a Parigi i rivoltosi avevano preso il controllo della città e che Luigi Filippo aveva rinunciato a soffocare la rivolta con le armi, aveva abdicato ed era cominciato il '48.

In Russia, si legge nel libro di Grossman, la prima conseguenza del '48 era stata il fatto che Nicola era entrato nella sala da ballo del palazzo d'Inverno, al momento della mazurca, con la lettera appena ricevuta da Parigi, aveva fatto fermare la musica e aveva detto: «Sellate i cavalli, signori. Della Francia hanno fatto una Repubblica».

Tre giorni dopo Nicola aveva ordinato di mobilitare l'esercito, ma siccome nel frattempo la rivolta si era estesa all'Austria, alla Prussia, all'Ungheria e a parte della Germania e dell'Italia, Nicola aveva rinunciato a dichiarare guerra all'Europa e si era concentrato sulla Russia.

La settimana dopo, il 27 febbraio del 1848, la terza sezione aveva avuto l'ordine di prestare attenzione a quei liceali, a quei giuristi, a quegli studenti universitari che, tutti i venerdì, si radunavano a casa di Petraševskij. Nicola aveva ordinato di riferirgli come si comportavano e cosa pensavano, in generale.

5.9 Cosa pensavano

Uno dei più influenti membri del Circolo Petraševskij, stimato da Bakunin e modello, probabilmente, del protagonista di uno (straordinario) romanzo della maturità di Dostoevskij, *I demòni*, del quale parleremo, Nikolaj Spešnev, riteneva che il suo compito fosse di cercare di diffondere, con tutte le sue forze «il socialismo, l'ateismo, il terrorismo e tutto quello che di buono c'è al mondo».

Con la parola «terrorismo» succedeva, allora, mi sembra, il contrario di quel che succedeva, dall'altra parte della barricata, con l'espressione «libero pensiero», e fa impressione, oggi, sentire uno con aspirazioni che noi giudichiamo ragionevoli, la fine della schiavitù, la democrazia, la libertà, considerare il terrorismo una delle cose buone che ci sono al mondo.

Ma cosa volevano, veramente, quei rivoluzionari degli anni Quaranta?

Uno dei libri proibiti che si trovano in casa di Dostoevskij in quei giorni di primavera del 1848 era un libro di Pierre-Joseph Proudhon.

Proudhon, nel 1840, nella sua opera forse più celebre *Qu'est-ce que la propriété, ou Recherches sur le principe du Droit et du Gouvernment* (Che cos'è la proprietà, o Ricerche sul principio del

Diritto e del Governo), oltre ad affermare, con mirabile sintesi, che «la proprietà è un furto», dice cosa significa essere governati, e lo dice in un modo che io trovo memorabile e che mi permetto di copiare qua sotto subito dopo aver aggiunto un fatto del tutto insignificante, cioè che questo pezzo, quando ero un ragazzo (sono stato un ragazzo dai trentatré ai quarantun anni), era il testo del pezzo finale nei concerti del gruppo dove suonavo la tromba:

«Essere governati significa essere guardati a vista, ispezionati, spiati, diretti, legiferati, valutati, soppesati, censurati, comandati da persone che non ne hanno né il titolo, né la scienza, né la virtù. Essere governati significa essere, a ogni operazione, a ogni transazione, a ogni movimento, annotati, registrati, censiti, tariffati, timbrati, tosati, contrassegnati, quotati, patentati, licenziati, autorizzati, apostrofati, ammoniti, impediti, riformati, raddrizzati, corretti. Significa, sotto il pretesto dell'utilità pubblica e in nome dell'interesse generale, essere addestrati, taglieggiati, sfruttati, monopolizzati, concussionati, pressurati, mistificati, poi, alla minima resistenza e alla prima parola di protesta, repressi, multati, vilipesi, vessati, taccheggiati, malmenati, fucilati, mitragliati, giudicati, condannati, deportati, sacrificati, venduti, traditi e, come se non bastasse, scherniti, beffati, oltraggiati, disonorati. Ecco il governo, ecco la sua giustizia, ecco la sua morale.»

5.10 La riunione

Il 15 aprile del 1849 nella casa di Petraševskij, a Kolomna, si riuniscono una ventina di partecipanti al Circolo.
Dostoevskij legge una lettera oggi celebre, allora l'avevano letta in pochi, era stata proibita.
Era la lettera che Belinskij aveva scritto a Gogol' dopo aver

letto il suo ultimo libro, *Brani scelti dalla corrispondenza con gli amici*.

La lettera, che risaliva al luglio del 1847, non era stata pubblicata e Dostoevskij ne aveva ricevuto una copia clandestina, da Mosca, qualche giorno prima.

Belinskij nel frattempo era morto (il 7 giugno del 1848), mentre Gogol' era ancora vivo e tutta la Russia aspettava da lui un libro decisivo, la seconda parte di *Anime morte*, il poema in prosa che, nel 1842, aveva cambiato l'idea che i russi avevano di sé stessi.

La lettura della lettera aveva fatto, ai seguaci di Petraševskij, una grande impressione.

Uno di loro aveva annotato: «La lettera ha provocato il generale entusiasmo. Tutti i presenti ne sono stati come elettrizzati».

L'autore di questo commento era un italiano, si chiamava Antonelli, ed era un agente della terza sezione infiltrato nel Circolo Petraševskij.

Dal momento che la testimonianza di Majkov sulla volontà di Dostoevskij di fare la rivoluzione è molto successiva, risale al 1873 (e Dostoevskij, quando legge quel che scrive Majkov, riconoscerà che «era andata esattamente così», anche se, dirà, «mancano molte cose»), dal momento che Majkov per il momento tace, quel che Dostoevskij fa, a Kolomna, quella sera del 15 aprile del 1849, leggere la lettera di Belinskij a Gogol', è il motivo principale per cui verrà condannato a morte.

Ma perché era così grave, leggere in pubblico la lettera di Belinskij a Gogol'?

5.11 Due autori fondamentali

C'è uno scrittore russo del Novecento che si chiama Daniil Charms che, in due suoi pezzetti (le cose che scrive Charms sono, quasi tutte, dei pezzetti), parla di Puškin e di Gogol'.

Il primo fa così:

«È difficile parlare di Puškin a qualcuno che di lui non sa niente. Puškin è un grande poeta. Napoleone è meno grande, di Puškin. E Bismarck, in confronto con Puškin, non vale niente. E Alessandro I e II, e III, in confronto con Puškin sono delle vesciche. Tutti, in confronto con Puškin, sono delle vesciche, solo in confronto con Gogol', lo stesso Puškin è una vescica.

E allora, anziché scriver di Puškin, è meglio se scrivo di Gogol'.

Anche se Gogol' è tanto grande, che di lui non si può scrivere niente, pertanto scrivo di Puškin.

Ma dopo Gogol', scrivere di Puškin vien quasi vergogna. E di Gogol' scrivere non si può. Allora è meglio se non scrivo niente di nessuno.»

Ecco, questo pezzetto di Charms l'ho tradotto io ed è dentro un'antologia che si intitola *Disastri*, il secondo l'ha tradotto Rosanna Giaquinta e è dentro un'antologia che si intitola *Casi* ed è una specie di testo teatrale e fa così:

«Gogol' (cade in scena da dietro le quinte e se ne resta pacificamente sdraiato).

Puškin (entra, inciampa in Gogol' e cade): Maledizione! Non sarà mica Gogol'!

Gogol' (tirandosi su): Che schifo, non si può riposare un attimo! (Si allontana, inciampa in Puškin e cade.) Non mi sarà mica capitato tra i piedi Puškin!

Puškin (tirandosi su): Non c'è un attimo di pace! (Si allontana, inciampa in Gogol' e cade.) Maledizione! Non sarà mica ancora Gogol'.

Gogol' (tirandosi su): Ce n'è sempre una! (Si allontana, inciampa su Puškin, e cade.) Che schifo! Ancora Puškin!

Puškin (tirandosi su): Ma questo è teppismo! Vero e proprio teppismo! (Si allontana, inciampa in Gogol' e cade.) Maledizione! Ancora Gogol'!

Gogol' (tirandosi su): Ma questa è una presa in giro! (Si allontana, inciampa in Puškin e cade.) Ancora Puškin!

Puškin (tirandosi su): Maledizione! È proprio una maledizione! (Si allontana, inciampa in Gogol' e cade.) Gogol'!

Gogol (tirandosi su): Che schifo! (Si allontana, inciampa in Puškin e cade.) Puškin!

Puškin (tirandosi su): Maledizione! (Si allontana, inciampa in Gogol' e cade al di là delle quinte.) Gogol'!

Gogol' (tirandosi su): Che schifo! (Esce di scena.)

Da dietro la scena si sente la voce di Gogol': Puškin!»

La prima volta che ho letto questa cosa, trent'anni fa, mi son venuti in mente Tolstoj e Dostoevskij per via del fatto che, per chi ha studiato russo quando l'ho studiato io, trent'anni fa, la domanda che più frequentemente ci si sentiva rivolgere, dopo la domanda «Ma davvero, studi russo? Ma come mai studi russo?», subito dopo ti chiedevano «Ma ti piace più Tolstoj o Dostoevskij?».

Succedeva sempre così, se dicevi a qualcuno che stavi leggendo un romanzo di Tolstoj, quello ti guardava, si aggiustava gli occhiali, ammesso che avesse gli occhiali, e ti diceva «Ma Dostoevskij, non ti piace?»; se gli dicevi che stavi leggendo un romanzo di Dostoevskij, lui ti guardava, si aggiustava gli occhiali (ammesso che avesse gli occhiali) e ti diceva «Ma Tolstoj, non ti piace?».

Era così, non c'era niente da fare, quando veniva fuori Dostoevskij, veniva sempre fuori anche Tolstoj, come Stanlio e Ollio, o Gianni e Pinotto, o Ric e Gian, o il babbo e la mamma, come quella domanda lì, «Vuoi più bene al babbo o alla mamma?», eran sempre insieme, e allora, agli inizi del Novecento, e anche a metà Ottocento, ai tempi di Dostoevskij, e di Charms, la stessa cosa che, quando io studiavo russo, trent'anni fa, valeva per Tolstoj e Dostoevskij, allora valeva per Puškin e Gogol'.

Adesso, secondo me, che questa moda di Puškin e di Gogol', e anche di Tolstoj e Dostoevskij, è un po' passata, adesso che è venuta la moda di Svetlana Aleksievič, e di Vasilij

Grossman, che sono considerati autori fondamentali e imprescindibili per capire la nostra contemporaneità o non so bene cosa, ecco, scusate, apro una parentesi e poi arrivo alla brevissima conclusione di questo paragrafo: questo fatto qua, che Puškin e Gogol' e Tolstoj e Dostoevskij oggi non sono più tanto al centro dei nostri discorsi, perlomeno in Italia, questo fatto, secondo me, potrebbe anche essere un bene, perché io, un mio amico russo che sapeva che a me piacevano Velimir Chlebnikov, Daniil Charms, Sergej Dovlatov e Venedikt Erofeev una volta mi ha detto che a me piacevano i marginali, e io, ci ho pensato, mi sono accorto che aveva ragione, a me piacevano i marginali, ma non per niente, per qualcosa.

Perché quando facevo l'università, una trentina d'anni fa, che c'era pieno di gente che studiava con me che diceva che Walter Benjamin era fondamentale per capire il nostro tempo, che senza di lui non si poteva far niente, io, una reazione istintiva, ma così, senza pensarci, era stata di dire "Ah sì, è fondamentale? Allora io non lo leggo. Io faccio a meno di Benjamin" avevo pensato, "vediamo se poi mi trovo male. Io la mia testa la dichiaro ufficialmente una testa debenjaminizzata, dopo vediamo, se sto meglio io o se state meglio voi che avete accesso a queste conoscenze fondamentali".

Ma mica solo con Benjamin, mi era successo così con un po' di gente, quell'altro là che aveva inventato l'ermeneutica, quello che tutti dicevano che aveva scritto delle opere fondamentali nel campo dell'interpretazione che senza aver letto quelle non si era in grado di interpretare neanche la tazza del water, come si chiamava, Gadamer?

Mai letto una riga di Gadamer neanche per sbaglio. Ma mica solo Gadamer, anche quell'altro, quel filosofo che tutti dicevano che era il filosofo fondamentale del Novecento, quello tedesco, come si chiama, coso lì, Heidegger.

Io Heidegger, non faccio per vantarmi, non so neanche i suoi libri come si intitolano.

Era proprio una cosa che vista da fuori mi rendo conto che

potrebbe sembrare una reazione un po' da ignorante, non discuto, e delle volte io questa mia intransigenza, questa mia ascesi, in un certo senso, l'ho anche pagata con dei sacrifici che Freud, io, a dire il vero, qualcosa avevo letto anche prima, *Psicopatologia della vita quotidiana*, e mi era piaciuto, mi era piaciuto tanto che mi ero iscritto a un corso di psicologia dove c'era il monografico su Freud solo che poi, la prima lezione, la professoressa, che mi piaceva anche abbastanza, aveva una gonna appena sopra al ginocchio, un po' démodé, aveva detto che Freud era un genio e che le sue opere fondamentali avevano gettato una luce nel buio della mente umana e che senza di loro la comprensione del mondo sarebbe stata difettosa e incompleta e io quando ho sentito così mi ricordo ho pensato "Vacco mondo, non posso leggere neanche lui".

Che, lo ripeto, visto da fuori potrebbe sembrare un atteggiamento da ignorante una specie di partito preso invece a pensarci bene secondo me una ragione ce l'ha.

Che io, dice Ti piacciono i marginali, per forza mi piacciono i marginali: che gli autori che in un dato momento tutti dicono che sono fondamentali, gli autori che tu li trovi citati su tutti i libri in tutti i giornali in tutte le conversazioni, gli autori alla moda, gli autori ai quali si abbeverano tutti, se così si può dire, in quel momento lì che sono alla moda, tutti ci si abbeverano, se uno ci va accanto li trova indeboliti, smunti, sbranati, fatti a pezzi, debilitati, ridotti in pillole e ammalati, anche, febbricitanti, anemici, respirano male, mangiano troppo, fan poco moto, c'è pieno di gente che li porta in giro in palmo di mano, e allora poi loro diventano pigri, han poco fiato, fan fatica a fare le scale, e parlano male, riescono a dire ormai solo quelle due o tre cose che ripeton così, a pappagallo, sembran dei deficienti ma magari non sono, dei deficienti, magari è solo un momento difficile, bisogna avere pazienza, aspettare una trentina d'anni e poi andargli accanto e allora lì sì che uno si rende conto di cosa hanno da dire, che ormai gli è passata la sbornia, gli son passati anche i postumi, sono lì sobri che ti dicon le cose direttamente senza in mezzo tanta ermeneutica, finita la parentesi finiamo questo paragrafo che è già durato anche troppo.

Di Puškin e di Gogol', che sono i padri della letteratura russa moderna (Dostoevskij diceva «Noi veniamo tutti dal *Cappotto* di Gogol'»), era difficilissimo parlare, fino a un certo momento, ma oggi, che è difficilissimo parlare dell'Aleksievič e di Grossman, forse di Puškin e di Gogol' qualcosa si può dire, e di Puškin abbiamo già detto, adesso parliamo di Gogol'.

5.12 Nikolaj Gogol'

A leggere Gogol', nato nel 1809, dieci anni dopo Puškin, viene in mente quella cosa che diceva, nel XX secolo, Evgenij Zamjátin, che «il futuro della letteratura russa è nel suo passato».

C'è un commissario, nel racconto *Il naso*, secondo il quale una banconota «è una cosa che non c'è niente di meglio, di questa cosa: non chiede da mangiare, non occupa spazio, in tasca ci sta sempre, la fai cadere non si rompe».

E quando Akakij Akakievič, il protagonista del *Cappotto*, entra nella cucina del sarto che finirà per cucirglielo, quel cappotto, leggiamo: «La porta era aperta perché la padrona di casa, preparando non so bene che pesce, aveva fatto così tanto fumo, in cucina, che non si vedevan neanche più gli scarafaggi».

E quando Akakij vede il sarto, nel *Cappotto*, lo vede lì, nel suo atelier a piedi nudi, come sono abituati a lavorare i sarti, e «più di tutto saltava agli occhi l'alluce, che Akakij Akakievič conosceva bene, con un'unghia deformata, grossa e spessa come il guscio di una tartaruga».

E memorabile è la tabacchiera rotonda, di questo sarto: «Una tabacchiera rotonda con il ritratto di un generale; chi fosse questo generale di preciso non si sapeva, perché il punto dove c'era la faccia era stato sfondato da un dito, e poi ci avevano incollato sopra un pezzettino di carta quadrangolare».

E per la moglie del barbiere del *Naso*, Gogol' trova tre parole, una «signora abbastanza rispettabile», che ce la squadernano sotto gli occhi in un modo che prefigura il dialogo delle *Anime morte* tra la «signora piacevole sotto tutti i punti di vista» e la signora «semplicemente piacevole».

Il nome, che riflette la condizione sociale di queste signore, è una condanna, com'è una condanna la posizione sociale di quel *personaggio importante* che compare nella seconda parte del *Cappotto*, quando al protagonista, il consigliere titolare Akakij Akakievič, un povero copista che ha risparmiato tutta una stagione per comprarsi un cappotto nuovo, questo cappotto viene rubato.

Per avere giustizia gli consigliano di rivolgersi al *personaggio importante*, il quale è, forse, la vera vittima del racconto.

«Bisogna sapere – scrive Gogol' – che *quel personaggio importante* era diventato da poco un *personaggio importante*, e fino a poco prima era stato un personaggio che non era importante. La sua conversazione abituale con gli inferiori era improntata a severità e consisteva quasi solo in tre frasi: "Come osa? Sa con chi sta parlando? Capisce con chi ha a che fare?". Del resto, nell'animo, era una brava persona, buono con i colleghi, servizievole; ma il grado di generale l'aveva fatto andare proprio fuori di testa. Ricevuto il grado di generale, era stato come sconvolto, aveva perso la bussola e non sapeva proprio più come comportarsi. Se gli succedeva di essere con dei pari grado, era ancora un uomo come si deve, un uomo onesto, da molti punti di vista un uomo non stupido; ma quando gli capitava di essere in compagnia di persone che avevano perlomeno un grado in meno di lui, stava da cani; taceva, e la sua condizione faceva tanto più pena in quanto lui stesso sapeva che avrebbe potuto passare il tempo in modo incomparabilmente migliore. Nei suoi occhi si vedeva, ogni tanto, il desiderio di unirsi a qualche conversazione interessante, o a qualche gruppo, ma lo fermava un pensiero: non sarebbe stato troppo, da parte sua, non sarebbe stato troppo familiare, non avrebbe diminuito la propria importanza? E, in seguito a tali ragionamenti, restava sempre in silenzio, pronunciava solo, di tanto in tanto, qualche monosillabo, e si era guadagnato, così, la fama di persona noiosissima.»

Il personaggio importante, che aveva una moglie bella, e che amava, da quando era diventato importante aveva pensato che doveva avere un'amante. Ne aveva trovata una che non era più bella né più giovane di sua moglie, e neanche più simpatica, però almeno era un'amante, cioè esattamente quello di cui lui credeva di avere bisogno.

Nelle Storie della letteratura russa, quando si arriva al realismo, il primo autore realista in cui ci si imbatte, di solito, è Nikolaj Gogol'.

Che è una cosa, per noi che viviamo nel XXI secolo, stupefacente, se si considera che, sempre nel *Cappotto*, per esempio, a un certo punto, alla polizia viene impartita «la disposizione di catturare il morto a tutti i costi, vivo o morto, e di punirlo, che servisse d'esempio, nel modo più crudele possibile».

O, nel *Naso*, per dire, dove c'è un naso che va in giro con una divisa da ufficiale, e lo vede un maggiore che ha perso il naso, gli si avvicina, in chiesa, nel Kazanskij sobor (la stessa chiesa dove Petraševskij era entrato vestito da donna) e gli dice: «Mi scusi, ma lei è il mio naso». E, scrive Gogol', «il naso guardò il maggiore e le sue sopracciglia si aggrottarono un po'».

Le sopracciglia del naso, come tratto realistico, sono molto realistiche, effettivamente.

Per non parlare di quel «colore del viso che si chiama emorroidale», la cui colpa è «del clima pietroburghese» (*Il cappotto*). O della luna che «la fanno ad Amburgo, e la fanno malissimo» (*Memorie di un pazzo*). O del fatto che «tutto questo succede, credo, perché la gente si immagina che il cervello si trovi nella testa; no ve': lo porta il vento dalle parti del mar Caspio» (*Memorie di un pazzo*).

Una cosa che succede, a leggere Gogol', a me, perlomeno, succede, è che una riga piango, una riga rido, il che probabilmente dipende da una cosa che ha notato Vladimir Nabokov, nel saggio intitolato *Nikolaj Gogol'* (pubblicato in italiano da Adelphi a cura di Cinzia De Lotto e Susanna Zinato), quando dice che la prosa di Gogol' «dà la sensazione di qualcosa di ridicolo e di stellare al tempo stesso – e piace richiamare alla mente che la differenza tra il lato comico delle cose e il loro lato cosmico dipende da una sibilante».

5.13 Il più grande scrittore russo vivente

Nel gennaio del 1837, quando muore Puškin, Gogol', che ha ventisette anni, è il più grande scrittore russo vivente, ed è strano perché è uno che, non che sia matto, ma non ha mica tutti i suoi a casa, come dicono a Parma.

Dieci anni prima, nel 1827, quando aveva diciotto anni, e si preparava a partire per Pietroburgo, come ci racconta Angelo Maria Ripellino

«aveva scritto il brumoso poemetto *Hanz Küchelgarten*, sotto l'influsso dei romantici: fallimento totale. Storia del poeta sognatore Hans che abbandona la casa e l'amata Luisa e se ne va vagabondo, in cerca di ideali, ma poi si delude e torna nella sua cittaduzza, alla sua cara. Lo pubblicò nel 1829 a proprie spese con lo pseudonimo di V. Alov. Silenzio completo, poi un articolo critico, corto ma devastatore, sul "Moskovskij Telegraf" (Il Telegrafo moscovita). Gogol' e il suo servo si precipitarono nelle librerie, comprarono tutte le copie di *Hanz* e le bruciarono.»

Allo stesso modo, pochi giorni prima di morire, nel 1852, con l'aiuto di un servo, Gogol' brucia la seconda parte di *Anime morte*, che tutta la Russia aspetta dal momento in cui è uscito il primo volume, il 1842.

«Così – continua Ripellino – la carriera di Gogol' cominciò come finì, con un autodafé, e nei due casi con l'aiuto di un servo obbediente, ma ottuso. Dopo l'insuccesso di *Hanz*, fece un precipitoso viaggio per mare a Lubecca e Travemünde e Amburgo (nella sua carriera letteraria dopo ogni choc si affrettava a lasciare la città dove a quel momento abitava).»

5.14 Una parentesi

Apro una parentesi per tornare all'argomento principale di questo libro, in un certo senso, per via del fatto che domani ho la prima lezione con gli studenti del primo anno del corso di traduzione editoriale dal russo, specialistica, alla Iulm di Milano, e la prima cosa che gli faccio tradurre, è una frase di Dostoevskij.

Poi due frasi di Gogol'.
Poi, se facciamo in tempo, una frase di Pasternak.
Quattro frasi, in due ore.
Se facciamo in tempo.
Quella di Dostoevskij però sì.
È la prima.
Chiusa la parentesi.

5.15 Il 1842

Il 1842 è un anno interessante, per Gogol'.

Riunisce *I racconti di Pietroburgo*, quattro dei quali aveva già pubblicato in altre raccolte o in riviste, mentre uno, *Il cappotto*, esce per la prima volta, e pubblica la prima parte di uno dei suoi capolavori, *Anime morte*.

Il protagonista di *Anime morte* è un signore che si chiama Pavel Čičikov, che arriva nel capoluogo di Governatorato di NN su un piccolo calesse a molle abbastanza bello, del tipo di quelli su cui viaggiano gli scapoli, i tenenti colonnello a riposo, i capitani proprietari che possiedono un centinaio di anime; in breve, dice Gogol', tutti quelli che vengono considerati «signori di mezza tacca».

Questo Čičikov, ci dice subito Gogol', non è che sia bello, ma nemmeno brutto, d'aspetto. Non troppo grasso, né troppo magro. Non si poteva dire che fosse vecchio, però non è che fosse neanche troppo giovane. Insomma, non era niente. Non si distingueva in niente, se non per il motivo della sua visita, che il lettore scopre con il passar dei capitoli.

Čičikov, la prima cosa di cui si preoccupa, è di conoscere i funzionari che governano la città, e di fare loro un sacco di complimenti, e di farsi presentare, tramite loro, i principali proprietari terrieri che, essendo proprietari terrieri, sono proprietari anche di servi della gleba, cioè, come abbiamo detto, di anime.

Fatta amicizia con questi proprietari terrieri, Čičikov li va a trovare, uno alla volta, e queste visite, benché molto diverse tra loro, hanno uno scopo che è sempre lo stesso.

A un certo punto della visita, Čičikov chiede al proprietario di turno se possono andare in un luogo appartato per parlare, a quattr'occhi, di una questione delicata.

Il proprietario dice di sì, i due si appartano, e Čičikov comincia un discorso che, praticamente, è lo stesso per tutti.

«Da quando c'è stato il censimento» chiede, «le sono morti dei contadini, delle anime?»

I proprietari rispondono tutti di sì, che sono morti, e se ne lamentano; perché all'epoca, il censimento in Russia c'era ogni dieci anni, e il proprietario, in questi dieci anni, pagava le tasse sia sui contadini vivi che su quelli morti.

Allora Čičikov fa una proposta strana: chiede ai proprietari di vendere a lui i contadini morti. Di venderli come se fossero vivi, sulla carta, di modo che sarà lui, poi, Čičikov, a pagare le tasse su quei contadini improduttivi per gli anni che restan fino al censimento successivo. I proprietari sono contentissimi, di vendere a

Čičikov i contadini morti, alcuni glieli regalano, uno si fa carico anche delle spese contrattuali.

Ma Čičikov, perché fa una cosa del genere? La fa perché lo stato, all'epoca, regalava delle terre, e garantiva dei prestiti a fondo perduto, a chi trasferiva i propri servi nelle terre vergini. E Čičikov, una volta ottenuto il numero necessario di contratti, non avrebbe fatto nessuna fatica a trasferire le anime morte nelle terre vergini.

Tra l'altro, man mano che registrava i contratti, nel capoluogo di Governatorato di NN si spargeva la voce che il nuovo arrivato, Čičikov, stava comprando un mucchio di anime, che era un milionario, e il suono di questa parola, dice Gogol', "milionario", agli abitanti e alle abitanti del capoluogo di Governatorato di NN fa un effetto stranissimo.

«Fino a quel momento – scrive Gogol' – tutte le signore, in un certo senso, avevano parlato poco di Čičikov, rendendogli, tuttavia, piena giustizia come amabile uomo di mondo; ma dal momento in cui cominciarono a circolar delle voci sulla sua natura di milionario, cercarono anche delle altre qualità. Anche se le signore, non è che fossero interessate; la colpa l'aveva solo la parola "milionario", non il milionario in sé, ma proprio la parola; perché nel solo suono di questa parola, non consideriamo i mucchi di soldi, c'è racchiuso qualcosa che fa effetto sulle persone vigliacche, e sulle persone così così, e sulle brave persone, in una parola su tutti, fa effetto. Un milionario ha questo vantaggio, che può guardare la viltà, la viltà disinteressata, pura, non fondata su nessun calcolo; molti sanno benissimo che non riceveranno niente da lui, e che non hanno diritto a ricevere niente, ma immancabilmente o gli corron davanti, o gli sorridono, o si tolgono il cappello, o brigano per farsi per forza invitare a un pranzo dove sanno che è stato invitato il milionario. Non si può dire che questa tenera inclinazione alla viltà fosse condivisa dalle signore: tuttavia in molti salotti si cominciò a dire che, naturalmente, non si poteva dire che

Čičikov fosse una gran bellezza, però era proprio così come dev'essere un uomo, e bastava che fosse un po' più grasso o un po' più pienotto, che non sarebbe stata più la stessa cosa. Dopo di che si aggiungeva qualcosa che poteva suonare anche un po' offensivo sul conto degli uomini magri: che assomigliavano più a una specie di stuzzicadenti, che a un uomo»

scrive Gogol', e io invece adesso scrivo una cosa, il prossimo paragrafo, molto breve, che chi non vuole sapere cosa succede a Anna Karenina è meglio se lo salta.

5.16 Cosa succede a Anna Karenina

Da quindici anni tengo dei corsi di scrittura e, una volta, stavo provando a dire che differenza c'è, secondo il critico russo Boris Ejchenbaum, tra un romanzo e un racconto, e dicevo che Ejchenbaum crede che la differenza sia strutturale, che nel racconto la fine sia un punto di forza, come se tutto si muovesse verso quella fine e, inversamente, come se la fine tirasse verso di sé tutto quello che viene prima, mentre, in un romanzo, la cosa importante sarebbe l'equilibrio, non la fine, la fine sarebbe un punto di debolezza, secondo Ejchenbaum, che fa, per l'appunto, l'esempio di *Anna Karenina*: *Anna Karenina*, dice Ejchenbaum, non sarebbe potuto finire con la morte di Anna Karenina, c'è tutta un'altra parte dopo la morte di Anna che Tolstoj ha dovuto scrivere, altrimenti non avrebbe scritto un romanzo, ma un racconto molto tirato alla lunga, ho detto quella volta, tanti anni fa, al corso di scrittura, e ho sentito «Noooo. Ma hai spoilerato! Lo volevo leggere!».

Ecco.

Ho imparato, forse.

Non dirò come va a finire *Anime morte* ma dirò che quel signore lì, né troppo giovane né troppo vecchio, né troppo grasso né troppo magro, che non è che fosse ricco, ma non è che fosse neanche troppo povero, quell'avventuriero che arriva nel capoluogo del Governatorato di NN e che fa finta di comprare dei contadini per accedere a dei vantaggi statali e per millantare la propria condizione milionaria, quell'imbroglione, quel truffatore, quel rubagalline, è il personaggio migliore, tra tutti quelli che ci sono nel romanzo; gli altri, i funzionari di stato, i possidenti, quelli onesti, sono tutti peggio di lui, fanno pena.

5.17 Cosa aspettiamo

Quando è uscito, *Anime morte*, nel 1842, i critici democratici, e Belinskij, prima di tutti, hanno detto (riassumo): «Avete visto? Gogol' ci ha fatto vedere che in Russia non c'è un personaggio positivo, ci ha aperto gli occhi sulla nostra realtà: siamo ignoranti, disonesti, siamo un paese arretrato che ha un urgente bisogno di riforme, cosa aspettiamo?».

5.18 Anime morte secondo Puškin

In *Brani scelti dalla corrispondenza con gli amici*, Gogol' racconta che, quando Puškin era ancora vivo, Gogol' gli aveva letto la prima stesura della prima parte di *Anime morte* (Gogol' leggeva spesso le cose che scriveva agli amici prima di pubblicarle, per capire che effetto facevano).

E Gogol' si aspettava che, come succedeva spesso, Puškin ridesse, delle cose che aveva scritto, invece si era stupito del fatto che Puškin era molto serio e, durante la lettura, diventava sempre più serio e, alla fine, sentito tutto, Puškin aveva detto una sola frase: «Com'è triste la nostra Russia».

5.19 Anime morte secondo Gogol'

È vero che non ci sono personaggi positivi nel primo volume di *Anime morte*, come dice Belinskij, così come non ce ne sono nell'*Inferno* di Dante.

Gogol', però, scrive che questo primo volume di *Anime morte* è solo la prima parte di una trilogia, come l'*Inferno* di Dante.

Adesso, dice Gogol' (riassumo), io scriverò un secondo volume, dove ci saranno anche un po' di personaggi positivi, che sarà un po' come il *Purgatorio*, di Dante, e un terzo volume, dove ci saranno solo personaggi positivi, che sarà come il *Paradiso*, di Dante.

Il purgatorio, la seconda parte di *Anime morte*, la scrive due volte e poi la brucia tutte e due le volte, non ce la fa.

Non li trova, o non riesce a raccontarli, i personaggi del suo purgatorio, e non c'è da stupirsi, secondo me.

Forse anche perché i russi, il purgatorio, non ce l'hanno.

Nella religione ortodossa, o si va all'inferno, o si va in paradiso, non c'è alternativa, e questa cosa, anche se io non credo né all'inferno né al paradiso, a me piace moltissimo perché, se fosse vero che non c'è il purgatorio e ci sono solo inferno e paradiso, le due destinazioni sono divise da un filo sottilissimo, non c'è uno spazio intermedio ed è un attimo, finire di qua o di là. Ma, nel caso di Gogol', mi sembra che c'entri Origène.

5.20 Leskov

So pochissimo (anche) di Origène, ma qualche anno fa ho curato un'antologia di racconti di Leskov, uno scrittore russo contemporaneo di Dostoevskij del quale so pochissimo, ma so che, tra le altre cose, ha scritto una serie di racconti conosciuta come *Il ciclo di giusti* che a me piacciono molto (io ne ho tradotti tre e il libretto che ne è uscito si chiama *Tre giusti*).

Una cosa che mi piace, dei giusti di Leskov, è il fatto che sono dei giusti che non sembran mica tanto giusti.

Uno di loro, il pecorone, protagonista dell'omonimo racconto del 1862, si scopre quasi subito che

«non poteva soffrire la letteratura moderna e leggeva soltanto il Vangelo e gli antichi classici; non poteva sentire discorso alcuno che riguardasse le donne, perché le considerava tutte, in massa, delle sciocche e con molta serietà si rammaricava che la sua vecchia madre fosse una donna, e non un qualche essere senza sesso»,

che è un discorso che appena uno lo sente gli vien da pensare "Ben ma, sarebbe un giusto, questo qua?".

5.21 Origène

La popolarità di Leskov, fuori dalla Russia, dipende soprattutto da un celebre pezzo di Walter Benjamin (l'ho poi letto, finita l'università) che dice che Leskov è il più bravo a dar voce alle narrazioni popolari. «Ci sono pochi narratori» ha scritto Benjamin «che abbiano mostrato, come Leskov, un'affinità così profonda con lo spirito della favola». E questo spirito, secondo Benjamin, ha a che fare con la dogmatica della chiesa greco-ortodossa.

«Una parte importante, in questa dogmatica, è svolta, com'è noto, dalle teorie di Origène, respinte dalla chiesa romana, sull'apocatàstasi: l'ingresso di tutte le anime in Paradiso; Leskov era molto influenzato da Origène. In armonia con la fede popolare russa, interpretava la risurrezione (più che come una trasfigurazione) come la liberazione da un incantesimo.»

Cioè, se capisco bene, Leskov, nei suoi racconti, immagina un mondo dove van tutti in paradiso, e la vita, la nostra vita, come un sortilegio, e la morte, la nostra morte, come la liberazione, benedetta, da questo sortilegio.

E la fine della vita di Gogol', così tormentata, mi sembra conforti, se così si può dire, questa possibilità.

5.22 Abbastanza umile e devoto

Gogol', che era nato in Ucraina, e aveva vissuto molto tempo a Pietroburgo e molto anche a Roma, muore a Mosca il 21 febbraio 1852, a quarantadue anni, al culmine di una terribile crisi spirituale: Gogol' si rimprovera (riassumo) di non essere abbastanza umile e devoto.

Il 5 febbraio del 1852 Gogol' comincia il digiuno di quaresima.

L'11 febbraio brucia (per la seconda volta) i quaderni che contengono la seconda parte di *Anime morte*.

La mattina dopo si convince che è stato il Maligno, a spingerlo a bruciare i quaderni.

Il 18 febbraio Gogol' si corica e smette del tutto di mangiare.

Il 20 febbraio, a seguito di un consulto, sei professori e un dottore decidono di curarlo a forza, gli fanno fare un bagno caldo e gli versano acqua fredda sulla testa.

All'inizio del suo libro intitolato *Nikolaj Gogol'*, Vladimir Nabokov collega a questa cura cui è sottoposto Gogol' morente un passo di *Memorie di un pazzo*, uno dei *Racconti di Pietroburgo*:

«No – aveva scritto Gogol' nel 1835 in *Memorie di un pazzo* –, non ho più la forza di sopportare. Dio mio! Cosa mi fanno? Mi versano in testa acqua fredda! Non capiscono, non vedono, non mi ascoltano. Cosa gli ho fatto? Perché mi tormentano? Cosa vogliono da me, poverino? Cosa posso dargli? Non ho niente. Non posso sopportare tutte le loro torture, mi brucia la testa e mi gira tutto davanti agli occhi. Salvatemi! Prendetemi! Datemi una troika di cavalli veloci, come un turbine! Sali, cocchiere, suona, mia campanella, volate, cavalli, e portatemi via dal mondo! Più lontano, più lontano, che non veda più nulla, nulla. Ecco il cielo che turbina davanti a me; una stellina brilla in lontananza; il bosco corre via con gli alberi scuri e la luna: una nebbia grigio-azzurra giace ai miei piedi; una corda vibra nella nebbia; da una parte il mare, dall'altra l'Italia; ecco, si vedono anche delle izbe russe. È la mia casa che azzurreggia là in fondo? È mia mamma che sta alla finestra? Mamma, salva il tuo povero figlio! Fa' cadere una lacrima sulla sua testolina malata! Guarda come lo tormentano! Stringi al petto questo povero orfano! Non c'è posto per lui al mondo! Lo cacciano! Mammina! Abbi pietà del tuo figlioletto malato!... Lo sapete che il re di Francia ha un bitorzolo proprio sotto il naso?»

Dopo l'acqua fredda in testa, i medici rimettono a letto il paziente e gli applicano delle sanguisughe.

Conseguenza delle cure dei professori, il fatto che Gogol' perde conoscenza.

Morirà, a Mosca, il 21 febbraio del 1852, a quarantadue anni.

5.23 Brani scelti

L'ultimo libro che Gogol' pubblica in vita, *Brani scelti dalla corrispondenza con gli amici*, è un libro fatto di lettere che Gogol' ha mandato ai suoi amici, nelle quali si scopre che Gogol' ha delle idee che chi lo avrebbe mai detto.

Nella prima lettera, per esempio, che riguarda il ruolo della donna nella società, Gogol' scrive che

«la maggior parte delle bustarelle, degli illeciti di servizio e cose simili, di cui sono accusati i nostri funzionari e i non funzionari di tutte le classi, è causata o da mogli troppo spendaccione, troppo ansiose di brillare in società, oppure dal fatto che la loro vita domestica [delle donne] è vuota. I mariti non si permetterebbero una decima parte delle irregolarità da loro commesse, se le loro mogli facessero almeno un po' del loro dovere.»

Se si considera il ruolo che la donna ha, nei romanzi di Dostoevskij, viene da dare ragione a Belinskij: Dostoevskij è andato oltre Gogol'.
Questa era la prima lettera, ma il libro non si apre con questa lettera, si apre con il testamento, di Gogol'.

«Allego il mio testamento – c'è scritto nella prefazione – come documento convalidato da tutti i miei lettori, qualora la morte dovesse cogliermi in viaggio. Per quanto modesto e insignificante sia il mio libro – aggiunge poi Gogol' – mi permetto di pubblicarlo e prego i miei connazionali di leggerlo più volte; nel contempo prego i più agiati fra loro di acquistarne diverse copie e di distribuirle a quelli che non possono comprarlo, e a questo proposito li informo che tutto il ricavato, dedotte le spese per il mio imminente viaggio, sarà devoluto, da un lato, a sostegno di quanti, come me, sentiranno l'intima esigenza di recarsi in Terra Santa per la prossima quaresima e non avranno i mezzi per farlo e, dall'altro, a favore dei pellegrini che incontrerò strada facendo, i quali tutti pregheranno presso il sepolcro del Signore per i miei lettori, loro benefattori.»

Nel testamento Gogol' chiede anche che non gli si faccia un monumento funebre, per cortesia.
E chiede scusa per le sue opere precedenti:

«Solo la mia sconsideratezza, solo la fretta e la precipitazione hanno fatto sì che le mie opere apparissero in una forma così imperfetta e traessero quasi tutti in inganno sul loro vero significato.»

Cioè Gogol', nell'introduzione a *Brani scelti*, fa una cosa che ha già fatto tante volte, dopo la prima edizione del *Revisore*, per esempio, come reazione alle polemiche suscitate dalla sua commedia: rivela il vero significato di quello che ha scritto.

«Puškin – scrive Nabokov – avrebbe semplicemente sfoderato i luccicanti denti da negro in una bonaria risata – per poi volgersi al manoscritto incompleto del suo capolavoro di turno. Gogol' fece ciò che aveva fatto dopo il fiasco di *Küchelgarten*: fuggì, o piuttosto scivolò via, verso terre straniere.
Fece anche qualcos'altro. Fece la cosa peggiore che uno scrittore potesse fare in quelle circostanze: cominciò a spiegare a mezzo stampa i punti del suo lavoro che i critici avevano o trascurato o rivolto contro di lui. Gogol', essendo Gogol' e vivendo in un mondo a specchio, aveva la speciale abilità di pianificare per intero le proprie opere *dopo* averle scritte e pubblicate. E così fece con *Il revisore*.»

E così fa anche per tutte le sue opere precedenti il 1847, quando pubblica *Brani scelti dalla corrispondenza con gli amici*.

5.24 La lettera di Belinskij

Vissarion Belinskij, che aveva difeso Gogol' dagli attacchi dei detrattori, e che l'aveva arruolato tra i suoi alleati nella lotta contro l'arretratezza della Russia e a favore della fine della schiavitù e dell'abolizione della servitù della gleba, quando legge *Brani scelti dalla corrispondenza con gli amici*, nel quale si capisce che Gogol' non mette minimamente in discussione la superiorità dei proprietari terrieri, né la servitù della gleba, né le punizioni corporali, le considera frutto di un disegno divino («Raduna innanzitutto i contadini e spiega loro che cosa sei tu e che cosa sono loro: sei il loro padrone non per smania di comandare, di fare il proprietario terriero, ma perché già lo sei, perché tale sei nato, perché Dio ti chiamerebbe a render conto se tu mutassi la tua condizione con un'altra, perché ciascuno deve servire Dio al proprio posto, e non in quello altrui, proprio come anch'essi, essendo nati sotto un potere, devono sottomettersi a quello stesso potere sotto cui sono nati, perché non c'è potere che non venga da Dio. E mostraglielo subito nel vangelo, affinché lo vedano tutti senza eccezione»), quando, dicevamo, Vissarion Belinskij legge *Brani scelti dalla corrispondenza con gli amici*, non la prende benissimo.

Scrive una recensione molto negativa, mutilata dalla censura, alla quale Gogol' risponde con una lettera dove tratta Belinskij con una certa sufficienza.

A questa lettera, Belinskij risponde con un'altra lettera che, scrive Fausto Malcovati nel 1996, «tutti gli studenti russi, soprattutto dal '17 a oggi (ma anche prima con meno pubblicità), conoscono a memoria».

È una lettera che Belinskij non prova a pubblicare, perché non può essere pubblicata, e nella quale c'è scritto:

«O lei è malato, e deve affrettarsi a curarsi, oppure… non oso concludere il mio pensiero!… Predicatore della frusta, apostolo dell'ignoranza, propugnatore dell'oscurantismo, che cosa sta facendo? Guardi ai suoi piedi: lei è sospeso sopra un baratro… Se il suo libro non portasse il suo nome e ne fossero esclusi i brani in cui parla di sé come scrittore, chi potrebbe pensare che questa ampollosa e sciatta baraonda di parole e frasi sia opera dell'autore dell'*Ispettore generale* e di *Anime morte*?»

5.25 Ecco

Ecco, tornando all'inizio del nostro capitolo, il 23 aprile del 1849, Dostoevskij viene svegliato nella sua casa con l'accusa di aver partecipato alle riunioni del Circolo Petraševskij e, in particolare, di aver letto in pubblico la lettera di Belinskij a Gogol'.

Per questo delitto, Dostoevskij verrà condannato a morte.

Adesso, a me, qualche volta, è capitato di dire questa cosa in pubblico, e poi ho sempre chiesto: «Ma se io, adesso, tirassi fuori dal mio zaino la lettera di un critico, non so, di Goffredo Fofi, faccio per dire, e mi mettessi a leggerla, voi credete che sarei accusato di un qualche delitto?».

Non ne sono sicuro, rispondo. Ma credo di no, aggiungo.

Allora, quasi centottanta anni fa, in Russia, questa lettera, questa lunga, appassionata, innamorata, direi, accusa a Gogol', era talmente inaudita che era sufficiente, allora, nel 1849, leggerla in pubblico per meritarsi una condanna a morte.

Ma tre anni dopo, nel 1852, dopo la (terribile) morte di Gogol', succede una cosa stranissima.

Turgenev, il grande scrittore russo, il "poeta", il "talento", l'"aristocratico", il "bell'uomo", il "ricco", l'"intelligente", il "colto", il grande rivale di Dostoevskij, nel 1852, dopo la morte di Gogol', scrive un articolo elogiativo e lo manda a una rivista pietroburghese, che lo rifiuta perché dice che non è il momento di pubblicare articoli del genere.

Poco dopo a Turgenev scrive un conoscente moscovita, e lo rimprovera per il fatto che nessuno, sulla stampa, ha ricordato Gogol'. Turgenev gli spiega perché, e gli manda l'articolo che aveva scritto e che era stato rifiutato. Il conoscente moscovita sottopone l'articolo di Turgenev alla censura di Mosca e, ottenutane l'approvazione, lo pubblica sulla rivista "Informazioni" di Mosca.

Conseguenza di questa pubblicazione è la condanna, per Turgenev, a «un mese di detenzione nell'Ufficio di Polizia per disubbidienza e violazione delle disposizioni sulla censura» (così Turgenev stesso nelle sue *Memorie letterarie*) seguita da due anni di arresti domiciliari nella sua tenuta di Orël.

Cioè, per le autorità russe dei tempi di Dostoevskij, di Gogol' non si poteva parlare né bene né male. Si sbagliava comunque. Era come se Gogol' fosse radioattivo, chi gli si avvicinava diventava pericoloso.

Gli scrittori, in Russia, erano pericolosi, tanti anni fa.

6
La condanna

6.1 Esperienze

Come tutti quelli che arrivano all'età che ho io, cinquantasette anni, ogni tanto mi vien da pensare che ci son delle cose che non farò mai più, come entrare in un negozio e pronunciare la frase: «Avete degli adesivi?».

E degli odori che non sentirò mai più, come quello che c'era nell'abitacolo della Fiat 1100 di mio babbo, che fumava sessanta Gauloises senza filtro tutti i giorni, e si sentiva.

E che a mia figlia, per dire, che di anni ne ha sedici, la frase «Avete degli adesivi?» non dice niente, e l'odore di un abitacolo saturo di fumo non le ricorda niente, perché ha due genitori che non fumano più da degli anni.

E che queste cose minuscole che sono successe a me quand'ero più giovane, se le si vuole usare in letteratura funzionano solo con un pubblico che ha, più o meno, gli stessi anni che ho io, sono dei temi con la data di scadenza; tra cinquant'anni nessuno proverà un'emozione a leggere: «Avete degli adesivi?».

E questo, mi vien da dire, è normale.

Un po' meno normale è quello che ho raccontato all'inizio di questo libro, quando ho avuto la sensazione chiara che quella cosa che avevo in mano, un libro pubblicato centododici anni prima a tremila chilometri di distanza, mi avesse aperto una ferita che non avrebbe smesso tanto presto di sanguinare, e quel libro parlava di un ex studente di Pietroburgo, città dove non ero mai stato, che progetta di uccidere un'usuraia, cosa che non avevo mai progettato.

Lo stesso effetto stupefacente, nei libri di Dostoevskij, e inspiegabile, si realizza tutte le volte che un personaggio parla dell'esperienza di essere condannato a morte, che è un'esperienza che sono pochissimi, al mondo, a poter raccontare (a me per esempio non è mai successo) ma che, come la racconta Dostoevskij, al lettore sembra di viverla anche a lui.

Chissà perché.

6.2 Con tanto amore

Il 15 aprile del 1849 Dostoevskij viene rinchiuso, con i suoi colleghi di cospirazione, nella sezione Alekseevskij della fortezza di Pietro e Paolo.

Lo mettono nella cella numero 1.

Ci resta otto mesi.

Dopo due mesi gli viene permesso di leggere e scrivere; in una lettera al fratello del 18 luglio del 1849, Dostoevskij scrive:

«Tu mi hai detto di non perdermi d'animo, e io non mi perdo d'animo; la mia condizione, certo, non è bella, è orribile, ma non posso farci niente. Tra l'altro, non è così sempre. Ho anche delle occupazioni. Non ho perso tempo, ho pensato a tre racconti lunghi e a due romanzi, uno lo sto scrivendo adesso.»

Di queste cose che Dostoevskij scrive in prigione, l'unica che viene pubblicata (nel 1857, firmata con lo pseudonimo M-ij) è *Un piccolo eroe*, un racconto che parla di un ragazzo di undici anni, ospite di un parente, che si innamora di una donna sposata e di come questo innamoramento lo metta al centro dell'attenzione degli ospiti della villa nella quale il racconto è ambientato, e del modo in cui questa vicenda segna la fine della giovinezza del protagonista; non è un racconto cupo, tutt'altro: sarebbe difficile, senza sapere dov'è stato scritto, collegarlo alla prigione.

«Non ho mai lavorato *con* tanto *amore* come adesso» scrive Dostoevskij nella lettera al fratello, e *con amore* lo scrive in italiano.

6.3 L'Italia prima

In una lettera che Dostoevskij scrive al padre quando è da poco arrivato a Pietroburgo, nel luglio del 1837 (Dostoevskij ha, allora, quindici anni), si legge: «Per via del tempo, qui, a Pietroburgo, è meraviglioso, italiano».

"Meraviglioso", per Dostoevskij, è sinonimo di "italiano", nel 1837.

Non era mai stato, in Italia, nel 1837, né ci era mai stato nel 1849: Dostoevskij ha un'idea bellissima, dell'Italia, prima di venirci.

6.4 Un racconto qualsiasi

«Il riso non lasciava le sue labbra, fresche come è fresca una rosa mattutina che ha appena aperto, alla prima luce del sole, la sua gemma vermiglia, odorosa, sulla quale non si sono ancora seccate grandi gocce di rugiada.»

Questa descrizione (che viene da *Un piccolo eroe*) a me fa venire in mente l'Ol'ga, dell'*Evgenij Onegin*, quella che Puškin descrive così: «Gli occhi come un cielo azzurro, i riccioli come il fior del lino, i gesti, la voce, il corpo snello, tutto… ma prendete un romanzo qualsiasi» scrive Puškin, «ci troverete il suo ritratto fedele».

Ecco.

Questa descrizione, «Il riso non lasciava le sue labbra» eccetera, pur essendo parte di un racconto di Dostoevskij, degno di nota perché è di Dostoevskij, e perché è stato scritto nel periodo in cui Dostoevskij era prigioniero nella fortezza di Pietro e Paolo, non è da racconto di Dostoevskij, è da racconto qualsiasi.

Perché Dostoevskij, che era uno studente qualsiasi che nel giugno del 1845 era diventato, d'un tratto, Fëdor Michajlovič Dostoevskij, subito dopo, nel 1846, era tornato ad essere uno scrittore qualsiasi, e tale, probabilmente, sarebbe rimasto se, il 22 dicembre del 1849, non gli fosse successa una cosa stranissima.

6.5 Il 22 dicembre del 1849

Dmitrij Dmitrievič Achšarumov, un ventiseienne funzionario del ministero degli Esteri di origini armene, frequentatore del Circolo Petraševskij e compagno di detenzione di Dostoevskij, racconta cosa successe il mattino del 22 dicembre del 1849 a San Pietroburgo:

«Entrò [nella cella] un ufficiale che conoscevo con un assistente; mi fu portato l'abito con cui ero stato arrestato e, in aggiunta, calze calde e spesse. Mi venne detto di vestirmi e indossare le calze, perché il tempo era gelido. "A cosa serve? Dove andiamo? Il nostro caso è chiuso?" gli chiesi, e mi venne data una risposta spiccia e evasiva nella fretta di partire. Mi vestii alla svelta, le calze erano spesse e riuscii a malapena a infilarmi gli stivali. Subito aprirono la porta e uscii. Dal corridoio fui condotto al cortile, dove si fermò una carrozza, e fui invitato a salirci. Salii con il soldato dal cappotto grigio e mi sedetti accanto a lui; la carrozza era a due posti. Partimmo, le ruote cigolavano, sprofondando nella neve profonda e ghiacciata. I finestrini della carrozza erano chiusi e congelati; non vi si vedeva nulla attraverso. Ci fu una sorta di sosta: il resto delle carrozze probabilmente stavano aspettando. Quindi iniziò un movimento generale e rapido. Mentre andavamo, raschiai uno strato ghiacciato di umidità dal vetro con l'unghia e contai i secondi; si oscurò immediatamente.

"Dove stiamo andando, lo sa?" chiesi.

"Non posso saperlo" rispose il mio vicino.

"In che direzione andiamo? Può essere che stiamo andando a Vyborg?"

Mormorò qualcosa. Alitai affannosamente sul vetro, in modo da intravedere un attimo qualcosa dal finestrino. Viaggiammo alcuni minuti, attraversando la Neva; raschiavo costantemente con l'unghia o alitavo sul vetro.

Percorremmo il Voskresenskij prospekt, girammo per la Kiročnaja e verso la Znamenskaja; qui abbassai il vetro del finestrino rapidamente e con grande sforzo. Il mio vicino non diede segno di essere contrario a questo, e per mezzo minuto ammirai la scena del risveglio della capitale in un chiaro mattino d'inverno, che non vedevo da molto tempo; i passanti camminavano e si fermavano, ammirando uno spettacolo senza precedenti: un corteo di carrozze, circondato su tutti i lati da gendarmi al galoppo con spade sfoderate! La gente veniva dai mercati; nuvole di fumo denso proveniente dalle stufe appena riscaldate si alzavano sopra i tetti delle case; le ruote delle carrozze scricchiolavano nella neve. Guardai fuori dal finestrino e vidi squadroni di gendarmi davanti e dietro le carrozze. Improvvisamente il gendarme che cavalcava vicino alla mia carrozza si avventò sul finestrino e imperioso minacciò: "Non aprirlo!". La corsa durò circa trenta minuti. Poi svoltammo a destra e, dopo aver proseguito un po', ci fermammo; la carrozza si aprì e uscii.

Guardandomi rapido attorno, vidi un'area familiare: ci avevano portati in piazza Semënovskaja. Era coperta di neve fresca e popolata da militari. Una folla stava in piedi su un bastione in lontananza e guardava verso di noi; c'era silenzio, era la mattina di una limpida giornata invernale, e il sole, appena sorto, brillava all'orizzonte come una grande sfera rossa attraverso la nebbia di nuvole che si addensavano.

Non vedevo il sole da otto mesi e la meravigliosa vista dell'inverno e l'aria che mi circondava ebbero un effetto inebriante su di me. Provai un indescrivibile benessere e per qualche secondo dimenticai tutto. Il tocco di una mano estranea mi sottrasse a questo oblio contemplativo della natura; qualcuno mi prese senza tante cerimonie per il gomito, con l'intento di farmi avanzare e, indicando una direzione, mi disse: "Dài, vai!". Mi spostai in avanti, accompagnato dal soldato seduto con me nella carrozza. Mi resi conto di trovarmi nella neve profonda, sprofondavo con tutto il piede; sentii che il freddo mi avvolgeva. Fummo arrestati il 22 aprile in abiti primaverili e così fummo portati in piazza il 22 dicembre.

Avanzando nella neve, vidi alla mia sinistra, nel mezzo della piazza, un edificio e un'impalcatura, ricordo, di forma quadrata, lunga tre o quattro metri, con una scala, il tutto coperto di nero, a lutto; sul patibolo vidi immediatamente un mucchio di compagni affollarsi e tendersi le mani a vicenda e salutarsi dopo una separazione così repentina e infelice. Quando guardai i loro volti, mi venne un colpo: c'erano Petraševskij, L'vov, Filippov, Spešnëv e altri. I loro volti erano magri, patiti, pallidi, allungati, alcuni coperti da barba e capelli...

Petraševskij, anche lui molto cambiato, era scuro in volto: aveva un mucchio di capelli, un tutt'uno con barba e baffi. "Sarà andata allo stesso modo per tutti" pensai. Tutte queste impressioni furono istantanee; alcune carrozze si stavano ancora avvicinando, e da lì i prigionieri della fortezza uscirono uno dopo l'altro. C'erano Pleščeev, Chanykov, Kaškin, Europeus... tutti emaciati, sofferenti... Improvvisamente tutti i nostri saluti e le nostre conversazioni furono interrotti dalla voce roboante di un generale che ci veniva incontro a cavallo, che sembrava comandare tutti, impossibile dimenticarlo:

"Non è il momento adatto per gli addii! Separateli!" gridò. Dopo questo grido, un funzionario apparve davanti a noi con un elenco in mano e, leggendo, iniziò a chiamarci per cognome.

Il primo fu Petraševskij, seguito da Spešnëv, poi da Mombelli, e poi da tutti gli altri; eravamo ventitré in tutto (io ero in ottava fila). Dopodiché, un prete si avvicinò con una croce in mano e, in piedi di fronte a noi, disse: "Oggi ascolterete una giusta decisione riguardo al vostro caso; seguitemi!". Ci condusse al patibolo, ma non direttamente, passando davanti alle truppe schierate sulla piazza. Un giro del genere, ho scoperto in seguito, ce l'avevano fatto fare per i militari, in particolare il reggimento di Mosca, poiché tra di noi c'erano ufficiali che avevano servito in quel reggimento: Mombelli, L'vov... Il prete, con una croce in mano, marciava davanti a tutti, noi lo seguivamo camminando uno dopo l'altro nella neve alta. Mi parve che ci fossero diversi reggimenti nella piazza, perché il nostro giro tra tutte e quattro le file fu piuttosto lungo... Camminavamo dicendoci: "Cosa ne sarà di noi? Perché ci fanno camminare nella neve? A cosa servono i pilastri dell'impalcatura? Ci fucilano? Andremo ai lavori forzati?".

Lentamente ci facemmo strada lungo il sentiero innevato fino al patibolo. Salendo, ci raggruppammo e di nuovo scambiammo qualche parola. I soldati che ci avevano accompagnato vennero con noi e si posizionarono alle nostre spalle. Quindi arrivarono un ufficiale e un funzionario con un elenco in mano. Ricominciarono le grida e le disposizioni e l'ordine fu ripristinato. Eravamo distribuiti in due file perpendicolari al bastione della città...

Quando fummo disposti nell'ordine indicato, alle truppe venne ordinato il "presentat'arm!", e questa azione, eseguita simultaneamente da diversi reggimenti, risuonò in tutta l'area con il suo rumore caratteristico. Poi ci fu ordinato "Giù i cappelli!", ma non eravamo preparati per questo, e quasi nessuno eseguì il comando, quindi fu ripetuto più volte: "Giù i cappelli, verrà letta la sentenza"; e a quelli in ritardo fu ordinato di togliersi il cappello dai soldati alle loro spalle. Eravamo tutti infreddoliti. Dopodiché, il funzionario in uniforme iniziò a leggere la sentenza di colpevolezza di ognuno, in piedi di fronte a ciascuno di noi. Era impossibile cogliere ciò che veniva letto frettolosamente e indistintamente, e, inoltre, tremavamo tutti dal freddo...

La lettura durò una mezz'ora buona, eravamo tutti terribilmente infreddoliti. Mi misi il cappello e mi avvolsi nel cappotto gelido, ma ben presto venni notato, e il cappello mi fu tolto per mano del soldato in piedi dietro di me. Dopo aver dichiarato la colpevolezza di ciascuno, la sentenza si concluse con le seguenti parole: "Il Tribunale, riunito in sessione straordinaria, ha condannato a morte per fucilazione tutti gli imputati e il 19 dicembre l'Imperatore ha scritto di suo pugno: 'così sia'".

L'ufficiale lasciò il patibolo e ci consegnarono maglie, berretti e tuniche bianchi, e i soldati in piedi dietro di noi ci vestirono con i nostri abiti di morte. Quando eravamo già tutti con le tuniche, qualcuno disse: "Cosa sembriamo mai in queste vesti!".

Un sacerdote salì sul patibolo, lo stesso che ci aveva guidati, con il Vangelo e la croce, e dietro di lui venne portato e piazzato un leggio. Dopo essersi posizionato tra noi all'estremità opposta all'ingresso, ci rivolse le seguenti parole: "Fratelli! Prima della morte, bisogna pentirsi... Il Salvatore perdona i peccati... Vi esorto a confessare...".

Nessuno di noi rispose alla chiamata del sacerdote; rimanemmo in silenzio, il sacerdote ci guardò tutti e ci incitò ripetutamente a confessarci. Quindi uno di noi, Timkovskij, gli si avvicinò e, sussurrando qualcosa, baciò il Vangelo e tornò al suo posto. Il sacerdote, continuando a guardarci e vedendo che nessun altro rivelava il desiderio di confessarsi, si avvicinò a Petraševskij con una croce e lo ammonì, e Petraševskij rispose con poche parole. Ciò che venne detto tra loro non lo so: solo il sacerdote udì le parole di Petraševskij, oltre ai pochissimi che gli stavano accanto e tra questi, forse, solo il suo vicino Spešnëv. Il sacerdote non rispose, ma gli portò la croce alle labbra e Petraševskij la baciò. Dopodiché, camminò silenziosamente in giro con la croce tra tutti noi, e tutti la baciammo. Quindi il sacerdote, fatto questo, rimase in mezzo a noi come se stesse pensando a qualcosa. Si sentì allora la voce del generale, fermo a cavallo vicino al patibolo: "Padre! Hai finito, non hai altro da fare qui!".

Il sacerdote se ne andò, e alcuni soldati andarono da Petraševskij, Spešnëv e Mombelli, li presero per un braccio e li portarono al patibolo, li condussero verso dei pali grigi e cominciarono a legare ciascuno ad un palo con delle corde. Non si sentiva cosa stessero dicendo. I condannati non opposero resistenza. Legarono le mani dietro ai pali e unirono le corde con una catena. Dopo venne dato l'ordine di "calare il cappuccio sugli occhi", e i cappucci vennero abbassati sul viso dei nostri compagni legati. Echeggiò il comando "Puntare!", dopodiché un gruppo di soldati che stava sul patibolo, ce n'erano sedici, puntarono il fucile contro Petraševskij, Spešnëv e Mombelli… Fu un momento terribile. Vedere che si preparavano alla fucilazione, e vedere le canne dei fucili già puntate contro di loro, quasi a bruciapelo, e aspettare che scorresse il sangue e che morissero fu terribile… Il cuore si fermò nell'attesa, e quel momento spaventoso durò trenta secondi. Non pensavo al fatto che sarebbe toccato anche a me, tutta l'attenzione era assorbita dalla scena sanguinosa che stava per aver luogo. Il mio sdegno crebbe ulteriormente quando sentii il rullo di tamburi, il cui significato allora non capivo, non avendo ancora servito nell'esercito. "Ecco la fine di tutto!…" Poi vidi che i fucili puntati improvvisamente vennero alzati. Mi sentii subito sollevato, come se mi fossi tolto un peso dal cuore! Poi cominciarono a slegare Petraševskij, Spešnëv e Mombelli e li condussero nuovamente al loro posto. Arrivò una carrozza, da cui uscì un ufficiale, un aiutante di campo, e portò un foglio che fu subito consegnato per essere letto. In esso veniva annunciato il fatto che il Sovrano Imperatore ci faceva dono della vita, al posto della pena di morte, a ognuno, a seconda della colpa, una pena diversa…

Al termine della lettura di quel foglio ci tolsero i lenzuoli funebri e i cappucci.»

6.6 Subito dopo

Dostoevskij, che non è citato nella testimonianza di Achšarumov, è però insieme a lui in piazza Semënovskaja, e condivide la sua sorte; la condanna a morte, per lui, è commutata in quattro anni di lavori forzati, dopodiché Dostoevskij avrà l'obbligo di servire nell'esercito col grado di soldato semplice, e senza possibilità di essere promosso.

Subito dopo la mancata esecuzione, quello stesso 22 dicembre del 1849, Dostoevskij scrive al fratello Michail:

«In questo momento mi hanno detto, caro fratello, che oggi o domani ci metteremo in marcia. Ho chiesto di vederti, ma mi hanno detto che non è possibile; posso solo scriverti questa lettera, e devi sbrigarti a darmi una risposta. Avevo paura che tu in qualche modo sapessi della nostra condanna. Dal finestrino della carrozza, mentre ci portavano in piazza Semënovskaja, ho visto un sacco di gente; può essere che la notizia fosse arrivata anche a te, e che tu soffrissi per me. Adesso va meglio. Fratello! Io non sono triste e non mi sono perso d'animo. La vita è vita ovunque, la vita è in noi stessi, e non fuori. Accanto a me ci saranno altre persone, e essere persona tra le persone e rimanerlo, tra loro, per sempre, in qualsiasi circostanza, non essere triste e non arrendersi: ecco cos'è la vita, ecco qual è il suo scopo. Ne sono consapevole. Questa idea mi è entrata nella carne e nel sangue. Sì, è così. Quella testa che creava, viveva la vita superiore dell'arte, che era consapevole e abituata alle nobili necessità dell'anima, quella testa è già stata tagliata dalle mie spalle. Ma mi è rimasto il cuore, e la stessa carne e lo stesso sangue che può ancora amare, e soffrire, e desiderare, e ricordare, e questa è, comunque, vita!»

Cosa dev'essere stato, in piazza Semënovskaja, il 22 dicembre del 1849, al freddo, senza cappello, con davanti la morte come unica prospettiva; e cosa dev'essere stato sapere, improvvisamente, che invece puoi vivere ancora.

Dostoevskij, lo scrive al fratello, ha vissuto, quel giorno, nel proprio cuore, nella propria carne, nel proprio sangue, questo passaggio dalla vita di un letterato, un personaggio importante, che vive la dimensione superiore dell'arte, alla vita di un forzato, che non ha niente tranne il proprio cuore, la propria carne, il proprio sangue.

6.7 La realtà

Da qualche anno, d'estate, tra giugno e luglio, alla fine delle notti bianche, organizzo un viaggio in Russia.

Porto degli appassionati di letteratura russa a vedere i posti dove la letteratura russa è nata e, sui posti, leggo o racconto i testi che la letteratura russa ha generato.

A Pietroburgo, nello Stol'jarnyj pereulok (vicolo dei Falegnami), per esempio, leggo quello che ha scritto nel 1974 Iosif Brodskij in un saggio che si intitola *Guida a una città che ha cambiato nome*, il passo in cui Brodskij dice che negli anni Venti dell'Ottocento, a San Pietroburgo, la letteratura russa ha cominciato a correre dietro la realtà, e che, trent'anni dopo, l'ha raggiunta.

E che allora, nel 1974, a Leningrado, era possibile che, passando davanti all'edificio in cui la terza sezione, cioè la polizia segreta, aveva interrogato Dostoevskij, era possibile che si trovassero dei turisti che ne parlavano, ma che era sicuro che, passando davanti all'edificio in cui Porfirij, l'investigatore di *Delitto e castigo*, aveva interrogato Raskol'nikov, ci fossero dei turisti che ne parlavano.

Cioè l'invenzione di quell'uomo senza cappello e senza testa era diventata, secondo Brodskij, più reale della realtà.

E, tra gli altri posti dove andiamo, andiamo, sempre, in piazza Semënovskaja (che oggi si chiama piazza Pionerskaja), e io non leggo la realtà, cioè il resoconto di Achšarumov, leggo l'invenzione, cioè il modo in cui, nell'*Idiota*, il principe Myškin parla di questa cosa che è successa, tanti anni prima, al suo autore, cioè a Dostoevskij.

Il principe Myškin racconta di aver conosciuto un uomo che

«era salito un giorno, insieme ad altri, sul patibolo, e gli era stata letta la condanna a morte, per fucilazione, per un delitto politico. Venti minuti dopo, era stata letta la sentenza di grazia, e la pena era stata commutata; però, nel tempo intercorso tra le due, venti minuti, o, perlomeno, un quarto d'ora, aveva vissuto con la convinzione che sarebbe morto di morte violenta nel giro di pochi minuti. Mi piaceva moltissimo ascoltarlo quando ricordava le impressioni di quei momenti, e più di una volta mi ero fatto ripetere il racconto dall'inizio, e gli facevo domande su domande. Si ricordava di tutto con straordinaria chiarezza, e diceva che non avrebbe mai dimenticato niente di quei minuti. A una ventina di passi dal patibolo, circondato da soldati e da gente del popolo, erano conficcati in terra tre pali, dal momento che erano diversi quelli che dovevano essere giustiziati. I tre primi erano stati portati fino ai pali, legati, vestiti con abiti mortuari (lunghi camici bianchi); gli avevano infilato, fin sugli occhi, dei berretti, bianchi anche quelli, perché non vedessero le canne dei fucili; poi, di fronte ad ogni palo, si era schierato un drappello di soldati. Il mio conoscente era l'ottavo della fila, perciò sarebbe andato al palo col terzo turno. Il prete aveva presentato la croce a ognuno dei condannati. Gli rimanevano quindi da vivere cinque minuti, non di più. E mi ha detto che quei cinque minuti gli erano sembrati un tempo infinito, un'immensa ricchezza; gli era sembrato di dover vivere, in quei cinque minuti, tante di quelle vite, che non valeva la pena, adesso, pensare al momento fatale, ma valeva la pena impegnare il tempo diversamente; aveva calcolato il tempo che gli serviva per dare l'ultimo addio ai suoi compagni e aveva destinato a ciò due minuti, altri due minuti li

Credo che lo stesso discorso valga per i grandi romanzi di Dostoevskij: lì c'è una verità che è alla portata di tutti perché con quei romanzi Dostoevskij non ci ha svelato un mistero, non ha decifrato chissà quale enigma di chissà quale sfinge: Dostoevskij ha fatto quel che fanno gli artisti, ha reso visibile il visibile.

Ha preso l'imballaggio che avvolge le nostre giornate, i nostri gesti quotidiani, e ha tolto le nostre giornate, i nostri gesti quotidiani, dall'imballaggio che li avvolgeva, e noi, adesso, li vediamo. Vediamo le nostre giornate. Vediamo i nostri gesti quotidiani.

E, viceversa, se è vero che il modello del Tenente Colombo, il protagonista del celebre telefilm, è Porfirij Petrovič, l'investigatore di *Delitto e castigo*, tutte le volte che guardiamo una puntata del Tenente Colombo, anche se non lo sappiamo, leggiamo un po' Dostoevskij, e la stessa cosa succede quando leggiamo Camus, o Gide, o Nietzsche, mi dicono (io non conosco, è troppo fondamentale), o quando guardiamo *Nodo alla gola*, di Alfred Hitchcock, o *Crimini e misfatti* di Woody Allen.

E se non ci accontentiamo di questi riflessi, ma facciamo lo sforzo di metter la testa dentro uno dei grandi libri che Dostoevskij scrive dopo l'esilio, dentro quel libro vediamo i nostri dubbi, le nostre verità, le nostre paure, e sono così interessanti, le nostre paure, raccontate, nella seconda metà dell'Ottocento, da un signore senza testa, che io, che ho sempre diffidato degli anniversari, sono così contento che il 2021 è il bicentenario della nascita di Dostoevskij perché altrimenti credo non avrei rifatto lo sforzo terribile di guardarmi per come sono dentro i suoi libri.

7
L'esilio

7.1 Un insolente

Fino al 1854, quando esce dal carcere di Omsk, Dostoevskij non pubblica niente, non può farlo.

I primi anni, in carcere, non può nemmeno leggere niente, tranne il Vangelo.

Ma anche dopo il carcere, negli anni che passa a Semipalatinsk, Dostoevskij non pubblica niente, a parte *Il piccolo eroe* (con pseudonimo) e un'ode patriottica, l'ultima delle tre che scrive.

La prima, scritta nel 1854, è un'ode patriottica sull'aiuto che Dio avrebbe concesso alla Russia, ode nella quale Dostoevskij si dice certo che Costantinopoli sarà, ben presto, russa; la seconda, scritta nel 1855, è un'ode patriottica in occasione della visita, a Semipalatinsk, del governatore generale, ode nella quale Dostoevskij celebra il compleanno dell'imperatrice madre; la terza, scritta nel 1856, è un'ode patriottica sull'incoronazione di Alessandro II, ode nella quale Dostoevskij celebra l'incoronazione di Alessandro II.

In quella del 1855, che celebra l'imperatrice madre, Dostoevskij si rivolge direttamente all'imperatrice, che è appena diventata vedova, e le dice che, come un'orfana, tutta la Russia singhiozza per la scomparsa dello zar (è lo stesso zar che lo aveva condannato a morte); «Ma tu» scrive Dostoevskij all'imperatrice madre, «tu sei quella che ha perso più di tutti!».

Dostoevskij scrive che è difficile perdere quello che ci nutriva, quel che ci era caro, guardare al passato come a una tomba, strappare, dal proprio cuore, un cuore, non avere altro che la disperazione, vedersi susseguire, uno dopo l'altro, giorni vuoti, senza senso, prigionieri del lento, malinconico passare delle ore.

Secondo Ljudmila Saraskina questa ode, che, apparentemente, è così rispettosa, è, in realtà, insolente: Dostoevskij qui non immaginerebbe il dolore della zarina madre, ma userebbe il proprio dolore privato.

A Semipalatinsk, infatti, Dostoevskij si è innamorato.

7.2 Come un secchiaio

Nel 1854, a Semipalatinsk, Dostoevskij conosce Aleksandr Ivanovič Isaev, segretario di collegio, ex impiegato delle dogane di Semipalatinsk che, nel 1847, quando era in servizio ad Astrachan', aveva sposato la figlia del suo capufficio, Marija Dmitrievna Konstant.

Isaev era un uomo colto, aveva letto Byron, Shakespeare, Schiller, Karamzin e Gogol', ma beveva come un secchiaio, e si era appena licenziato, non aveva un impiego; viveva con la moglie e il loro unico figlio, Pavel, e tiravano avanti prendendo soldi a prestito da chi glieli dava.

Dostoevskij scrive al fratello che Isaev era spensierato, come uno zingaro, che era permaloso, orgoglioso, che non sapeva dominarsi, che si era terribilmente lasciato andare, ma che, nello stesso tempo, era una persona colta, buonissima, che capiva tutto e che, nonostante i molti difetti, aveva una natura nobile.

C'è da dire che, più che con Isaev, Dostoevskij aveva legato con la moglie, Marija Isaeva.

Nessuna donna l'aveva mai colpito tanto, voleva sapere tutto di lei, e lei non chiedeva altro che raccontare tutto di sé, perché era, scrive Saraskina, «disperatamente sola».

7.3 Una donna del genere

Il nonno paterno di Marija, francese, François Jérôme Constant, veniva da un'antica famiglia nobile, era stato capitano della guardia reale alla corte di Louis XVI, era emigrato dopo la rivoluzione e era arrivato in Russia nel 1794; il padre di Marija, Dmitrij, aveva lavorato come traduttore al comando del genarale Inzov e, nel 1821, si era stabilito a Taganrog, sul mar Caspio (la città dove, nel 1860, sarebbe nato Anton Čechov); qui Dmitrij Konstant aveva sposato una giovane nobile russa e gli sposi avevano messo al mondo sette figli, tra i quali Marija, nel 1824 (quando Dostoevskij la conosce, Marija ha ventinove anni, tre in meno di lui).

Di lei Dostoevskij scrive:

«Questa signora, ancora giovane, ventotto anni [ne ha quasi trenta], bella, molto colta, molto intelligente, buona, cara, piena di grazia, con un gran cuore, magnanima, si fa carico di tutta la famiglia, e supporta la sua sorte con fierezza e senza protestare. È peggiorata però la sua salute, si è fatta impressionabile e irritabile. Il suo carattere, però, è allegro, incline allo scherzo. Quante sere felici ho passato in sua compagnia! Ho incontrato raramente una donna del genere.»

7.4 Restarci male

Della relazione con Marija Isaeva sappiamo, oltre che dalle lettere di Dostoevskij, dalle memorie del barone Aleksandr Egorovič Vrangel' che, negli anni di Semipalatinsk, era diventato amico e confidente di Dostoevskij.

Vrangel' era un giovane nobile pietroburghese di antica famiglia, imparentato, per parte di madre, con Puškin; a sedici anni, aveva assistito, tra il pubblico, in piazza Semënovskaja, alla mancata fucilazione di Dostoevskij e dei componenti del

Circolo Petraševskij e, a ventun anni, era diventato procuratore di Semipalatinsk.

Michail Dostoevskij, che lo conosceva, gli aveva dato dei soldi e dei vestiti per il fratello, e i due, il giovane nobile procuratore e l'ex forzato, eran diventati amici.

Le memorie di Vrangel' su Dostoevskij sono la fonte principale di un romanzo dello scrittore olandese Jan Brokken, pubblicato in Italia con il titolo *Il giardino dei cosacchi*.

Qualche anno fa, al Festivaletteratura di Mantova, una lettrice mi ha chiesto se avevo letto *Il giardino dei cosacchi* e, quando le avevo risposto di sì, lei mi aveva detto: «Ma ha visto che Dostoevskij doveva dei soldi a Vrangel' e non glieli ha mai restituiti? Ci sono rimasta così male. Pensavo che Dostoevskij fosse una così brava persona. E invece».

È una questione molto interessante: Dostoevskij, che ha scritto delle cose che a molti di noi lettori sembrano meravigliose, deve, per questo, essere anche una persona meravigliosa?

O, perlomeno, brava?

Era bravo, Fëdor Michajlovič Dostoevskij?

Era buono?

7.5 Qualsiasi cosa

Vasilij Rozanov, quello che descrive Dostoevskij come un arciere nel deserto con una faretra piena di frecce che, se ti colpiscono, esce il sangue, dice che Dostoevskij può aver fatto qualsiasi cosa, nella sua vita, lui, gli è grato lo stesso.

E io, nel mio piccolo, anch'io.

E, bisogna dire, Dostoevskij è stato accusato di cose anche più gravi, del non aver restituito i soldi a Vrangel', e adesso ne parliamo, finiamo però prima di parlare di quella Marija Isaeva della quale sembra che Dostoevskij, nel 1854, si fosse proprio innamorato.

7.6 Una malattia

In una lettera a Majkov, Dostoevskij scrive che, nel periodo in cui era a Semipalatinsk e frequentava gli Isaev, non riusciva a scrivere: «Ero felice, non potevo lavorare».

Viene in mente Puškin quando, nell'*Onegin*, dice «Io, quando amavo, ero stupido e muto».

Nel caso di Dostoevskij, però, la felicità dura poco.

Il marito della Isaeva ottiene un posto di lavoro nella cittadina di Kuzneck, che dista cinquecento verste (poco più di cinquecento chilometri) e vi si trasferisce con la famiglia.

Dostoevskij era disperato.

Diceva che, soprattutto, gli dispiaceva che lei acconsentisse al trasferimento senza fare una piega.

In quel periodo scrive l'ode in onore della zarina madre nella quale, secondo Saraskina, finge di immedesimarsi nel dolore della zarina e parla invece del proprio, dolore.

Poi, il 4 agosto del 1855, il marito di Marija, Aleksandr Ivanovič Isaev, muore.

Solo che Marija, nel frattempo, sembra essersi innamorata di un giovane insegnante di Kuzneck, Nikolaj Borisovič Bergunov.

Questo lo sostiene Vrangel', mentre Dostoevskij crede di no; scrive al fratello Michail: «Da tempo amo questa donna e so che anche lei può amarmi. Non posso vivere senza di lei e, se solo la mia condizione cambierà in meglio, la sposerò».

Marija Isaeva, però, non è tanto convinta di sposare Dostoevskij, e lui ci resta male.

«L'amore è una grande gioia, ma porta con sé tante di quelle sofferenze, che sarebbe meglio non amare mai.»

Pensa di essere come il protagonista del suo primo romanzo, Devuškin, che è innamorato di una donna che poi sceglie un altro («ho profetizzato la mia sorte» scrive).

Nell'autunno del 1856, Vrangel' comunica a Dostoevskij che, per lui, è in arrivo l'amnistia.

Dostoevskij gli scrive che

«la notizia mi rallegra perché, finalmente, potrò vedere lei. L'amo da impazzire, più di prima. So che non sono molto sensato, non avendo molte speranze, ma che abbia o meno speranze non mi interessa. Non penso ad altro. Solo a vederla, a sentire la sua voce. Sono un pazzo infelice. Un amore come questo è una malattia, ma non mi auguri di lasciare questa donna e questo amore. Mi è apparsa nel più triste momento della mia vita e ha resuscitato l'anima mia. Ha resuscitato tutto quel che c'è di vivo in me.»

7.7 Quando si metteva in testa una cosa

Dostoevskij era uno che, bisogna dire, quando si metteva in testa una cosa, non rinunciava facilmente.

E, alla fine, Marija Isaeva gli dice di sì.

«Mi ama» scrive Dostoevskij nel novembre del 1856. «Lo so per certo.»

E, effettivamente, Dostoevskij ottiene il consenso al matrimonio.

E, una volta che l'ha ottenuto (si sposeranno nel febbraio del 1857), le sue lettere cambiano tono.

«Se non mi permetteranno di pubblicare ancora per un anno» scrive al fratello Michail, «sono perduto. Sarebbe meglio piuttosto non vivere.»

E nell'aprile del 1857, Dostoevskij riottiene il diritto a pubblicare.

E sugli "Annali patri", nel luglio di quello stesso 1857, pubblica *Il giovane eroe*, il racconto che aveva scritto nella fortezza di Pietro e Paolo.

E la moglie, nelle sue lettere, non che sparisca, sbiadisce, un po'.

7.8 La prima moglie

Cerco di andare in Russia tutti gli anni, e ci riesco quasi sempre, e, quando ci vado, cerco di passare sempre nella casa museo di Dostoevskij, nel Kuznečnyj pereulok (vicolo dei Fabbri), nell'ultimo appartamento nel quale Dostoevskij ha abitato.

Qualche anno fa, in una di queste visite, avevamo come guida una signora magra, coi capelli rossi, vestita di giallo, che, se non ricordo male, si chiamava Natal'ja Viktorovna, che ci ha detto che lei, quand'era una ragazza, in Unione Sovietica, era una punk, e che è stato normalissimo, per lei, appassionarsi a Dostoevskij, perché Dostoevskij, anche lui (nonostante tutte le odi che ha scritto, questo l'ho aggiunto io) era un punk.

E che la natura punk di Dostoevskij determinava il fatto che, nel periodo sovietico, i suoi romanzi, di Dostoevskij, erano difficili da trovare, perché parlava male dei rivoluzionari, che *Delitto e castigo*, per esempio, a scuola, da leggere, non lo davano, e che le mogli, di Dostoevskij, ne aveva avute due, una, la prima, che non si sopportavano, che litigavano sempre, che gli teneva testa, l'altra, la seconda, che gli dava sempre ragione, e che lo adorava, e che lei, la nostra guida, Natal'ja Viktorovna, delle due, preferiva la prima, che aveva ispirato a Dostoevskij molti personaggi femminili, mentre la seconda non ne aveva ispirato neanche uno.

Quando poi la guida ci ha lasciato, ci hanno avvicinato dei signori russi che avevano ascoltato anche loro la microconferenza di Natal'ja Viktorovna e ci hanno detto di non crederle, che *Delitto e castigo* loro l'avevano letto a scuola in epoca sovietica senza nessun problema, anzi, avevano degli insegnanti ai quali Dostoevskij piaceva moltissimo e nessuno metteva in discussione il magistero di Dostoevskij che non era affatto punk, secondo loro.

La Russia è un posto bellissimo, devo dire.

7.9 Un personaggio

La prima moglie di Dostoevskij diceva spesso che lei era quasi figlia di un governatore, ed era vero: suo padre era andato in pensione con il grado di consigliere di stato, che corrispondeva all'incarico di direttore di dipartimento, o di governatore.

Questo tratto del carattere di Marija Isaeva (poi Marija Dostoevskaja) ricorda un personaggio di *Delitto e castigo*: Katerina Ivanovna Marmeladova, moglie dell'ubriacone, Semën Zacharovič Marmeladov, e madre della prostituta, Sonja Marmeladova; anche lei, Katerina Marmeladova, diceva continuamente che «proveniva da una famiglia nobile, e quasi, si potrebbe dire, aristocratica» e che era «quasi figlia di un colonnello».

Quanto a Marija Dostoevskaja, sarebbe morta di tubercolosi, a Mosca, nel 1864, all'età di trentanove anni.

Negli ultimi mesi di vita vedeva i diavoli, diceva che, nella sua stanza, c'erano i diavoli, e si calmava soltanto quando il dottore apriva la finestra e li faceva uscire.

E prima, quando non era ancora costretta a letto, si alzava di scatto dalla poltrona, correva in salotto, si fermava davanti al ritratto di Dostoevskij, suo marito, stringeva il pugno e gridava: «Forzato! Forzato!».

Ma, qui, non è che avesse torto; Dostoevskij era stato effettivamente condannato ai lavori forzati. Aveva ragione.

Però a me, devo dire, anche se aveva ragione, delle mogli di Dostoevskij, mi piace di più la seconda, quella buona.

7.10 Una lettera

Dopo la morte della prima moglie, Dostoevskij scrive a Vrangel':

«Mi ha amato tantissimo, e anch'io l'ho amata tantissimo, ma non siamo stati felici. Nonostante fossimo proprio infelici insieme (per via del suo carattere strano, ipocondriaco e soggetto a fantasie malate), non potevamo smettere di amarci, e più infelici eravamo, più ci amavamo.»

7.11 Un amico

Abbiamo lasciato in sospeso una domanda: Dostoevskij, era buono?

E quali sono le cose delle quali è accusato, oltre a non avere restituito i soldi a Vrangel'?

Un amico di Dostoevskij, Nikolaj Nikolaevič Strachov, scrittore e giornalista, che gli fa da testimone alle seconde nozze e che è spesso ospite a casa sua, e che è amico anche di Tolstoj, e che è spesso ospite anche da Tolstoj, questo signore, Nikolaj Strachov, è la persona che informa Tolstoj della morte di Dostoevskij.

Gli scrive «del senso di orribile vuoto che non mi abbandona dal momento in cui ho saputo che Dostoevskij era morto».

Tolstoj gli risponde, e Strachov cita una parte della lettera di Tolstoj nel discorso funebre che tiene nel febbraio del 1881.

«Non ho mai incontrato questa persona, scrive Tolstoj – legge Strachov –, e non ho mai avuto rapporti diretti con lui; e d'un tratto, quando è morto, ho capito che era la persona a me più vicina, più cara, più necessaria. E non ho mai pensato di paragonarmi a lui. Tutto quello che ha fatto (quello che ha fatto di buono, di vero), era fatto in un modo che, più faceva, meglio era, per me. L'arte mi ispira invidia, l'intelligenza anche, ma il cuore mi dà solo gioia. Lo consideravo un mio amico, e pensavo che ci saremmo visti, prima o poi, che non era successo ma che era una cosa che avevo lì, a due passi. E adesso ho letto che è morto. Mi è mancata la terra sotto i piedi. Non sapevo più dov'ero, e allora mi è stato chiarissimo quanto mi era caro, e ho pianto, e piango ancora.»

Strachov era anche un collaboratore di Dostoevskij, lavorava alle due riviste, "Vremja" e "Epocha", che Dostoevskij avrebbe messo in piedi, con il fratello Michail, una volta tornato a Pietroburgo; lo aveva accompagnato anche nel suo primo viaggio all'estero ed era, forse, morto Michail, la persona più vicina, a

Credo che lo stesso discorso valga per i grandi romanzi di Dostoevskij: lì c'è una verità che è alla portata di tutti perché con quei romanzi Dostoevskij non ci ha svelato un mistero, non ha decifrato chissà quale enigma di chissà quale sfinge: Dostoevskij ha fatto quel che fanno gli artisti, ha reso visibile il visibile.

Ha preso l'imballaggio che avvolge le nostre giornate, i nostri gesti quotidiani, e ha tolto le nostre giornate, i nostri gesti quotidiani, dall'imballaggio che li avvolgeva, e noi, adesso, li vediamo. Vediamo le nostre giornate. Vediamo i nostri gesti quotidiani.

E, viceversa, se è vero che il modello del Tenente Colombo, il protagonista del celebre telefilm, è Porfirij Petrovič, l'investigatore di *Delitto e castigo*, tutte le volte che guardiamo una puntata del Tenente Colombo, anche se non lo sappiamo, leggiamo un po' Dostoevskij, e la stessa cosa succede quando leggiamo Camus, o Gide, o Nietzsche, mi dicono (io non conosco, è troppo fondamentale), o quando guardiamo *Nodo alla gola*, di Alfred Hitchcock, o *Crimini e misfatti* di Woody Allen.

E se non ci accontentiamo di questi riflessi, ma facciamo lo sforzo di metter la testa dentro uno dei grandi libri che Dostoevskij scrive dopo l'esilio, dentro quel libro vediamo i nostri dubbi, le nostre verità, le nostre paure, e sono così interessanti, le nostre paure, raccontate, nella seconda metà dell'Ottocento, da un signore senza testa, che io, che ho sempre diffidato degli anniversari, sono così contento che il 2021 è il bicentenario della nascita di Dostoevskij perché altrimenti credo non avrei rifatto lo sforzo terribile di guardarmi per come sono dentro i suoi libri.

7
L'esilio

7.1 Un insolente

Fino al 1854, quando esce dal carcere di Omsk, Dostoevskij non pubblica niente, non può farlo.

I primi anni, in carcere, non può nemmeno leggere niente, tranne il Vangelo.

Ma anche dopo il carcere, negli anni che passa a Semipalatinsk, Dostoevskij non pubblica niente, a parte *Il piccolo eroe* (con pseudonimo) e un'ode patriottica, l'ultima delle tre che scrive.

La prima, scritta nel 1854, è un'ode patriottica sull'aiuto che Dio avrebbe concesso alla Russia, ode nella quale Dostoevskij si dice certo che Costantinopoli sarà, ben presto, russa; la seconda, scritta nel 1855, è un'ode patriottica in occasione della visita, a Semipalatinsk, del governatore generale, ode nella quale Dostoevskij celebra il compleanno dell'imperatrice madre; la terza, scritta nel 1856, è un'ode patriottica sull'incoronazione di Alessandro II, ode nella quale Dostoevskij celebra l'incoronazione di Alessandro II.

In quella del 1855, che celebra l'imperatrice madre, Dostoevskij si rivolge direttamente all'imperatrice, che è appena diventata vedova, e le dice che, come un'orfana, tutta la Russia singhiozza per la scomparsa dello zar (è lo stesso zar che lo aveva condannato a morte); «Ma tu» scrive Dostoevskij all'imperatrice madre, «tu sei quella che ha perso più di tutti!».

Dostoevskij scrive che è difficile perdere quello che ci nutri-

aveva destinati a meditare, per l'ultima volta, su sé stesso, e un minuto l'aveva destinato a guardarsi intorno per l'ultima volta. Si ricordava benissimo di avere diviso il tempo che gli restava da vivere proprio in quel modo. Moriva a ventisette anni, giovane e forte; dicendo addio ai compagni, ricordava di avere fatto a uno di loro una domanda che non c'entrava molto con quel momento e di essersi perfino molto interessato alla risposta. Poi, dopo avere detto addio ai compagni, erano arrivati i due minuti che aveva destinato a meditare *su sé stesso*; sapeva in anticipo quello a cui avrebbe pensato: voleva immaginarsi, nel modo più chiaro possibile, quel che sarebbe successo: in quel momento esisteva, viveva, e, tre minuti dopo, sarebbe stato un *non so che*, un qualche cosa, ma cosa? Dove? Tutto questo avrebbe voluto risolvere, in due minuti. Poco lontano da lì c'era una chiesa, e la cupola, col tetto dorato, brillava al sole. Si ricordava di aver fissato con ostinazione quel tetto e i raggi che vi scintillavano; non poteva staccare gli occhi da quei raggi, gli sembrava che fossero i raggi della sua nuova natura e che, tre minuti dopo, si sarebbe in qualche modo fuso con essi... L'incertezza e il disgusto che provava di fronte a quella cosa nuova che stava per cominciare, erano orribili; ma lui diceva che la cosa più pesante, in quel momento, era il pensiero continuo: "Se non dovessi morire! Se la vita potesse continuare, che eternità! E sarebbe tutto mio! Trasformerei ogni istante in un secolo, non perderei nulla, ogni istante sarebbe calcolato, non spenderei un attimo inutilmente!". Diceva che questo pensiero alla fine aveva dato origine a una rabbia tale, che non vedeva l'ora di essere fucilato.»

Poi il principe tace di colpo; tutti aspettano che continui e concluda in qualche modo. Ma lui non conclude in nessun modo, e allora glielo chiedono, se ha finito, e lui risponde di sì, che ha finito, e allora gli chiedono se quello lì, quel suo conoscente che era stato graziato, aveva poi vissuto così pienamente come si immaginava che avrebbe vissuto se l'avessero graziato, senza perdere neanche un minuto, e lui risponde: «No no, non ha vissuto così pienamente, ne ha persi tanti, di minuti», ma quell'attimo lì, quel momento in cui lui fa l'esperienza di essere il riflesso dorato di una cupola, quella è un'esperienza che io, tutti gli anni, con un gruppo di appassionati di letteratura russa vado a fare, a San Pietroburgo, in un viaggio che si chiama *Gogol' maps* e che mi piace così tanto.

6.8 Com'erano cattivi gli zar

Quando parlavo dell'arresto di Dostoevskij, prima di scrivere questo libro, io dicevo, e credo di averlo scritto anche in questo libro, che Dostoevskij era stato condannato a morte per aver letto (in pubblico) la lettera di un critico; «Immaginatevi oggi» aggiungevo, «se io leggessi la lettera di un critico, a chi darei fastidio?» chiedevo (e credo di averlo chiesto anche in questo libro).

Ed era una cosa che mi piaceva raccontare, soprattutto in questi ultimi anni in cui l'atteggiamento generale, in Italia, verso la storia russa, mi sembra sia quello di un paio di signori la cui conversazione ho sentito per caso una volta su un treno regionale Bologna-Parma nel settembre del 2006, se non ricordo male.

Il treno era pienissimo, io ero in piedi in corridoio e alla mia destra, uno di fronte all'altro, erano seduti due signori che sembravano due impiegati, con la divisa degli impiegati, giacca blu, camicia bianca, cravatta scura, avrei scritto due funzionari, se fossimo stati in Russia nell'Ottocento, solo che eravamo in Emilia nel XXI secolo e allora ho scritto impiegati.

E avevo sentito che uno dei due raccontava all'altro di essere stato a Mosca e che gli era piaciuta moltissimo, diceva, che c'erano delle cose bellissime «come per esempio la metropolitana», aveva detto, e, vista la faccia perplessa del suo collega, aveva aggiunto, in fretta «Ah ma, l'han fatta gli zar, eh!?».

Io, li ho guardati, ho pensato "No, non l'han fatta gli zar. L'han fatta i sovietici". Ma non ho detto niente e ho voltato la testa da una parte.

Una conseguenza marginale del fatto di diventar vecchi è che, col tempo, ci si conosce un po' meglio, e io, se dovessi descrivere con una parola il tratto più rappresentativo del mio carattere, sarei in dubbio tra due parole: pigro e bastiancontrario.

Questo caso ha a che fare con la mia natura di bastiancontrario.

A me piace così tanto, raccontare episodi che mettono in luce la cattiveria degli zar, perché son racconti che vanno contro la vulgata contemporanea che i sovietici eran dei barbari e gli zar invece eran tanto bravi, tanto educati, tanto gentili.

E, al di là dei difetti del mio carattere, credo che sia comunque interessante, e stupefacente, la condanna di Dostoevskij.

Il tenente ingegnere Fëdor Michajlovič Dostoevskij viene condannato, per «la mancata denuncia della diffusione di una lettera delittuosa, contraria alla chiesa e allo stato del letterato Belinskij, [...] alla perdita del grado, di tutti i mezzi di sostentamento e alla pena di morte tramite fucilazione».

Condanna insensatissima, credevo io.

E credevo anche, prima di scrivere questo libro, che la sovversione di Dostoevskij si limitasse al campo delle idee, al libero pensiero, come si diceva allora, e che Dostoevskij non avesse intenzioni rivoluzionarie.

Solo che poi ho trovato la testimonianza del poeta, e membro dell'Accademia delle Scienze, Apollon Nikolaevič Majkov, il quale racconta, come abbiamo già visto, che, prima dell'arresto, una sera è arrivato da lui Fëdor Michajlovič Dostoevskij, molto agitato, e ha detto di avere una cosa da dirgli: che voleva fare la rivoluzione.

6.9 Uno scrittore qualsiasi

Sembra, come abbiamo detto, che Dostoevskij, venuto a conoscenza di questa testimonianza di Majkov, abbia detto che era tutto vero, ma che mancavano molte cose.

Quali fossero queste cose, e se Dostoevskij si possa considerare una vittima degli zar, che, se da un lato erano bravissimi a costruire le metropolitane, dall'altro avevano qualche problema con la libertà di pensiero, o se sia stato condannato giustamente, dati i tempi e la natura della sua rivolta, io non lo so e non credo di essere la persona adatta per deciderlo e per giudicarlo.

Una cosa che però mi sembra certa è che, se Dostoevskij fosse morto lì, in piazza Semënovskaja, quel 22 dicembre del 1849, magari nell'altro mondo si sarebbe trasformato in una luce bellissima, ma qui da noi, da questa parte, sarebbe stato uno scrittore qualsiasi.

Uno che aveva scritto un primo romanzo anche bello, che aveva fatto scalpore, che era stato portato alle stelle da Belinskij e che poi si era perso; che aveva scritto un secondo romanzo che non si capiva bene cosa volesse dire e poi tutta della roba così, tra il magico e il sentimentale, tutta roba che apparteneva alla vita superiore dell'arte, che rispondeva alle nobili necessità dell'anima, ma che a leggerla si faceva fatica (io, perlomeno, a Nabokov invece gli piaceva moltissimo *Il sosia*, per dire).

Invece, guarda te cosa possono fare delle volte dieci anni di esilio con il grado di soldato semplice, i primi quattro dei quali di lavori forzati.

Io, non ho mai fatto la prova e probabilmente non la farò mai, ma ho l'impressione che quell'esperienza abbia determinato come conseguenza il fatto che, da qui in avanti, i libri che Dostoevskij scrive non sono più (solo) testimonianze letterarie.

C'è un passo in cui Viktor Šklovskij dice che in *Anna Karenina* ci sono cose forse più vere di quelle che si trovano nei dizionari e nelle enciclopedie.

Fëdor Michajlovič, e aveva ricevuto l'incarico, dalla seconda moglie, Anna Grigor'evna Dostoevskaja, di scrivere la biografia, di Dostoevskij, che sarebbe uscita, insieme alle *Opere complete*, nel 1883: Anna Grigor'evna gli aveva consegnato l'archivio e lui l'aveva studiato e poi aveva scritto, tra le altre cose:

«Le nostre conversazioni erano interminabili, e sono state le migliori conversazioni che mi siano toccate in sorte. Parlava una lingua semplice, viva, senza retorica, un'incantevole lingua russa, e restavo stupefatto dalla sua straordinaria intelligenza, dalla rapidità con la quale afferrava qualsiasi idea […].
Non era solo un letterato, era un vero e proprio eroe dell'arena letteraria. Nelle sue opere ci sono molti pensieri commoventi; e lui stesso, come persona, è stato capace, con tanta forza, di costruire il proprio destino, ha sopportato con tanto coraggio le difficoltà e le avversità, che è la sua stessa vita a indurre alla commozione.»

Bene.
Nikolaj Strachov, qualche giorno dopo l'uscita delle *Opere complete* di Dostoevskij con la sua biografia, scrive a Tolstoj una lettera che, secondo il critico Vladimir Artemovič Tunimanov, è uno dei più morbosi e strazianti documenti letterari del XIX secolo.

7.12 La lettera di Strachov a Tolstoj

«28 novembre 1883, San Pietroburgo

Le scrivo, impagabile Lev Nikolaevič, una breve lettera anche se il tema meriterebbe un trattamento più diffuso, ma sono indisposto, e potremo poi svilupparlo più approfonditamente. Lei, forse, ha già ricevuto la mia Biografia di Dostoevskij, la prego di trattarla con attenzione e, con indulgenza, di dirmi come le sembra. E, a questo proposito, voglio farle una confessione. Mentre la scrivevo, ho combattuto contro il disgusto, ho cercato di soffocare questo brutto sentimento. Mi aiuti a liberarmene.

Non posso considerare Dostoevskij né un uomo buono, né un uomo felice (le due cose, in sostanza, coincidono). Era cattivo, invidioso, corrotto, e ha passato la vita in preda a tali avversità che l'hanno reso un miserabile, e l'avrebbero reso ridicolo se non fosse stato così cattivo e così intelligente. Lui, come Rousseau, si considerava il migliore, il più felice.

È a causa della Biografia, che mi sono ricordato tutte queste cose. In Svizzera, ero presente, ha maltrattato un cameriere al punto che quello si è offeso e ha risposto "Sono poi un uomo anch'io!". Ricordo che mi sembrava incredibile che queste cose fossero dette a un fautore dello *spirito umanitario* e che quello che era successo rifletteva l'idea che, nella libera Svizzera, avevano dei *diritti dell'uomo*.

Scene del genere, con lui, si ripetevano continuamente, perché non riusciva a frenare la propria cattiveria. Molte volte non ho reagito alle sue uscite, si comportava proprio come una donna, senza preavviso e senza nessuna franchezza; ma mi è anche successo un paio di volte di dirgli cose molto offensive. Certo, quando si trattava di insultare, aveva sempre la meglio lui, non le persone normali, e la cosa peggiore è che ne godeva, che non si pentiva mai delle sue porcherie. Era attratto dalle porcherie e se ne vantava. Viskovatov mi ha raccontato che, con lui, si è vantato di aver peccato, in un bagno pubblico, con una bambina che gli era stata affidata da una governante. Si noti che, a causa della sua sensualità animalesca, non aveva nessun gusto della bellezza e del fascino femminile. Si vede anche nei suoi romanzi. I personaggi che gli assomigliano di più sono il protagonista delle *Memorie del sottosuolo*, Svidrigajlov, in *Delitto e castigo*, e Stavrogin ne *I demòni*; una scena de *I demòni*, la corruzione eccetera, Katkov non l'ha voluta pubblicare, ma Dostoevskij l'ha letta a un sacco di gente.

Essendo fatto a questo modo, era molto incline al sentimentalismo melenso, ai sogni elevati, all'umanitarismo, e in questi sogni vedeva il proprio orientamento, la propria ispirazione e la propria strada. In sostanza, tra l'altro, tutti i suoi romanzi altro non sono che un'autogiustificazione, dimostrano che, in una persona, insieme a una natura nobile, può convivere qualsiasi porcheria.

È durissimo, per me, il fatto che non posso mettere a tacere questi pensieri, che non so riconciliarmi con lui. Sono forse arrabbiato? Lo invidio? Gli auguro il male? Affatto; mi viene solo da piangere a pensare che questo ricordo, che potrebbe essermi caro, mi opprime e basta!

Ricordo quando lei ha detto che le persone che ci conoscono troppo bene, è normale che non ci vogliano bene. Ma non è sempre così. Si può, conoscendo bene una persona, scoprirne un tratto grazie al quale poi le perdoni tutto. Un moto di sincera bontà, una scintilla di vero calore umano, anche un solo minuto di reale pentimento può rimediare a tutto; e se io avessi ricordato qualcosa del genere in Dostoevskij, gli avrei perdonato tutto e sarei contento per lui. Ma lui, di sé parlava solo come di un uomo meraviglioso, la sua umanità era solo mentale e letteraria, Dio mio, che fastidio!

Era veramente un uomo cattivo e infelice, che pensava di essere felice e voleva bene solo a sé stesso.

E siccome io, di me, so che anch'io posso suscitare, negli altri, il disgusto, e ho imparato a perdonare, negli altri, questo sentimento, pensavo che avrei trovato una via d'uscita anche nei miei rapporti con Dostoevskij. Ma, non so cosa farci, non riesco a trovarla!

Ecco un piccolo commento alla mia Biografia; avrei potuto scriverne, e raccontare anche questo aspetto della faccenda nel mio Dostoevskij, e il racconto sarebbe stato molto più veritiero; ma lasciamo che questa verità muoia, metteremo in mostra solo il lato scolastico, liceale, della vita, come facciamo sempre e con tutti!»

7.13 Il motivo

È difficile immaginare il motivo per cui, all'improvviso, un eroe letterario, che gli ha regalato i migliori momenti della sua vita, che ha lasciato un vuoto incolmabile nelle sue giornate, diventa una persona così repellente.

C'è un'ipotesi.

Nel materiale che Anna Grigor'evna Dostoevskaja ha affidato a Strachov per scrivere la biografia, c'era un appunto del 1877 che lo riguardava.

Dostoevskij aveva scritto:

«N.N. Strachov. Come critico, è molto simile alla mezzana di Puškin nella ballata *Il fidanzato*, della quale si dice:

Siede davanti ai pasticcini
E parla per allusioni.

I pasticcini della vita al nostro critico piacciono molto, e adesso lavora in due posti che gli permettono molte relazioni, ma, nei suoi articoli, parla per allusioni, fa il vago, non va al sodo. La sua carriera letteraria gli ha dato quattro lettori, non di più, penso, e sete di gloria. Sta seduto su un cuscino, gli piace mangiare il tacchino, non a casa sua, a casa degli altri. Invecchiando, ottenuti un paio di posti, questi letterati, senza aver fatto niente, si mettono a pensare alla gloria, e allora diventano molto permalosi e intransigenti. Questo li fa sembrare ridicoli, e manca pochissimo a che si trasformino in perfetti coglioni, e per tutta la vita. E notare che il desiderio di gloria dipende non solo dal letterato, che ha scritto tre o quattro brochure noiosette e tutta una serie di critiche piene di allusioni, ma anche dai due posti pubblici che occupa. Fa ridere, ma è la verità. Proprio una faccia da seminarista. La provenienza non si nasconde. Nessun senso civico, nessun senso del dovere, non si indigna per nessuna porcheria, anzi, le fa lui stesso, le porcherie; malgrado all'a-

Dostoevskij. «Straordinariamente profonda e vera. E mi dispiace proprio, di non averlo conosciuto.»
Della lettera Tolstoj dice che gli è dispiaciuta, che ne è rimasto deluso.
Strachov non è soddisfatto, e in una lettera successiva tira ancora in ballo Dostoevskij.

«Dostoevskij – scrive –, costruendo i suoi personaggi a sua immagine e somiglianza, ha creato un mucchio di mezzi squinternati, di gente che ha dei problemi mentali, e era convinto di descrivere la realtà, e che quella fosse, in effetti, l'anima umana. Questo errore» continua Strachov «io non lo faccio: non posso non vedere me stesso in modo obiettivo, non sono innamorato di me stesso e vedo almeno una parte dei miei difetti.»

Tolstoj gli risponde:

«Lei dice che Dostoevskij ha ritratto sé stesso nei propri personaggi, immaginando che tutti siano come lui. Benissimo! Il risultato è il fatto che, anche in questi personaggi così singolari, non solo noi, suoi connazionali, ma gli stranieri, si riconoscono, riconoscono sé, la propria anima. Più si scava in profondità, più si attinge a qualcosa che è comune a tutti, che conosciamo, che sentiamo vicino. Non solo nelle opere letterarie, ma anche nelle opere filosofiche, quanto meno si è sforzato di essere obiettivo, tanto più vediamo, tanto più io, vedo, la grande intelligenza e il grande carattere della persona che scrive.»

Dopo questa risposta, Strachov non lo tira più in ballo, Dostoevskij.
E noi possiamo chiudere la parentesi Strachov, e tornare a Dostoevskij, che il 17 aprile del 1857 viene graziato, e può ricominciare a pubblicare col proprio nome, e aspetta solo che gli diano il permesso di tornare a Pietroburgo per ricominciare a scrivere e a pubblicare i romanzi e i racconti che faranno di lui lo scrittore che conosciamo.

spetto sembri severo, una persona moralmente ineccepibile, segreto è un voluttuoso, e per qualsiasi, grassa, dolce porcł ria è pronto a vendere tutto e tutti, e il senso civico, che non ł e il lavoro, che non gli interessa, e l'ideale, che nemmeno ha, non perché non creda in un ideale, ma per lo spesso strato grasso che lo circonda e a causa del quale non sente più niente

7.14 Il motivo

Sembra che Dostoevskij fosse arrabbiato con Strachov perché Stra chov aveva detto che le donne inglesi erano più belle delle russe (a toccargli la Russia, Dostoevskij diventava matto; avrebbe poi litigato anche, e soprattutto, con Turgenev, per questo motivo).

Ma, al di là del motivo che ha portato Dostoevskij a scrivere queste righe, dev'essere stato brutto, per Strachov, leggerle.

Dev'essersi accorto, lo dice, nella lettera a Tolstoj, che anche lui poteva suscitare il disgusto, e l'aveva suscitato.

Questa incredibile lettera di Strachov resta negli archivi di Tolstoj per trent'anni; viene pubblicata dalla rivista "Sovremennyj mir" (Il mondo contemporaneo) nel 1913, quando sia Dostoevskij, che Strachov, che Tolstoj sono morti.

È ancora viva Anna Grigor'evna, e un biografo di Dostoevskij, Leonid Grossman, le chiede: «Anna Grigor'evna, cosa farebbe se Nikolaj Nikolaevič Strachov fosse ancora vivo?».

«Andrei da lui» risponde Anna Grigor'evna «e gli darei uno schiaffo.»

Ma a Strachov, a suo tempo, aveva risposto anche Tolstoj.

7.15 Le risposte di Tolstoj

Tolstoj risponde a Strachov che dal suo libro, la biografia, ha capito, per la prima volta, la profondità dell'intelligenza di

8
I nuovi romanzi

8.1 Le feste

Quando studiavo all'università, una mia amica, che si chiama Elisabetta e che adesso abita in Australia, aveva detto a un mio amico, che si chiama Giacomo e che adesso non so dove abiti, che io ero uno proprio serio perché quando dovevo preparare un esame dicevo: «Io adesso per un mese non esco più», e veramente, per un mese, non uscivo più: niente feste, niente cinema, niente serate, sempre a casa a studiare.

Io, quando avevo sentito così, ero stato contento, che Elisabetta pensasse che io ero uno serio, solo che secondo me si sbagliava. Perché a me, stare a casa a preparare un esame, di una materia come letteratura russa, per esempio, lo dico vergognandomene, era una cosa che mi piaceva di più, di andare alle feste o di andare al cinema.

A me, ci ho messo degli anni a capirlo, non piace divertirmi, a me piacciono le cose che fanno piangere, come la letteratura russa e le partite del Parma.

E se delle partite del Parma non è qui il caso di parlare, perché non c'entra niente con questo libro, della letteratura russa invece sì, e per me, a parte il fatto che mi piace perché mi fa male, come ho già detto, per me è proprio uno strumento.

Se io penso alla donna della mia vita, Togliatti, e alla ragazza della mia vita, la Battaglia, la prima cosa che mi viene in mente è: «Le ragazze, quelle che camminano, con stivali di occhi neri, sui fiori del mio cuore», che è l'inizio di una poesia di un poeta russo che si chiama Velimir Chlebnikov.

Per esempio.

E in questo periodo che sto scrivendo questo libro, che è un periodo che, come abbiamo già detto, non si può uscire tanto, per via della pandemia, non è un periodo di feste, io credo che non sarei uscito nemmeno se si fosse potuto, che preferisco quell'intimità con l'opera di Dostoevskij di cui parlava Tolstoj e della quale, forse, ancora meglio di Tolstoj (è mai possibile?) parla Vasilij Rozanov, quando dice:

«Il miracolo della scrittura di Dostoevskij sta nell'eliminazione della distanza tra il soggetto (il lettore) e l'oggetto (l'autore), in forza della quale risulta il più familiare di tutti gli scrittori contemporanei, e, forse, anche di quelli futuri, di tutti gli scrittori possibili. È una cosa incomparabilmente superiore, più nobile, più enigmatica, più significativa delle sue idee. Le "idee" possono essere tante, così come le "strutture", ma il tono, di Dostoevskij, è un miracolo psicologico. Di idee voi ne avete avute, e sono passate... Ma le sue idee, anche quelle passate, sono delle strade. Ecco perché tutte le idee di Dostoevskij possono passare, o rivelarsi false, o voi potete smettere di essere d'accordo con lui; e se succede, l'autorità spirituale di Dostoevskij non diminuisce per niente. E questo: è un miracolo.»

8.2 Il mio

Ciascuno, dei lettori di Dostoevskij, ha il suo, di Dostoevskij, e io, da lettore, devo dire che la scelta è difficile, ma i due libri che mi piacciono di più, di Dostoevskij, sono *L'idiota* e *Memorie del sottosuolo*, che ci presentano due personaggi completamente opposti, tra loro, uno miracolosamente buono, del quale si innamorano tutti e i cui modelli sono Gesù Cristo e Don

Chisciotte, e che, forse, pensa che «il mondo, lo salverà la bellezza», l'altro disgustoso, l'uomo del sottosuolo, che è uno che è malato e non si vuole curare e che continuamente si preoccupa di quel che pensano gli altri, e si accorge che «io son poi da solo, e loro sono tutti», che è una frase che io, se al mondo ci fosse qualcuno che non l'ha mai pensata, una frase così, io credo che sia uno che è radicalmente diverso da come sono io; e lui, Dostoevskij, è l'unico, tra quelli che ho letto io nei cinquanta e passa anni nei quali sono stato al mondo da alfabeta, che questa cosa l'ha detta con una chiarezza e una semplicità stupefacenti: «Io son poi da solo, e loro sono tutti».

8.3 Ma cosa importa

Il 12 novembre del 1859, dall'esilio di Tver', in attesa dell'autorizzazione a tornare a Pietroburgo, Dostoevskij scrive al fratello Michail:

«A noi, ci devono avere proprio maledetto. Guarda gli altri: nessun talento, nessuna capacità, e si fanno un nome, si fanno un capitale. E noi ci diamo da fare, ci diamo da fare, e niente. Io sono convinto, per esempio, che io e te siam molto più capaci, siam più dotati e sappiamo molte più cose di Kraevskij e Nekrasov.

Che loro, bisogna dirlo, in letteratura, son degli incapaci. E intanto loro si arricchiscono, e io e te non abbiamo un soldo. No, fratello, bisogna inventarsi qualcosa, ma davvero; bisogna rischiare e intraprendere una qualche attività letteraria, una rivista, per esempio. Ci sarà il tempo per parlarne.

Il mio romanzo è venuto fuori corto. 13-14 fogli di stampa. Molto poco. Mi pagheranno meno di quel che pensavo. Ma cosa importa! Mandami, per cortesia, un esemplare prima dell'uscita del libro: puoi immaginare quanto io sia curioso.»

André Gide, nel recensire un'edizione francese della corrispondenza di Dostoevskij, scrive:

«Ci si aspetta di trovare un dio: si tocca un uomo malato, sempre in pena. Se vi è chi speri di trovare qui arte, letteratura o qualche godimento spirituale, io gli dico subito che farà meglio a tralasciare questa lettura. Forse non avevamo ancora esempio di lettere di un letterato tanto mal scritte: con così poca cura, voglio dire. Egli, tanto abile a parlare "in un altro", quando si tratta di parlare a nome proprio, s'imbarazza.»

In una conferenza del 1922, Gide poi dirà:

«Un letterato che si cerca corre un gran rischio: corre il rischio di trovarsi. Non scrive più, da quel momento, che opere fredde, conformi a sé stesso, risolute. Egli imita sé stesso. Se conosce le proprie linee, i limiti suoi, è per non oltrepassarli più. Non ha più paura di essere insincero: ha paura di essere inconseguente. Il vero artista resta sempre per metà incosciente di sé stesso, quando produce. Non sa con precisione chi è. Non giunge a conoscersi che attraverso la sua opera, che per mezzo della sua opera e in seguito alla sua opera. [...]
Dostoevskij non si è mai cercato, egli si è perdutamente dato nella sua opera. Si è perduto in ciascuno dei personaggi dei suoi libri: e proprio per questo noi lo ritroviamo in ciascuno di essi.»

È come se Dostoevskij non fosse mai stato sicuro di sé, per tutta la vita, come se, a quella domanda che rivolge a sé stesso nella primavera del 1845, sulla prospettiva Nevskij, appena sceso dall'appartamento di Belinskij, "Ma davvero sono così grande?", non fosse mai riuscito a dare una risposta, per nostra fortuna.

E è come se nelle preoccupazioni di Dostoevskij, che salta-

per il legame, un po' pretestuoso, con l'orfanità di Dostoevskij, lo scrivo qui perché questo è il solo posto dove riesco a dir certe cose al volume al quale è necessario dirle.

E in un romanzo su Dostoevskij c'è posto per tutto, secondo me, anche per una cosa della quale non son capace di dire niente come la morte di mia mamma.

8.11 Casalecchio di Reno

C'è un verso di Anna Achmatova che dice che la vita è orribile e meravigliosa, e una poesia di Chlebnikov che fa così: «La legge delle altalene prescrive / Che si abbiano scarpe ora larghe, ora strette. / Che sia ora notte, ora giorno. / E che signori della terra siano ora il rinoceronte, ora l'uomo».

In questi giorni, dopo il 21 settembre, il padrone della terra è stato il rinoceronte, tra un po' tornerò a essere io, forse, adesso vediamo.

8.12 Dura

Qualche anno fa sono andato a Bergamo a parlare dei romanzi di Tolstoj.

Ho cominciato parlando di un fatto mio privato, se non ricordo male il fatto che, l'ultima volta che avevo riletto *Guerra e pace*, mi ero appena separato dalla mamma di mia figlia, Togliatti, e che, in *Guerra e pace*, mi sembrava di aver letto che le persone con le quali abbiamo a che fare sono come il nostro sistema solare, determinano le nostre orbite, e io, in quel periodo, ero senza sole, non avevo un'orbita, non avevo un giorno e una notte, non avevo un anno solare, non avevo una rivoluzione precisa, e è stata dura.

Devo aver raccontato anche qualche episodio della vita mia

con Togliatti, per esempio quando la aspettavo e lavavo i piatti e mi dicevo "Che umiltà".

Alla fine, mi hanno raccontato che una signora, che era venuta per sentire parlare di Tolstoj, intanto che facevo questa introduzione autobiografica, che è stata probabilmente un po' lunga, questa signora, mi han raccontato, ha detto, rivolta alla persona che le stava davanti, cioè, in sostanza, rivolta a me, «E a me, cosa me ne frega?».

E si è alzata e è andata via.

Che io, ero impegnato a parlare, non l'ho sentita, ma, se l'avessi sentita, le avrei risposto «Non lo so, signora, cosa gliene frega». E avrei comunque pensato che, se non le interessava, quello che stavo dicendo, faceva bene, a andar via.

E se aveva pensato che fosse noiosa, la mia introduzione, probabilmente aveva ragione, era noiosa, ma, in teoria, non credo fosse sbagliato, cominciare a parlare di Tolstoj parlando di me.

I romanzi di Tolstoj, e di Dostoevskij, sono opere d'arte perché non parlano solo la lingua "superiore dell'arte", non rispondono solo alle "nobili necessità dell'anima", parlano di me, delle mie miserie, delle mie paure, delle mie ferite, della mia famiglia, del mio essere solo, senza un babbo, senza una mamma, a cinquantasette anni, un ridicolo, vecchio orfano parmigiano che abita a Casalecchio di Reno.

8.13 Candido

Il protagonista di un romanzo italiano del 1977 è un siciliano ricco, iscritto al Partito comunista, che, quando viene a sapere che, nel suo paese, Serradifalco, si deve costruire un ospedale e che, come terreno dove costruirlo, è stato individuato un campo che gli appartiene, decide di regalarlo al comune.

I politici che trattano la cosa non accettano il regalo perché, se il campo viene regalato, non ci sono i soldi per loro, e scelgono un altro terreno.

no fuori così chiaramente dalle sue lettere, si vedano, in controluce, i suoi personaggi, anche quelli futuri.

Quell'«io son poi da solo, e loro sono tutti» di *Memorie del sottosuolo* è anticipato dalla convinzione che Kraevskij e Nekrasov, che, bisogna dirlo, in letteratura, «son degli incapaci», si arricchiscono, mentre lui, Dostoevskij, non ha un soldo.

8.4 L'orfano

Quando torna a San Pietroburgo, nel dicembre del 1859, Dostoevskij ha trentotto anni e ha già l'aspetto al quale siamo abituati.

Una mia amica dice che sembra Jovanotti da vecchio.

Che, un po', è vero: Dostoevskij assomiglia a Jovanotti ma è come se gli mancasse l'allegria, di Jovanotti, sembra un Jovanotti al quale hanno fatto qualcosa di brutto e che è consapevole, che gli hanno fatto qualcosa di brutto; è un Jovanotti orfano, se così si può dire, un Jovanotti orfano consapevole della propria orfanità.

E, effettivamente, Dostoevskij è orfano.

La madre, di Dostoevskij, è morta nel febbraio del 1837, quando lui aveva quindici anni, il padre è morto nel giugno del 1839, quando lui ne aveva diciassette.

Sono più di vent'anni, che Dostoevskij è orfano, ma adesso, dopo il suo delitto, dopo la sua condanna, dopo la perdita dei gradi, dopo i quattro anni di prigione, i dieci anni di esilio e tutte quelle odi che si è costretto a scrivere, lo diventa davvero anche nell'aspetto.

E se c'è qualcosa di terribile, di ingiusto, in un quindicenne orfano, c'è qualcosa che non torna, che sfiora il ridicolo, in un orfano adulto.

Lo dico per esperienza.

8.5 L'11 settembre

Per me, l'11 settembre, non è l'11 settembre del 2001, il giorno dell'attacco alle torri gemelle, è l'11 settembre del 1999, il giorno che è morto mio babbo.

Nessuno, nei libri di storia, parlerà mai della morte di Renzo Nori.

Io avevo già trentasei anni, non i quindici di Dostoevskij, ho cominciato la mia orfanità che ero già grande, già ridicolo, nel mio dolore; anzi, ho cominciato un anno prima, un giorno d'inverno del 1998, in un appartamento della periferia sud di Parma, in via Caduti di Montelungo, tra via Martiri di Cefalonia, via Caduti e Dispersi in Russia, largo Caduti dell'Egeo e via Anna Frank, un quartiere ridicolo già nella toponomastica, il quartiere della mia giovinezza, e lì quel giorno è suonato il telefono, quei telefoni grigi, con il disco, i telefoni fissi che c'erano nella mia giovinezza, sopra una mensola di legno, quelle mensole che c'erano negli ingressi delle case della mia giovinezza, e ho preso su il telefono, ed era mia mamma che mi doveva dire una cosa banalissima, che non mi ricordo, e poi, stavo per salutarla, mi ha detto: «Aspetta, il babbo ha fatto le lastre, ha un tumore ai polmoni. Lui non lo sa, me l'ha detto il dottore, non dirglielo. Il dottore dice Inoperabile».

Una delle letture della mia infanzia era un fumetto, *Asterix*, che, come si sa, era un gallo irriducibile che abitava in un villaggio irriducibile di galli irriducibili che avevano paura solo di una cosa: che il cielo cadesse loro in testa.

Ecco, a me, quel giorno d'inverno del 1998, è caduto il cielo sopra la testa.

Ho messo giù il telefono, mi sono seduto per terra, ho appoggiato la schiena al muro, bianco, dell'ingresso di via Caduti di Montelungo, mi sono messo a piangere come una vite tagliata.

Quando il cielo ti cade in testa, evidentemente, ti viene da piangere come una vita tagliata.

8.6 Il 16 settembre

Avevo cominciato a scrivere due anni prima, il 16 settembre del 1996, il giorno che era morta mia nonna Carmela.

Il primo romanzo che ho pubblicato, nel marzo del 1999, cominciava con questa frase: «Mia nonna Carmela si chiamava Carmela».

Verismo emiliano.

8.7 Orfani

Fino a che età si può essere orfani?

Mi è sempre sembrato che quelli che lamentavano la propria orfanità al di sopra dei quarant'anni fossero ridicoli.

Ecco, io ne ho cinquantasette, e quest'anno, 2020, intanto che sto scrivendo questo romanzo, è morta mia mamma.

8.8 Il 21 settembre

Il 21 settembre del 2020 ero a casa mia, a Casalecchio di Reno, mi ha chiamato mio fratello Giulio, mi ha detto «La mamma non c'è più».

Era malata.

Lo sapevo.

Lo sapevo.

Era malata.

Lo sapevo.

Ma anche se lo sapevo, fin da prima, da prima della malattia, lo sappiamo che, come ha detto una volta Brodskij a Dovlatov: «La vita è breve, e triste. Hai fatto caso a come, in genere, va a finire?», anche se lo sappiamo, anche se lo sapevo, ho cinquantasette anni, non sono un bambino, ma non credevo: evidentemente non lo sapevo.

8.9 Oggi

Se dovessi dire un tratto del mio carattere, l'ho già detto forse, oltre alla bastiancontrarite: la pigrizia.

L'altro ieri, per esempio, 17 ottobre, ho usato l'ultimo sacchetto per la raccolta differenziata della plastica, e ieri sono andato in comune a prenderne un pacco nuovo e poi, tutto il giorno, mi è sembrato di esser stato così bravo.

La fortuna di essere pigri; che quando la vinci, la pigrizia, ti dà delle soddisfazioni che le persone attive non se le immaginano neanche.

E, nella relazione con mia mamma, c'era anche quello, che ogni volta che le telefonavo ero contento perché le avevo telefonato, avevo risposto a quella voce che mi diceva "Telefona alla mamma", senza rimandare, e questo mese, è passato quasi un mese, dal 21 settembre, e in questo mese mi è venuto in mente tutti i giorni, "Adesso chiamo la mamma", e invece no.

Ho ancora il telefono nella rubrica.

Mamma. Il cellulare.

E Mamma Basilicanova. Il fisso.

Quando ci comportavamo male, con lei, mia mamma taceva, poi ci diceva «Ve ne accorgerete, quando non ci sarò più».

Aveva ragione.

Ce ne accorgiamo.

8.10 Il volume

Ci sono delle persone che, quando muore un loro parente, hanno piacere di farlo sapere.

Noi, io e i miei fratelli, no.

Non l'abbiamo detto a nessuno.

Funerali in forma privata.

Che uno si potrebbe chiedere E perché lo scrivi in un romanzo?

Lo scrivo in un romanzo non tanto perché abbia senso, non

Il protagonista, che si chiama Candido, vuole denunciare la cosa e la denuncia, prima di tutto, al Partito.

In una riunione interna, il segretario del Partito comunista di Serradifalco fa un lungo discorso in cui spiega la scelta con motivi tecnici e parla dell'esibizionismo di Candido, dandogli la colpa, praticamente, di voler regalare il proprio terreno per fare un ospedale.

Candido, alla fine del discorso del segretario del Partito gli dice «Compagno, hai parlato come Fomà Fomìč».

«Ah» risponde il segretario.

Come se sapesse chi è, Fomà Fomìč.

Non lo sa.

Immagina che sia un funzionario sovietico dei tempi di Stalin, magari.

E, nei giorni successivi, prende tutte le storie del Partito e dell'Unione Sovietica che trova e cerca nell'indice dei nomi qualcuno che si chiami Fomà Fomìč.

Non lo trova.

Cerca nei *Quaderni* di Gramsci.

Non c'è.

Cerca in tutti i libri che ha e che riguardano l'Unione Sovietica e che hanno un indice dei nomi.

Non lo trova.

Telefona all'onorevole di Sales, uomo di grande cultura, non lo sa.

Telefona alla federazione regionale, alla persona che si occupa degli affari culturali.

Niente da fare.

Alla fine, un professore di letterature slave dice che lui lo sa, chi è Fomà Fomìč. È il protagonista di un romanzo di Dostoevskij del 1859, *Il villaggio di Stepànčikovo e i suoi abitanti*.

8.14 Che storia è

Qualche anno fa, davanti a una libreria di Bologna, ho visto, appoggiato al muro, pensieroso, uno scrittore che conosco, Ermanno Cavazzoni.

L'ho salutato, lui mi ha guardato e mi ha detto: «Ho appena riletto *Il villaggio di Stepànčikovo e i suoi abitanti* e ho capito che storia è».

«Che storia è?» gli ho chiesto io.

«La storia di una testa di cazzo» mi ha detto lui.

8.15 «La mia opera migliore»

Il primo romanzo pubblicato da Dostoevskij dopo la sua condanna, romanzo che esce in concomitanza con il suo ritorno a Pietroburgo, alla fine del 1859, è *Il villaggio di Stepànčikovo e i suoi abitanti*.

Nel maggio del 1859, quando è ancora a Semipalatinsk, Dostoevskij scrive al fratello Michail:

«Ascolta, Miša: questo romanzo ha, certamente, dei grandi difetti, il principale, probabilmente, è il fatto che è troppo lungo; ma quello in cui credo, come se fosse un assioma, è il fatto che questo romanzo ha anche delle grandi qualità, e che è la mia opera migliore.»

Il fratello Michail (Miša, per gli amici) avrebbe potuto rispondere: «Da te i romanzi migliori che hai scritto crescono come funghi», perché, come abbiamo visto, è l'ennesima volta che Dostoevskij è convinto, come se fosse un assioma, del fatto che sta scrivendo il suo più bel romanzo.

Solo che questa volta, probabilmente, ci prende.

Il villaggio di Stepànčikovo e i suoi abitanti è un libro sorprendente e, anche per conto mio, il migliore che Dostoevskij abbia scritto fin lì.

8.16 Fomà Fomìč

Il villaggio di Stepànčikovo è di proprietà del colonnello Rostanev, vedovo con due figli, Il'ja, che ha otto anni, e Saša, che ne ha quindici.

La madre di Rostanev, vedova anche lei, che vive in città «con tutto un corpo di parassite, di botoli, di cani lupi, di gatti cinesi ecc.», si risposa con un generale e, quando il generale suo marito muore, «attorniata dalla folla delle sue parassite e dei suoi botoli», giura singhiozzando che

«avrebbe piuttosto mangiato il pane secco, innaffiandolo con le proprie lacrime, e sarebbe piuttosto andata con un bastone a chiedere l'elemosina sotto le finestre, che piegarsi alla preghiera del figlio di trasferirsi da lui a Stepànčikovo, e che mai e poi mai avrebbe messo piede in quella casa.

Occorre notare – scrive Dostoevskij – che, già durante questi piagnistei, si facevano a poco a poco i bauli per il trasferimento a Stepànčikovo.»

Il colonnello, il figlio, tutti i giorni faceva le quaranta verste da Stepànčikovo alla città per raggiungere la madre e convincerla, e il mediatore di questa trattativa era Fomà Fomìč, che, a un certo punto, dice al colonnello:

«Cosa proverete se vostra madre, la responsabile, per così dire, dei vostri giorni, prenderà il bastone e, appoggiandocisi con le mani pesanti e scarnite dalla fame, si metterà a chiedere l'elemosina? Non è questo mostruoso, data, in primo luogo, la sua qualità di generalessa e date, in secondo luogo, le sue virtù? Che cosa proverete se lei verrà d'un tratto, per errore, s'intende, ma è una cosa che può capitare, sotto le vostre finestre e stenderà la mano, mentre voi, suo figlio carnale, forse in quel medesimo istante, affonderete in un letto di piume e... be', insomma, nel lusso? Orribile, orribile! Ma più orribile di tutto è, permettetemi di dirvelo francamente, colonnello, il più orribile di tutto è il fatto che voi stiate di fronte a me come un palo insensibile, a bocca aperta e sbattendo gli occhi, cosa perfino sconveniente, mentre, solo a supporre un caso simile, dovreste strapparvi i capelli dalla testa con la radice e versare torrenti... che dico! Fiumi, laghi, mari, oceani di lacrime!»

«Insomma» conclude Dostoevskij, «finì che la generalessa, con le sue parassite e cagnette, con Fomà Fomìč e con damigella Perepelìcyna, sua prima favorita, rese finalmente felice, con il suo arrivo, Stepànčikovo.»

I primi tempi, la generalessa «si stimava in diritto di piombare nella disperazione due o tre volte la settimana».

Capitava che la generalessa si rotolasse sul divano, d'un tratto, svenuta, e che, quando suo figlio, il colonnello, accorreva, gli dicesse: «Figlio crudele, tu hai lacerato le mie viscere, *mes entrailles*!».

«Ma come mai, mamma, ho lacerato le vostre viscere?» chiedeva il colonnello.

«Le hai lacerate, lacerate! E si giustifica ancora!» diceva lei.

In questo contesto, Fomà Fomìč dirigeva le cose. Aveva costretto il colonnello a tagliarsi le basette perché, con le basette, gli sembrava che somigliasse a un francese e si poteva dubitare del suo amore per la patria. Invece lui, Fomà Fomìč, la patria l'amava molto.

Diceva di essere intento a scrivere

«un'opera profondissima, di genere edificante, che avrebbe prodotto un terremoto universale e fatto scricchiolare tutta la Russia. E quando tutta la Russia avrebbe scricchiolato, lui, Fomà Fomìč, sprezzando la gloria, sarebbe andato in un monastero pregando giorno e notte nelle caverne di Kiev per la felicità della patria.»

Andava sull'aia, e spiegava ai contadini i loro doveri nei confronti del signore, parlava con loro di agricoltura («benché non sapesse distinguere l'avena dal frumento»), spiegava in che modo la terra girava intorno al sole, e insegnava, ai servi della gleba, la lingua francese.

Cioè faceva il contrario di quel che faceva Tolstoj, che, a Jasnaja Poljana, aveva fondato una scuola per insegnare a scrivere ai figli dei contadini e che, tre anni dopo l'uscita del *Villaggio di Stepàncikovo*, nel 1862, scriverà un saggio, intitolato *Chi deve insegnare a scrivere a chi, noi ai figli dei contadini, o i figli dei contadini a noi*, nel quale si dice convinto che i veri madrelingua, i veri custodi della lingua russa, non sono i nobili, come lui, che sanno leggere e scrivere ma che scrivono prevalentemente in francese, ma i contadini, che il russo lo parlano da millenni senza bisogno di nessuna scuola.

Tolstoj, e Dostoevskij, adesso ne riparliamo.

Prima diciamo un'ultima cosa sul *Villaggio di Stepàncikovo*.

8.17 Un'analisi formale

Il critico Jurij Tynjanov, in un saggio del 1921, mette in evidenza il fatto che, nel *Villaggio di Stepàncikovo*, Dostoevskij fa dire a Fomà Fomìč: «Oh, non fatemi un monumento! Non fatemelo! Non mi occorrono monumenti! Nei vostri cuori erigetemi un monumento, ma non occorre nulla di più, non occorre, non occorre!». Nell'introduzione ai *Brani scelti dalla corrispondenza con gli amici*, Gogol' aveva scritto:

«Desidero che non sia eretto sopra di me nessun monumento e che non si pensi neanche a una simile pompa, indegna di un cristiano. Chi dei miei amici m'ebbe veramente caro mi erigerà un monumento in modo diverso: lo erigerà dentro sé stesso, con la sua incrollabile fermezza nelle opere vitali, con l'animare e rinnovare tutti intorno a sé. Chi, dopo la mia morte, si eleverà con lo spirito più in alto di quel che era durante la mia vita, dimostrerà di avermi veramente amato e di essermi stato amico e con ciò solo mi erigerà un monumento.»

Anche Gogol', come Fomà, dà consigli su cose delle quali non sa niente, come l'agricoltura, anche lui, come il parassita di Stepànčikovo, parla da un'altezza morale insopportabile, e ci sono, nelle battute del Fomà Fomìč di Dostoevskij, delle battute prese pari pari dall'ultimo libro di Gogol', come questa, per esempio: «Solo in una stupida zucca mondana poteva nascere il bisogno di così assurde convenienze».

Dostoevskij è stato condannato per avere, pubblicamente, criticato l'ultimo libro di Gogol' attraverso la lettura della lettera di Belinskij.

Nel primo romanzo pubblicato dopo la sua riabilitazione, Dostoevskij, in un certo senso, fa di più: mette in bocca al suo protagonista, che viene definito «un rifiuto della società, non necessario ad alcuno, del tutto inutile, del tutto ripugnante, ma di un amor proprio smisurato e, per giunta, senza la minima dote con cui possa comunque giustificare il suo amor proprio morbosamente irritabile», le parole di quello stesso, infelice, ultimo libro di Gogol'.

Non si era forse tanto pentito.

Ma, per sessant'anni, non se ne accorge nessuno, fino a che non arriva Tynjanov, uno dei fondatori del formalismo russo, quella corrente critica che si propone di concentrare la propria attenzione non tanto su cosa significa un'opera letteraria o sul perché è stata scritta, ma su *come* è fatta.

A me, questi signori, sono sempre sembrati della gente che si china sopra le opere letterarie come un meccanico si china sopra un motore e si chiede se funziona, e perché.

Ecco, in questo caso, Tynjanov ci dice che *Il villaggio di Stepànčikovo e i suoi abitanti* è fatto con dei ricambi che vengono dai *Brani scelti dalla corrispondenza con gli amici*, e che Fomà Fomìč, in un certo senso, è la reincarnazione di Gogol'.

9
Tolstoj e Dostoevskij

9.1 Il non incontro

Nella biografia di Pavel Fokin *Dostoevskij bez gljanca*, che significa "Dostoevskij senza orpelli" (ma che, essendo "orpello" una parola che, in italiano, è un po' un orpello, si potrebbe anche tradurre Dostoevskij senza tante balle), c'è un capitolo che si intitola *Nevstreča s L. Tolstym*, che vuol dire "Il non incontro con Lev Tolstoj".

Cioè: il fatto che Tolstoj e Dostoevskij, in vita, non si siano mai incontrati, pur essendo i due scrittori russi più celebri, nella seconda metà dell'Ottocento, è una cosa talmente singolare e strana, da meritare un capitolo in una biografia.

Cioè c'è un legame, tra questi due signori, che, forse, è perfino superiore al legame che c'è tra Stanlio e Ollio, o tra Gianni e Pinotto, o tra Ric e Gian, o tra il babbo e la mamma. Forse.

9.2 Lev-Fëdor

Nel 2018, nel negozio di libri più grande di Mosca, ho trovato la traduzione russa del saggio di uno scrittore francese, Pierre Bayard, intitolato *Il mistero Tolstoevskij*.

Scrive Bayard:

«Tra gli autori che hanno trattato la questione della personalità multipla, bisogna citare il grande scrittore russo Lev-Fëdor Tolstoevskij.

Tutti quelli che hanno letto i suoi libri sanno che i suoi personaggi vivono in un mondo di passioni, compiono azioni incomprensibili – anche per sé stessi –, sfuggono volontariamente la felicità, sono alla ricerca della sofferenza e tormentano furiosamente sé stessi e gli altri.»

E poi:

«Non siamo del tutto certi della precisione di alcuni dati ed episodi della vita di Tolstoevskij, ma, nonostante le contraddizioni contenute nella di lui biografia, ci permettiamo di riassumere le principali caratteristiche della personalità dello scrittore.

Prima caratteristica: Tolstoevskij è il protagonista del proprio universum letterario. Sfugge miracolosamente alla condanna a morte, passa alcuni anni ai lavori forzati, partecipa, in prima linea, a una campagna militare, soffre di terribili attacchi di epilessia, si rovina ai tavoli da gioco, cerca, più di una volta, di farla finita, viene ritrovato in una piccola stazione ferroviaria di provincia dove era fuggito per nascondersi al mondo, come se venisse fuori, lui stesso, dal burrascoso universum che ha descritto nei propri libri.»

Cioè, nel libro di Bayard è come se fosse successo davvero quello che, all'inizio del secolo scorso, si è augurato succedesse lo scrittore e critico russo Dmitrij Sergeevič Merežkovskij.

9.3 Dmitrij Sergeevič Merežkovskij

Merežkovskij era un signore molto elegante, sposato con una donna molto elegante, con un nome elegantissimo, Zinaida Gippius, raffinata poetessa lei, raffinato intellettuale lui, romanziere, anche, autore di un romanzo su Leonardo da Vinci con delle invenzioni come l'aiutante di Leonardo, che si chiamava, se non ricordo male, Argo, che aveva la passione per il volo e provava in anticipo le macchine volanti di Leonardo e si faceva male, era sempre ingessato, o come le voci che correvano sugli abitanti dell'America, che, quando Leonardo operava, era appena stata inventata, mi viene da dire, ma sarebbe più corretto dire scoperta, e mi ricordo che nel libro di Merežkovskij si diceva che, in America, c'era una popolazione che, chissà perché, Merežkovskij chiama «i pigmei», che avevano le orecchie così grandi che, quando andavano a dormire, uno serviva da materasso, l'altro da coperta, mi ricordo.

Ma il libro che mi ricordo di più, di Merežkovskij, è un libro che si intitola *Tolstoj e Dostoevskij* e che paragona i due scrittori e dice che sono un po' l'uno il contrario dell'altro.

9.4 Dostoevskij e Tolstoj

«Dostoevskij – scrive Merežkovskij – non aveva bisogno di convincersi che i soldi erano un male al quale bisognava rinunciare: era tormentato dalla povertà e dava ai soldi un grande valore; ma appena gliene capitavano in mano, li trattava come se li considerasse non tanto un male, quanto una sciocchezza. Li amava, o credeva di amarli, ma loro, i soldi, lui, Dostoevskij, non lo amavano.

Tolstoj li odiava, o immaginava di odiarli, ma loro lo amavano e erano loro che andavano da lui.

Uno – continua Merežkovskij – che ha sognato per tutta la vita di essere ricco, ha vissuto in povertà e, se non fosse stato per il senso pratico della moglie, sarebbe morto in miseria. L'altro, che ha sognato per tutta la vita la povertà, non solo non ha distribuito le proprie ricchezze agli altri, ma le ha aumentate.

Forse – conclude Merežkovskij – questi sono dettagli, nella

vita di due persone come quelle, ma è singolare che, anche in dettagli di questo genere, quei due fossero opposti, tra loro.»

Questa opposizione, secondo Merežkovskij, si estende a tutta la vita dei due scrittori, alla loro relazione con la politica, al loro rapporto con le donne, con le mogli e con le autorità civili e religiose, come si dice.

In sostanza, Merežkovskij crede che uno dei due sia un uomo spirituale che aspira alla carnalità, cioè un uomo lunare che vuole atterrare sulla terra, l'altro un uomo carnale che anela allo spirito, un terrestre che vuole la luna.

Il primo, il lunare che vuole la terra, è Dostoevskij, il secondo, il terrestre che vuole la luna, è Tolstoj.

9.5 Una sintesi

Merežkovskij, in quel libro stranissimo, leggibilissimo, singolarissimo e fertile, che ha determinato, tra le altre cose, la nascita del simbolismo russo, fa una previsione molto simbolista, mi viene da dire.

Una delle parole chiave di quel movimento, e di quel periodo storico, è nakanune, che significa "alla vigilia".

Si ha l'impressione di essere alla vigilia di un cambiamento profondo, straordinario, irreversibile, e i giorni presenti, anche nei loro dettagli insignificanti, diventano importantissimi, in quanto presagi di quel che sta per succedere tutto d'un tratto.

Mi piace il fatto che due protagonisti di quella stagione, il poeta Vladislav Chodasevič e la scrittrice Nina Berberova, che hanno vissuto, per un certo periodo, insieme, a Sorrento, ospiti di Maksim Gor'kij, nelle loro rispettive memorie, *Necropoli* e *Il corsivo è mio*, indichino, Chodasevič descrivendola, la Berberova con una cartina, l'ubicazione delle stanze della villa dove hanno abitato e l'indicazione della stanza dove dormivano, come se fosse importantissimo far sapere ai posteri che avevano dormito proprio in quella stanza lì, non in un'altra. Se avessero dormito in un'altra stanza sarebbe cambiato tutto, probabilmente.

Anche Merežkovskij, in *Tolstoj e Dostoevskij*, prevede, per l'imminente futuro, un cambiamento importante: la comparsa, in Russia, di un romanziere che, come Raffaello è stato, in un certo senso, la sintesi tra Michelangelo e Leonardo, sia la sintesi tra Tolstoj e Dostoevskij, e di questo compito, di permettere la nascita di un Raffaello russo, Merežkovskij fa carico ai russi suoi contemporanei:

«Ogni russo mosso da un vero sentimento religioso – scrive – deve sapere che da un'impercettibile, minima pulsione della sua volontà, da un movimento di atomi, forse, dipende il destino dell'Europa e, per quanto ognuno di loro si consideri insignificante, per quanto vergognoso possa sembrare lo stato della cultura russa contemporanea, non ci si può liberare impunemente dell'eredità di Pietro, di Puškin, di Tolstoj e Dostoevskij, proprio oggi, quando questa eredità è più necessaria che mai, non solo a loro ma anche a coloro verso i quali abbiamo un debito irredimibile: o noi, o nessuno.»

Credo che molti lettori del libro di Merežkovskij abbiano creduto, o abbiano cercato di contribuire, all'imminente comparsa di una sintesi tra Tolstoj e Dostoevskij, e credo che, con tutta l'ammirazione che ho per lo straordinario valore della letteratura russa del Novecento, l'auspicio di Merežkovskij non si sia avverato.

A me sembra che l'unica sintesi, tra Tolstoj e Dostoevskij, che ho avuto la fortuna di incontrare sia quel libro di Pierre Bayard su Tolstoevskij pubblicato più di un secolo dopo quello di Merežkovskij.

9.6 Anche i critici

Sono tantissimi, i critici che si sono occupati di Tolstoj, e ancor di più, probabilmente, quelli che si sono occupati di Dostoevskij, e se dovessi sceglierne uno per ciascuno, se dovessi indicare, cioè, i critici che mi hanno fatto leggere le opere, rispettivamente, di Dostoevskij e di Tolstoj, più in profondità, con più intelligenza di quando li avevo letti senza di loro, direi Michail Bachtin, per Dostoevskij, e Viktor Šklovskij, per Tolstoj.

Bachtin dice un sacco di cose, su Dostoevskij, la prima delle quali è forse il fatto che i romanzi di Dostoevskij sono romanzi polivoci.

Secondo Bachtin, quasi tutti i romanzi moderni sono polivoci, ma quelli di Dostoevskij più e meglio degli altri, tanto che, secondo Bachtin, è difficile, nei romanzi di Dostoevskij, identificare la voce dell'autore, le opinioni dell'autore, perché le voci dei singoli personaggi sono così ben modulate, così convincenti, così dignitose, così autorevoli, che è come se stessero tutte sullo stesso piano.

E quando Bachtin deve trovare un esempio contrario, nella letteratura russa moderna, cioè un'opera nella quale la voce dell'autore supera, mortifica, soffoca, le voci dei personaggi, l'esempio è lì, a portata di mano: Lev Nikolaevič Tolstoj.

Viktor Šklovski, nel suo ultimo libro, che si intitola *L'energia dell'errore*, parlando di *Anna Karenina* scrive:

«Tolstoj trasferisce ad altri il proprio modo di pensare. È come se fosse lui a morire di febbre. È lui ad avere pietà e quasi ad amare il vecchio Karenin, e questi pensa per conto suo [di Tolstoj] e anche Vronskij pensa per conto suo [di Tolstoj].»

Cioè sembra che Šklovskij, su Tolstoj, dia ragione a Bachtin. Solo che poi Šklovskij continua così:

«Cerco di fare un'osservazione.

Il romanzo *Anna Karenina* è tutto costruito sui monologhi interiori, si potrebbe dire, sull'incomprensione reciproca.

Forse questa dichiarazione è inattesa, ma rileggendo più volte il libro ci si stupisce più che leggendo Dostoevskij. Lì, in Dostoevskij, i personaggi pensano tutti allo stesso modo, come se fin dall'infanzia avessero letto un solo autore: Dostoevskij.»

Ecco.
Quando saltano fuori Tolstoj e Dostoevskij, litigano anche i critici.
A me, invece, piacciono tutti e due.
Voglio bene sia al babbo che alla mamma.
Sono disgustoso.

10
Scrivere per vivere

10.1 In fagottone

Oggi è il 10 novembre del 2020, entro fine novembre devo consegnare questo romanzo, è più di un anno che ci lavoro, mi manca quasi un terzo, ma che testa ho? Come posso pensare di farcela?

Fëdor Michajlovič Dostoevskij, nel 1866, si trova in una situazione peggiore della mia e ne viene fuori grazie a due persone, la prima delle quali è un editore che sembra tutt'altro che un benefattore.

Nella sua seconda vita a Pietroburgo, quella che comincia col ritorno dall'esilio, nel 1859, Dostoevskij non incontrerà più nessun Belinskij a spianargli la strada.

La sua vita si complica: con la moglie litiga, con il fratello apre una rivista, *"Vremja"*, che, a causa di un articolo del suo amico Nikolaj Strachov, viene chiusa dalla censura dopo due anni, nel 1862, fa un viaggio in Europa, del quale parla in *Note invernali su impressioni estive*, e l'Europa non gli piace, non gli piace affatto:

«Alla fine del 1862 – scrive Evgenija Saruchanjan in *Dostoevskij a Pietroburgo* – Dostoevskij va all'estero per la prima volta e visita la Francia, l'Inghilterra, la Svizzera, la Germania. Tornato, pubblica *Note invernali su impressioni estive*. Della libertà in Occidente, la *liberté*, scrive:

"Cos'è la *liberté*?
La libertà.
Che libertà?
La libertà di fare tutto quello che si vuole entro i limiti della legge.
Quando si può fare quello che si vuole?
Quando si possiede un milione.
La libertà fa ottenere a tutti un milione?
No.
Che cos'è una persona senza un milione?
Una persona senza un milione non è uno che fa tutto quel che vuole, è uno a cui fanno tutto quel che vogliono".»

10.2 Un comunista

Dopo avere trascritto questa cosa, ho preso il telefono, ho chiamato un mio amico trentaquattrenne che si chiama Nicola e che fa il regista teatrale, e l'attore, e dice di essere comunista.

Abbiamo scritto insieme uno spettacolo che si intitola *Se mi dicono di vestirmi da italiano, non so come vestirmi*, e la cosa che mi piace, del fatto di lavorare con lui, è che lui la pensa in un modo completamente diverso da come la penso io e secondo me non capisce niente.

Cioè non che non capisca niente, però è giovane, ha ventitré anni meno di me, e ventitré anni sono tantissimi, e quando avrà la mia età si accorgerà, forse, delle stupidate che diceva quando aveva ventitré anni di meno, perché è una persona intelligente.

Così ho chiamato Nicola e gli ho detto: «Nicola, adesso ti leggo una cosa e tu mi dici quello che pensi», e lui mi ha detto «Va bene».

E allora gli ho letto quel passo che finisce con Dostoevskij che dice che, in Occidente, «una persona senza un milione non è uno che fa tutto quel che vuole, è uno a cui fanno tutto quel che vogliono».

E lui, Nicola, mi ha detto che era d'accordissimo, e, anzi, che quella frase gli era piaciuta così tanto che se la sarebbe fatta tatuare sulla schiena in cirillico.

Ecco.

Era per sottolineare l'attualità, di Dostoevskij.

10.3 L'elefante

C'è stato un periodo, qualche anno fa, che era molto presente, nei discorsi di quelli che, come me, abitavano in Italia, un signore che aveva fondato un impero televisivo, si diceva, e aveva poi comperato una squadra di calcio e si era inventato un movimento politico con il quale aveva vinto le elezioni ed era diventato Presidente del Consiglio dei Ministri della Repubblica Italiana.

È stato proprio, un po', in un certo senso, il protagonista, di quel periodo, era talmente presente che veniva voglia di dimenticarselo, ma era difficile.

Un giorno del gennaio del 2007, per esempio, sono arrivato in stazione a Milano, venivo dell'estero, non mi ricordo di preciso da dove, e sono andato in edicola e ho chiesto "la Repubblica"; era ancora un periodo in cui, se uno voleva sapere cos'era successo, il mezzo più immediato erano i quotidiani.

E il giornalaio mi ha detto «"Repubblica" è esaurita».

E io ho detto «Nooo».

E lui mi ha risposto «Sì».

«E come mai?» ho chiesto io.

«Eh, c'era una lettera di Veronica Lario.»

Avevo, allora, quarantaquattro anni, e, in quarantaquattro anni, non mi era mai successo di chiedere un giornale e di sentirmi rispondere che era esaurito.

Potere della prosa di Veronica Lario.

E anche dell'argomento, forse: la Lario, in quella lettera, si lamentava del fatto che suo marito disertasse i compleanni dei loro figli per frequentare delle ragazze poco vestite, alcune molto giovani, nei dopocena.

Questa cosa, come tutti quelli che l'hanno vissuta ricordano, è cresciuta con l'andare del tempo ed è finita in tribunale, e quattro anni più tardi, nel 2011, quell'anno era il centocinquantesimo anniversario dell'Unità d'Italia, io ho scritto un pezzetto il cui protagonista era un elefante, che faceva così:

«Premesso che quello che penso io è che secondo me noi siamo liberi di fare quel che vogliamo, se ci riusciamo, mi viene in mente che un anno fa, a Bergamo, ero appena arrivato in città, mi ero molto meravigliato che i balconi delle case di Bergamo fossero pieni di bandiere tricolori. Quando avevo incontrato il ragazzo che era venuto a prendermi in stazione gli avevo chiesto: "Ma c'è una ribellione contro la Lega?". "No" mi aveva detto lui, "c'è il raduno degli Alpini." Ecco, non so come siano oggi le altre città e gli altri paesi italiani, ma a Bologna, o, per essere precisi, a Casalecchio di Reno, oggi, che è il 16 aprile 2011, ed è passato un mese dalle celebrazioni dei centocinquant'anni dell'Unità d'Italia, molti balconi sono ancora addobbati di bandiere tricolori, non tante quante a Bergamo per il raduno degli Alpini, ma fanno comunque un'impressione strana.

Un mese fa, appunto, poco prima di salire sul palco del teatro di Carpi, con un'enorme bandiera tricolore proiettata sullo sfondo, e una banda di quaranta elementi che eran già lì schierati e avevano ciascuno una coccarda tricolore, mi sono chiesto se mettermi anch'io la coccarda tricolore che mi avevano dato, coccarda che adesso è in camera mia e che ho inutilmente cercato di regalare a mia figlia, che quando gliel'ho data mi ha chiesto cos'era, e io le ho detto che era una coccarda, e lei mi ha chiesto a cosa serviva, e io le ho detto che si metteva all'occhiello, e lei se l'è messa sull'occhio sinistro e l'ha tenuta lì un po' e poi mi ha detto "Non mi piace". Mi sono chiesto, dicevo, se mettermela all'occhiello oppure no, e io sarei stato per il no, ma poi ho avuto come il pensiero che qualcuno pensasse che volevo per forza fare l'originale e me la son messa, anche se, come mi ha fatto notare il maestro della banda, l'ho messa a destra, e non a sinistra, sul cuore, e questa è una cosa che mi ha confortato perché in qualcosa, almeno, ero stato originale, a me delle volte basta veramente pochissimo, per farmi contento.

La cosa che non mi tornava, e che non mi torna, in questo, non so come chiamarlo, mi vien da dire tripudio ma forse non è la parola adatta, in questa, come si può dire, ostensione?, forse no, ostensione è una parola che io l'ho sentita usare solo per la Sacra Sindone, in questa esposizione, ecco, anzi, ostentazione, forse ostentazione è la parola giusta, la cosa che non mi torna, dicevo, in questa ostentazione di tricolori, è che quelli che hanno ostentato il tricolore, in questi giorni, secondo me non sono persone che hanno particolarmente radicato, in sé, uno spirito patriottico, l'ho ostentato anch'io che, se dovessi dire la canzone patriottica che mi piace di più direi "Nostra patria è il mondo intero, nostra legge la libertà ed un pensiero ribelle in cor mi sta". Il motivo di questa ostentazione è chiaro a tutti, è una reazione alle idee indipendentiste e al rifiuto di festeggiare l'Unità d'Italia da parte di quella forza politica là che io pensavo avesse fatto qualcosa di orribile a Bergamo tanto da suscitare una ribellione nella maggior parte della popolazione.

Cioè in pratica oggi, se uno come me, mediamente istruito e scarsamente avvertito delle cose del mondo, vede una bandiera tricolore, non pensa a un sentimento patriottico, pensa a una reazione contro la Lega, così come se vede una manifestazione a favore della dignità delle donne, non pensa a una crescita di un sentimento filogino (non riesco tanto a usare la parola femminista, e in questo contesto non andrebbe probabilmente neanche bene) ma a una reazione contro un signore che si è scoperto che frequenta delle ragazze poco vestite nel dopocena. Ho parlato di questa cosa a un mio amico che mi ha consi-

gliato di leggere il libro del linguista americano George Lakoff *Non pensare all'elefante!* (traduzione di Bruna Tortorella, Fusi orari 2006, 185 pagine, 12 euro), e io l'ho preso e l'ho letto, e mi è sembrato che non parlasse della cosa della quale io avevo parlato a quel mio amico, ma di una cosa forse simile, del frame, che in italiano significa cornice, quadro, struttura.

"Quando insegno cos'è un frame – scrive Lakoff – e come lo si crea, nell'ambito del corso del primo anno di Scienze cognitive all'Università di Berkeley, il primo giorno assegno ai miei studenti un esercizio. L'esercizio consiste in questo: non pensate a un elefante. Non sono mai riuscito a trovare uno studente che ci riuscisse. Ogni parola, come per esempio 'elefante', evoca un frame, un quadro di riferimento, che può essere sostituito da una serie di immagini o di conoscenze di altro tipo. Gli elefanti sono grandi, hanno le orecchie pendule e la proboscide, fanno venire in mente il circo, e così via. Ogni parola si definisce in relazione a un frame. E anche quando neghiamo un certo concetto non possiamo evitare di evocarlo.

Richard Nixon lo scoprì a proprie spese. Durante lo scandalo Watergate, quando c'erano forti pressioni perché si dimettesse, parlò al paese in televisione. Si presentò davanti alla nazione e disse: 'Non sono un imbroglione'. E tutti pensarono che era un imbroglione."

Lakoff dice che la destra americana, in questi ultimi anni, ha lavorato benissimo sui frame, e che, nei dibattiti politici in America, è riuscita a creare dei frame che la sinistra ha accettato, e quando accetti un frame, secondo Lakoff, hai perso.

L'esempio che fa Lakoff è l'espressione "sgravi fiscali", che presuppone che le tasse siano un grave, una specie di inutile zaino che portiamo tutti sulle spalle e se riuscissimo a liberarcene sarebbe un sollievo. Un politico di sinistra (uso queste categorie molto imprecise ma le uso apposta perché quando leggo "democratico" o "repubblicano" non sono mai sicuro di chi si sta parlando, questo per dire che scrivo di cose che conosco benissimo), un politico di sinistra, dicevo, che, in un dibattito, contrasti la politica fiscale della destra usando anche lui questa espressione sgravi fiscali e, di fatto, accettandola, secondo Lakoff questo politico di sinistra può parlare anche un'ora senza convincere nessuno, e il suo messaggio resta sempre più debole del messaggio imposto dal suo antagonista con queste due sole parole: sgravi fiscali.

Poi, per finire questo brevissimo e lacunoso riassunto del libro di Lakoff, Lakoff dice che molti politici ed elettori di sinistra pensano che i politici e gli elettori di destra siano stupidi, e che questo, invece, non è vero.

Ecco.

Adesso, io non so niente nemmeno della politica italiana, ma l'impressione che ho è che la situazione americana descritta da Lakoff nel 2006 sia parente della situazione che c'è, oggi, in Italia, ammesso che oggi in Italia ci sia una situazione.

Se devo poi proprio dirla tutta, alla fine mi è venuto da pensare che quell'altro signore, quando è saltato fuori che era stato accusato di essere un cliente di una prostituta minorenne, e quando è saltato anche fuori che lui passava le serate in un modo stranissimo e originale, diciamo, accompagnandosi con molte giovani donne vestite da infermiere e da poliziotte e così via, in quell'occasione lui è stato zitto per qualche giorno.

Dopo, tutti aspettavano di sentire cosa avrebbe detto, e uno poteva immaginare che avrebbe detto "Non sono un maniaco sessuale" (e tutti avrebbero pensato che era un maniaco sessuale), oppure "Non sono un depravato" (e tutti avrebbero pensato che era un depravato), oppure, non so, "Non sono un porco" (e tutti avrebbero pensato che era un porco) e così via. Poi lui ha parlato e la prima cosa che ha detto è stata: "Non sono un santo".»

10.4 Ma cosa c'entra?

Nel 1863, tornato dal suo primo viaggio in Europa, in quel saggio che si intitola *Note invernali su impressioni estive*, quello in cui parla della *liberté* e del milione, Dostoevskij precisa un pensiero che poi sarà rielaborato da uno dei suoi personaggi più celebri, il protagonista dell'*Idiota*, il principe Myškin.

«Bisogna essere buoni – scrive Dostoevskij – senza pretendere niente in cambio, e è impossibile. È come non pensare all'orso bianco. Provate a non pensare all'orso bianco – dice Dostoevskij – e vedrete che lui, maledetto, vi sarà sempre davanti.»

Questo sempre per via dell'attualità, di Dostoevskij.

10.5 Le cose in ordine

Riepilogando: Dostoevskij torna a San Pietroburgo alla fine del 1859, e fonda, con il fratello Michail, la rivista "Vremja", sulla quale pubblica, tra il 1861 e il 1862, *Memorie da una casa di morti*, *Umiliati e offesi* e, nel 1863, *Note invernali su impressioni estive*.

Memorie da una casa di morti è una cosa diversa da tutto quello che Dostoevskij aveva scritto prima e da tutto quello che avrebbe scritto dopo, è una specie di reportage dal carcere siberiano, anche se i ricordi vengono attributi a un altro condannato, con lo stratagemma, un po' frusto già allora, bisogna dire, del manoscritto ritrovato (non ho mai capito a cosa servisse, lo stratagemma del manoscritto ritrovato, ma sono io).

Memorie da una casa di morti è un libro che piacque molto a Lev Tolstoj, a me, invece, mica tanto; io preferisco i romanzi romanzi, quando son belli, e molto bello, come ho già detto, mi sembra *Il villaggio di Stepànčikovo*, che precede *La casa di morti* e *Umiliati e offesi*; il quale *Umiliati e offesi* è, effettivamente, un romanzo romanzo ma non è uno dei grandi romanzi di Dostoevskij, secondo me.

Per molti motivi e prima di tutto, forse, per via del cattivo.

I cattivi, in Dostoevskij, i personaggi negativi, sono molto più interessanti dei buoni, di solito, basti pensare a Stavrogin, nei *Demòni*, o al babbo dei fratelli Karamazov, nei *Karamazov*, o a Raskol'nikov, in *Delitto e castigo*; invece qui, in *Umiliati e offesi*, il cattivo, il conte Pëtr Aleksandrovič Valkovskij, è piatto, prevedibile, cattivo cattivo, senza sfumature, sembra fatto per adempiere a una funzione narrativa, non sembra di leggere Dostoevskij, sembra di vedere un film di James Bond nel quale Pëtr Aleksandrovič Valkovskij è il *villain*, il cattivo appunto, o, traducendolo in lingua parlata, lo stronzo, uno che si sforza di essere il peggio possibile e non ci riesce neanche tanto bene, non è nemmeno originale, nella sua stronzaggine, uno per il quale è impossibile provare perfino una minima simpatia.

E anche i buoni, c'è da dire, in *Umiliati e offesi*, non so, Nataša, il dramma di Nataša, che, semplifico e banalizzo, si è innamorata di un coglione, e che piange per tutto il romanzo, il dramma di Nataša è, non so come dire, un po' carico; anche lei non sembra un personaggio russo, sembra un personaggio di *Notre-Dame de Paris*, ma non del romanzo di Victor Hugo, del musical di Cocciante, una cosa un po' troppo nutriente, un po' impegnativa, da digerire, se mi posso permettere.

10.6 Molto buono

Quella signora che ci era rimasta male per via del fatto che Dostoevskij non avesse restituito i soldi a Vrangel', il suo amico barone, che si era sentita, in un certo senso, tradita, se avesse conosciuto di persona Dostoevskij, di motivi per prendersela con lui ne avrebbe forse avuto più di uno.

Quando va in Europa per la prima volta, nel 1862, in un mese e mezzo Dostoevskij vede Berlino, Dresda, Wiesbaden, Baden-Baden, Colonia, Parigi, Londra, Lucerna, Düsseldorf, Ginevra, Genova, Livorno, Firenze, Milano, Venezia e Vienna e, oltre a prendere gli appunti che diventeranno poi *Note invernali su impressioni estive*, si appassiona al gioco della roulette.

Dostoevskij è partito in un momento che la moglie sta male e che, come al solito, ci sono problemi di soldi, e, in quel saggio dove ci parla di *liberté* e del fatto che, in Occidente, senza un milione, la *liberté* te la puoi scordare, il fatto che lui, Dostoevskij, in Occidente si appassiona al gioco, e comincia a visitare i casinò e, dopo qualche vincita iniziale, perde a rotta di collo, con tutta la sua onestà orientale, non se la sente, di scrivercelo, lì dentro.

In questo primo viaggio incontra anche Herzen, un esule russo che gli fa una gran festa e che recensisce il suo *Memorie da una casa di morti* paragonandolo a un dipinto di Michelangelo, e che, al suo amico Ogarëv, racconta così il loro incontro: «Ieri è stato qui Dostoevskij. È ingenuo, non si capisce tanto quello che dice ma sembra molto caro. Crede con entusiasmo nel popolo russo».

10.7 Un'innamorata

Qualche mese prima del primo viaggio all'estero, nell'estate del 1861, Dostoevskij conosce una aspirante scrittrice poco più che ventenne, Apollinarija (Polina) Suslova, sorella maggiore di Nadežda Suslova, aspirante scrittrice anche lei che, in quegli anni, discute, a Zurigo, la sua tesi di medicina diventando il primo medico donna nella storia della Russia.

L'unica fonte che ricostruisce, dall'inizio, la relazione tra Polina Suslova e Dostoesvkij non si sa quanto sia credibile: sono le memorie di una persona che, all'epoca, non era ancora nata, e che la Suslova non l'ha mai incontrata in vita sua e alla quale, oltretutto, sembra che Polina non sia molto simpatica.

Si tratta di Ljubov' Dostoevskaja, la figlia di Dostoveskij, che scrive che

«Polina si iscriveva, tutti gli anni, all'università, ma non studiava mai e non dava mai esami. Però andava a lezione, flirtava con gli studenti, andava a casa loro, non li lasciava studiare, li istigava a andare a delle riunioni, li costringeva a sottoscrivere delle lettere di protesta, prendeva parte a tutte le manifestazioni, camminava in testa ai cortei studenteschi con una bandiera rossa in mano, cantava la *Marsigliese*, e si comportava in modo provocatorio, picchiava i cavalli della polizia, i poliziotti, a loro volta, la picchiavano, l'arrestavano, le facevano fare una notte in prigione e, quando tornava all'università, gli studenti la portavano in trionfo come vittima dell'odiato zarismo.

Polina – continua Ljubov' – andava a tutti i balli, a tutte le serate studentesche, ballava, condivideva tutte le nuove idee che agitavano la gioventù. Allora andava di moda il libero amore. La giovane e bella Polina seguiva con scrupolo lo spirito del tempo: servendosi di Venere, passava da uno studente all'altro, e credeva di servire la civilizzazione, l'Europa. Sentendo della popolarità di Dostoevskij, si era affrettata a condividere la nuova passione degli studenti. Volteggiava intorno a Dostoevskij, pronta a soddisfare ogni suo desiderio. Dostoevskij non se n'era nemmeno accorto. Allora lei gli aveva scritto una lettera con una dichiarazione d'amore. Questa lettera è stata trovata nella corrispondenza di mio padre: era semplice, ingenua e poetica.»

Questa lettera, questa dichiarazione d'amore di Polina a Dostoevskij, non si sa dove sia e se sia mai esistita.

L'unica che ne parla è Ljubov' in questo frammento sulla attendibilità del quale i biografi hanno sollevato dei dubbi, però la storia d'amore tra Polina e Dostoevskij è certa.

Apollinarija Suslova, tra il 1861 e il 1862, si innamora di Dostoevskij, e lui di lei, e lei servirà da modello per alcune delle protagoniste femminili dei romanzi successivi, primo tra tutti *Il giocatore*, che sarà pubblicato nel 1866, e la cui protagonista si chiama, guardacaso, Polina.

E quando Dostoevskij torna all'estero, nel 1863, intanto che Apollinarija Suslova, detta Polina, lo aspetta a Parigi, lui si ferma per strada, a Wiesbaden, e si mette a giocare col sogno di vincere non il milione che gli avrebbe dato la *liberté*, un decimo, 100.000 franchi.

Ne vince subito 10.400 e decide di partire per Parigi il giorno dopo senza passar dal casinò, ma poi ci passa, e perde la metà di quel che aveva vinto il giorno prima.

Gli restano 5000 franchi, buona parte dei quali li manda a Pietroburgo e li destina alla moglie, che è peggiorata ed è in gravi condizioni.

Ma qualche giorno dopo, da Baden-Baden, scrive al fratello che ha perso tutto, fino all'ultimo centesimo, e lo prega di rimandargli quel che aveva mandato per la moglie qualche giorno prima.

Michail, il fratello, gli scrive che non lo capisce: «Cosa mandi a fare dei soldi se, dopo due giorni, li chiedi indietro, ma, soprattutto, non capisco come fai a appassionarti al gioco se a Parigi ti aspetta una donna di cui sei innamorato».

Dostoevskij lo spiegherà tre anni dopo, nel *Giocatore*, il cui protagonista, tra Polina e la roulette, non ha dubbi: la roulette.

Nonostante le preferisca il gioco, la storia d'amore tra Dostoevskij e Polina Suslova durerà ancora qualche anno e, dopo la morte della moglie (il 15 aprile del 1864), Dostoevskij le chiederà più volte di sposarlo, ma lei, Polina, rifiuterà sempre.

Ancora a Parigi, nel 1863, quando lui la raggiunge dopo le sue avventure al casinò, lei, la prima cosa che gli dice è «Sei arrivato troppo tardi».

E gli racconta di essersi innamorata di un giovane, ricco studente di medicina originario delle Antille, Salvador, che però non ne vuole sapere.

10.8 Un film dell'orrore

Nel 1861, in Russia, era uscito un romanzo di Turgenev, *Padri e figli*, il cui protagonista, Bazarov, sosteneva che «un buon chimico è venti volte più utile di qualsiasi poeta».

E non è forse un caso che quel periodo corrisponda alla giovinezza di una ragazza destinata a diventare la prima donna, al mondo, a insegnare matematica all'università.

Quella ragazza, che si chiamava Sof'ja Korvin-Krukovskaja, e che, da sposata, si sarebbe chiamata Kovalevskaja, quando aveva quindici anni, nel 1865, si è innamorata di Dostoevskij senza dirlo a nessuno.

L'ha raccontato, anni dopo, nelle sue memorie.

Sof'ja ha conosciuto Dostoevskij grazie a sua sorella maggiore, Anjuta, che aveva la passione per la scrittura e aveva mandato, di nascosto dai genitori, dei racconti a Dostoevskij, che li aveva pubblicati su "Epocha" (la rivista che dirigeva dopo la chiusura di "Vremja").

Il padre, per caso, aveva intercettato una lettera della rivista che conteneva dei soldi per i diritti sui racconti pubblicati, e aveva preso la figlia e le aveva detto: «Ci si può aspettare qualsiasi cosa da una ragazza che, di nascosto dai suoi genitori, è capace di intrattenere una corrispondenza con un uomo sconosciuto e di accettare denaro da lui. Ora tu vendi le tue storie, ma verrà il tempo in cui – bada bene a quello che dico – venderai te stessa».

«Successe allora» racconta Sof'ja Kovalevskaja «un fenomeno che accade di frequenza nelle famiglie russe. I figli rieducano i genitori.»

La sorella maggiore di Sof'ja, Anjuta, con pazienza, con calma, era riuscita a ottenere un compromesso: leggere alla famiglia riunita il suo racconto e essere giudicata in base al suo contenuto.

«Il babbo ascoltò senza proferire parola per tutto il corso della lettura. Quando Anjuta arrivò alle pagine finali e, trattenendo a malapena i singhiozzi, cominciò a leggere di Lilenka che, sul letto di morte, rimpiangeva la sua giovinezza perduta, improvvisamente le lacrime sgorgarono dagli occhi del babbo. Si alzò in silenzio e uscì dalla stanza. Né quella sera né nei giorni successivi accennò alla storia. Si rivolgeva a Anjuta con incredibile dolcezza e tenerezza e tutti capimmo che mia sorella aveva vinto la sua causa.»

Dopo quella vittoria, Anjuta ottiene dai genitori il permesso di invitare Dostoevskij a casa loro, in occasione di un viaggio che le sorelle e la mamma (che abitano a Pablino, nel Governatorato di Vitebsk, in Bielorussia) fanno a Pietroburgo.

Sof'ja ricorda che il padre era molto maldisposto, nei confronti di Dostoevskij. «Cosa sappiamo di lui?» diceva. «Solo che è un giornalista e un ex forzato. Bella roba, non credi? Dobbiamo essere estremamente cauti con lui.»

Ordinò quindi alla moglie di essere presente al momento dell'incontro tra Anjuta e Dostoevskij e di non lasciarli mai soli.

Sof'ja chiese di essere presente anche lei, e «due vecchie zie tedesche escogitarono ogni pretesto per presentarsi nella stanza al momento della visita, e fissarono per tutto il tempo Dostoevskij con curiosità, come se fosse un animale esotico. Anche loro finirono per sedersi sul divano e rimasero lì fino alla fine della visita».

Anjuta era molto dispiaciuta, e scocciata, e era rimasta seduta, in silenzio, con uno sguardo ostinato. Dostoevskij era a disagio e fuori posto. Scrive Sof'ja che «quel giorno sembrava vecchio e malato, come gli accadeva sempre quando era di cattivo umore. Continuò a pizzicarsi nervosamente la barba biondiccia e a mordicchiarsi i baffi, e tutto il viso era contratto».

La madre ogni tanto provava a dare l'avvio a una conversazione interessante, sfoggiando un sorriso di circostanza, e ogni tanto provava a fare qualche domanda intelligente.

Dostoevskij rispondeva a monosillabi, in molto molto sgarbato. Alla fine, anche la madre aveva taciuto.

Fëdor Michajlovič, allora, era rimasto seduto in silenzio per mezz'ora, poi aveva preso il cappello e aveva salutato tutti e, senza dare la mano a nessuno, se ne era andato.

«Appena lui fu uscito» scrive Sof'ja, «Anjuta filò dritta nella sua stanza, si gettò sul letto e scoppiò in lacrime.
"Tutte le volte! Tutte le volte mi rovinano tutto!" continuava a ripetere convulsamente.»

Mi piacciono molto, le memorie di Sof'ja Kovalevskaja, che a me sembra abbia, oltre al talento matematico che tutti le riconoscono, un grande talento narrativo: questa scena è terribile, secondo me, soprattutto le vecchie zie tedesche che fissano Dostoevskij come se fosse una bestia sono memorabili; non me le dimenticherò tanto facilmente, ho paura. Dev'essere stata una bella giornata, per Dostoevskij. Gli sarebbe sembrato di essere finito in una via di mezzo tra una commedia all'italiana e un film dell'orrore, se fossero esistiti le commedie all'italiana e i film dell'orrore, all'epoca, ma non esistevano e allora niente.

10.9 Tutti tranne me

Dopo torna, Dostoevskij, a trovare Anjuta e Sof'ja, e, quando riesce a essere da solo con le due ragazze, sembra una persona diversa, giovane, attraente e intelligente.

«"È mai possibile che abbia già quarantatré anni? – pensa Sof'ja –. È mai possibile che sia tre volte più vecchio di me e più di due volte più vecchio di Anjuta? E quello che è più strabiliante è che si tratta di un grande scrittore eppure gli si può parlare come a un vecchio amico." [...]
Se veniva di sera – scrive Sof'ja – quando non c'era nessun altro estraneo al di fuori di lui, allora si animava e diventava straordinariamente caro, ma odiava quando si conversava tutti insieme. Parlava solo per monologhi, e solo a condizione che tutti i presenti fossero persone a lui gradite e capaci di ascoltarlo con la più assoluta attenzione. Se si verificava tutto

ciò, si esprimeva nell'eloquio più bello, più vivido e più preciso che mai mi fosse capitato di ascoltare.»

Con l'andare del tempo, la sorella di Sof'ja sembra perdere interesse, per Dostoevskij, e lui ci resta male, le fa delle scenate di gelosia e conclude che «tutti i giovani d'oggi sono stupidi e ignoranti. Per loro un paio di stivali ben lucidi vale più di Puškin». «Puškin, a dire il vero, è passato di moda, adesso» dice, calma, per farlo arrabbiare, Anjuta, e lui, arrabbiatissimo, prende il cappello e va, dopo aver detto che non vale la pena di litigare con una nichilista, e che non avrebbe mai più messo piede in casa loro. Il giorno dopo, è di nuovo lì, come se niente fosse successo.

Quando si arrabbiava con Anjuta, Dostoevskij le rinfacciava il fatto che Sof'ja, la sorella più giovane, era meglio di lei.

«Mi portava sempre ad esempio a mia sorella. Se gli accadeva di esprimere qualche idea profonda o un paradosso brillante che andasse contro la morale comune, Anjuta si metteva subito in testa di fingere di non capire. I miei occhi brillavano rapiti ma lei, deliberatamente, per esasperarlo, gli rispondeva con una semplice banalità.

"Il vostro spirito è piccolo, insignificante e meschino!" si infiammava Fëdor Michajlovič. "Vostra sorella, invece, è ancora una bambina ma come mi capisce, lei! Perché lei ha un animo sensibile!"

Diventavo tutta rossa di piacere. Mi sarei fatta tagliare a pezzi, se necessario, per dimostrargli come lo capivo.»

Qualche giorno dopo, le due sorelle sono sole in casa, si presenta Dostoevskij; Sof'ja, che suona il piano, e che Dostoevskij ha lodato per come lo suona, per la sua "anima" interpretativa, saputo che il pezzo preferito di Dostoevskij era la *Pathétique* di Beethoven, aveva preparato quel pezzo, molto più difficile delle cose che suonava di solito, e si era messa al piano e l'aveva suonato e, finito, convinta di aver suonato bene, aveva chiuso gli occhi in attesa dei complimenti. Non sentendo niente li aveva riaperti e si era accorta di esser da sola, nella stanza.

Aveva cercato la sorella e Dostoevskij nella camera accanto, non c'erano. Aveva alzato una tenda che dava su una camera d'angolo, aveva visto che erano seduti su un piccolo sofà. Dostoevskij

«era bianco e agitato. Teneva la mano di Anjuta fra le sue. Proteso verso di lei, parlava con lo stesso sussurro appassionato che io conoscevo e amavo tanto.
"Mia cara Anna Vasil'evna, cercate di capire... Mi sono innamorato di voi dal primo istante che vi ho visto. Persino prima. Ne ho avuto un presagio fin dalle vostre lettere. E il mio sentimento non è amicizia, ma passione, con tutto il mio essere.»

Sof'ja ha l'impressione che il sangue le vada alla testa e corre nella sua stanza, si butta sul letto, nasconde la testa sotto le coperte e scoppia a piangere.

Qualche ora dopo si alza da letto, accende un fiammifero e concentra l'attenzione sui suoni della casa.

«Non si sentiva alcun suono proveniente dalle stanze davanti, ma potevo sentire i servi che preparavano la cena nella cucina lì vicino. C'era un tintinnio di piatti e forchette; le cameriere ridevano e chiacchieravano. Tutti erano felici, tutti si sentivano bene... tutti tranne me.»

10.10 Matrimoni e sottosuolo

Secondo la testimonianza di Apollinarija Suslova, in quello stesso 1865 Dostoevskij aveva chiesto insistentemente anche a lei, di sposarlo. Si voleva proprio sposare, si vede.

Sof'ja Kovalevskaja racconta anche come la sorella Anjuta

aveva preso quella proposta di matrimonio. L'aveva rifiutata (si sarebbe poi sposata con un francese, Victor Jaclard, avrebbe partecipato, con lui, alla Comune di Parigi, avrebbe conosciuto Marx e avrebbe cominciato a tradurre in russo *Il capitale*).

«Vedi – aveva detto a Sof'ja –, qualche volta mi sorprendo perfino con me stessa per il fatto che non lo amo. È una persona talmente meravigliosa. All'inizio pensavo che sarei riuscita ad amarlo. Ma lui ha bisogno di un tipo di moglie del tutto diverso da me. Sua moglie deve dedicarsi a lui interamente, rinunciare a tutta la sua vita per lui, non pensare a nient'altro che a lui. E io non ci riesco... Voglio vivere anch'io. E poi, è così nervoso e esigente. Mi sembra sempre che si impossessi di me e di essere risucchiata. Quando sono con lui, non mi sento mai me stessa.»

Una delle cose che mi colpiscono di più, del racconto di Sof'ja Kovalevskaja, è l'ultima frase del paragrafo precedente: «Tutti erano felici, tutti si sentivano bene... tutti tranne me», perché è una frase che sembra scritta da Dostoevskij.

Nel 1864, sulla rivista "Epocha", era uscito un racconto lungo, o un romanzo breve, intitolato *Memorie del sottosuolo*, nel quale a un certo punto si legge «Io son poi da solo, e loro sono tutti».

Che, non che sia importante, ma è la prima frase che do da tradurre agli studenti che fanno i miei corsi di specializzazione alla Iulm di Milano.

Io mi ricordo che quando l'ho letta per la prima volta, questa frase qua, avevo forse vent'anni, ho pensato: "Come tu? Sono io, quello lì che è da solo e gli altri sono tutti".

Mi sembrava che Dostoevskij mi avesse plagiato. Mi sembrava una cosa disonesta, quello che faceva quello scrittore russo. Oltretutto, mentre *Delitto e castigo* e *L'idiota* mi erano piaciuti molto, quel libretto lì, *Memorie del sottosuolo*, non mi era piaciuto mica tanto, quando l'avevo letto in italiano che avevo forse vent'anni. Proprio il modo in cui era scritto.

10.11 Come scrive Dostoevskij

Tolstoj una volta ha scritto: «Nonostante l'orrenda scrittura, in Dostoevskij si trovano pagine straordinarie».
L'orrenda scrittura.
Certo, Dostoevskij scriveva in un modo molto diverso, da Tolstoj, ma io non direi affatto che scrivesse male.
Secondo Michail Bachtin, come abbiamo già detto, la caratteristica di Dostoevskij è la polivocità: nei suoi romanzi, ogni personaggio ha la propria voce, che riflette la propria cultura, la propria educazione, il proprio carattere, il proprio stato d'animo, e il romanzo è una specie di concerto, una specie di coro al quale partecipano, ognuno a modo suo, tutti i personaggi.
Secondo Bachtin ci sono due modi di scrivere: un modo corretto, grammaticalmente impeccabile, che risponde alla funzione centripeta, della lingua, e che fa riferimento a una grammatica, a una sintassi e a una morfologia codificate da un'autorità linguistica e unanimemente riconosciute, e un modo scorretto, grammaticalmente discutibile, che risponde alla funzione centrifuga, della lingua, e che, della lingua ufficiale, corretta, scolastica, si fa beffe.
Secondo Bachtin, la letteratura che risponde alla prima funzione, quella centripeta, si fa a corte, tra i ceti dirigenti, tra i nobili.
Un coetaneo di Puškin (suo compagno di liceo), un poeta che si chiama Kjuchel'beker, ha notato che

«da noi, in Russia si scrive tutti come stranieri, troppo correttamente, troppo perfettamente. Nell'antica Atene una venditrice riconobbe uno straniero solo dal fatto che parlava troppo correttamente.»

Questo tra i nobili, tra quelli che sanno scrivere, a corte. Invece «nei ceti inferiori – secondo Bachtin –, sul palco dei saltimbanchi e delle fiere risuonava la pluridiscorsività buffonesca, si rifaceva il verso a tutte le lingue; lì non c'era alcun centro linguistico, si giocava con le lingue dei poeti, dei dotti, dei monaci, dei cavalieri eccetera, tutte le lingue erano maschere e non c'era un volto linguistico autentico e indiscutibile.»

Questa è la lingua romanzesca. Questa è la lingua di Dostoevskij, che non è nemmeno sua, è la lingua delle fiere, dei saltimbanchi, degli ubriachi, dei bottegai, dei mercati, del mondo.

Per questo non capisco Tolstoj e quelli come lui che dicono che Dostoevskij ha una scrittura orrenda; nei romanzi di Dostoevskij non parla Dostoevskij, parlano i suoi personaggi, e, se i suoi personaggi parlano male, non è detto che sia un difetto. Non sono sicuro che si capisca: facciamo un esempio.

10.12 Il sottosuolo

Qualche anno fa, nel settembre del 2007, mi hanno invitato alle Giornate della traduzione, che si tenevano, allora, ad Urbino.

Siccome, parlando a braccio, avevo paura di perdere il filo, mi sono scritto un discorso, che poi ho letto e che, l'anno successivo, ho pubblicato in un libro che conteneva i discorsi che mi era capitato di fare nei posti dove mi invitavano a far dei discorsi. Ne copio qua sotto un pezzetto:

«Ecco io l'altro esempio che vorrei fare riguarda l'inizio di *Memorie del sottosuolo* di Dostoevskij, o *Ricordi dal sottosuolo*, o *Appunti dal sottosuolo*, anche questa storia dei titoli, una volta ho visto un romanzo di Dostoevskij che si intitolava *Gli indemoniati*, "Vacca" ho pensato, "un inedito", invece era *I demòni* che gli avevan cambiato titolo.

Ma torniamo all'inizio di *Memorie del sottosuolo*, o *Ricordi dal sottosuolo*, o *Appunti dal sottosuolo*.

L'inizio in russo è così: "*Ja čelovek bol'noj... Ja sloj čelovek. Neprivlekatel'nyj ja čelovek. Ja dumaju, čto mne bolit pečen'*".
Che, tradotto, più o meno suonerebbe: "Io sono un uomo malato... Un uomo cattivo, sono. Un brutto uomo, sono io. Credo di esser malato di fegato".
Che è un inizio dove Dostoevskij costruisce una specie di trottola sonora, nella quale il pronome, *ja*, io, il sostantivo, *čelovek*, uomo, e l'aggettivo, *bol'noj, sloj* e *neprivlekatel'nyj*, sono sempre presenti nelle prime tre frasi ma si cambiano di posto, *Ja čelovek bol'noj, Ja sloj čelovek, Neprivlekatel'nyj ja čelovek*. È una cosa che fa girare la testa, dal tanto che è fatta bene, secondo me; con questa frase, quasi esclusivamente con l'involucro sonoro della frase, Dostoevskij ci dà il carattere del personaggio; l'uomo del sottosuolo, contraddittorio disperato ridicolo così simile a noi, è già tutto qui: "Io sono un uomo malato... Un uomo cattivo, sono. Un brutto uomo, sono io. Credo di esser malato di fegato".»

Cioè la lingua, di *Memorie del sottosuolo*, è la lingua di quell'omino lì, è la lingua della disperazione, della miseria, della volgarità (compiaciuta) del sottosuolo, non c'è un modo bello, piacevole, di parlare dal sottosuolo, c'è solo quel modo, orribile e meraviglioso.
In italiano, invece, dicevo in quel discorso a Urbino:

«sono andato a prendere la traduzione di *Ricordi dal sottosuolo* nell'edizione dei classici della Bur, e comincia così: "Sono un malato... Sono un malvagio. Sono un uomo odioso. Credo d'aver male al fegato". Il suono, di Dostoevskij, la trottola sonora, non c'è più.»

È corretto, è ben scritto, è ben fatto, ma non sembra nemmeno più lo stesso personaggio; è come se Landolfi (il traduttore è Tommaso Landolfi) avesse sedato l'uomo del sottosuolo, gli avesse dato un calmante, l'avesse anestetizzato, e il risultato è qualcosa che sì, è ben scritto, è corretto, ma non sa di niente.

Poi, nel 2010, mi hanno chiesto di tradurre *Memorie del sottosuolo* (la mia traduzione l'ho intitolata così), e la mia traduzione comincia così: «Io sono un uomo malato… Un uomo cattivo, sono. Un brutto uomo, sono io. Credo di essere malato di fegato». Che è un tentativo, migliorabile, senz'altro, di rendere in italiano sia il significato che il significante, del monologo dell'uomo del sottosuolo, perché dal modo in cui parla, in russo, sembra di vedere la sua postura; il modo innaturale nel quale, nel corso degli anni, si è piegato su sé stesso, la smorfia di cattiveria, di malcontento, di volgarità (compiaciuta) e di disperazione che ha mentre dice la sua verità, che è una verità che può sembrare paradossale (dice, tra le altre cose, che due più due non fa sempre quattro ma qualche volta può fare anche cinque), ma è la sua, di lui, di quell'omino lì memorabile.

10.13 L'uomo superfluo

Cinque anni prima di *Memorie del sottosuolo*, nel 1859, esce in Russia un romanzo di Ivan Gončarov che si intitola *Oblomov* e che Vladimir Nabokov avrebbe poi paragonato alla *Ricerca del tempo perduto* di Proust.

Se il protagonista della *Ricerca*, infatti, ci mette decine di pagine per andare a dormire, all'inizio di *Du côté de chez Swann*, il protagonista di *Oblomov*, cioè Il'ja Il'ič Oblomov, ci mette 150 pagine a star su da letto, cioè tutta la prima parte del romanzo.

E, nelle restanti tre parti, non è che stia molto alzato.

Quando, nell'aprile del 2020, mentre fuori dalle finestre infuriava, come si dice, la pandemia, in risposta all'invito di una televisione di consigliare una lettura, mi son sentito di consigliare *Oblomov* perché lì c'era uno che faceva volontariamente quello che noi, in Italia, facevamo per costrizione, cioè passare le giornate sul divano, e era convinto, quello lì, che quella scelta lì, passare le giornate sul divano, fosse la migliore scelta possibile.

Immediatamente dopo l'uscita del romanzo, in quello stesso 1859, era uscito un articolo di un critico progressista, Nikolaj Dobroljubov, che si intitolava *Che cos'è l'oblomovismo* e che è un articolo che ha un posto di primo piano nella storia della letteratura russa perché introduce (prendendola a prestito da un racconto di nove anni prima di Ivan Turgenev) una figura centrale: l'uomo superfluo.

Secondo Dobroljubov, i più notevoli, tra i protagonisti della letteratura russa, l'Onegin di Puškin, il Pečorin di Lermontov, il Tentetnikov di Gogol', il Čulkaturin e il Rudin di Turgenev,

«soffrono tutti per il fatto che non riescono a trovare uno scopo alla vita e un'attività conveniente per loro; in conseguenza di ciò, provano noia e disgusto per ogni occupazione e, in ciò, presentano una sorprendente somiglianza con Oblomov.»

A dimostrazione della propria teoria, Dobroljubov cita un passo del romanzo *Rudin*, di Turgenev, in cui Rudin dice «Che fare? Bisogna sottomettersi al destino, s'intende. Cos'altro si potrebbe fare!».

Da questi signori, dice Dobroljubov, non si può cavare altro che rassegnazione «perché tutti portano impresso il marchio dell'oblomovismo».

Credo che la condizione di "uomo superfluo", per Dobroljubov, non sia un tratto caratteriale, questi personaggi sono diversissimi, tra loro, la loro condizione di uomini superflui dipende soprattutto dalla particolare condizione in cui si trovava un russo colto nell'Ottocento.

Per molti di loro la conoscenza dell'Europa aveva coinciso con la fine della campagna napoleonica: dice Valentin Gitermann, nel suo *Storia della Russia* (che io, dagli anni Ottanta del Novecento, leggo e rileggo come ho fatto con *Guerra e pace*, *Anna Karenina*, *L'idiota* e *I fratelli Karamazov*), che dopo la caduta di Napoleone molti nobili russi avevano visitato Parigi come ufficiali dell'esercito d'occupazione e come privati, e si erano resi conto che, in Francia, nella vita di tutti i giorni, erano sopravvissute delle conquiste della rivoluzione francese che, si erano accorti, non era stata così dannosa come avevano loro insegnato in Russia, e che il fatto che la Russia fosse stata esclusa dagli influssi della rivoluzione ne faceva una nazione priva di libertà e di progresso.

Questi uomini colti

«si ribellavano interiormente contro il fatto che gli eroi della guerra patriottica, dopo aver liberato dalla tirannide napoleonica il mondo civile, potessero essere assoggettati, in qualità di servi della gleba, a castighi corporali e ad arbitri umilianti. Erano sdegnati degli abusi dei tribunali russi, delle vessazioni della polizia e della censura russe, delle manovre degli oscurantisti spadroneggianti nelle scuole superiori russe, dell'assolutismo e dei privilegi della nobiltà, il cui peso soffocava ogni sviluppo successivo e rendeva impossibile ogni aumento di ricchezza nazionale.»

Insomma, quella generazione, i russi colti della prima metà dell'Ottocento, era stata forse la prima generazione di russi ad avere contatti frequenti con l'Occidente, avevano battuto Napoleone e si erano spinti fino a Parigi, avevano letto gli illuministi, avevano frequentato le lezioni dei filosofi tedeschi, e, le teste piene di libertà, uguaglianza, fratellanza e idealismo, il cielo stellato sopra di loro, la forza morale dentro di loro, erano tornati in Russia, la loro patria, dove c'era ancora la servitù della gleba, e uno stato corrotto e arretrato, e avevan scoperto che non potevan far niente.

Tutto il loro sapere, tutta la loro scienza, tutta la loro intelligenza non servivano a niente, perché c'era un apparato statale piramidale, con a capo lo zar, che decideva lui, cosa bisognava fare, loro dovevano solo servire, si diceva così, vale a dire ubbidire, e, se non volevan servire, potevan ritirarsi in campagna e non dare troppo fastidio, mi scuso per la banalità del riassunto, ma in sostanza, mi sembra, era così.

Qualcuno, come Oblomov, preferiva alla campagna un divano in città, ma non c'era molta differenza.

10.14 E noi?

Io, per dei motivi che non so spiegarmi bene, mi sono trovato ad avere il privilegio di tradurre alcuni tra i più grandi romanzi russi dell'Ottocento, tra i quali anche *Oblomov*.

E quando ho tradotto *Oblomov*, mi son trovato a scrivere un'introduzione, ad *Oblomov*, nella quale ho ricordato l'articolo di Dobroljubov e la condizione dell'uomo superfluo, e mi sono chiesto e noi? Adesso? Qui?

E ho scritto:

«Allora, forse mi sbaglio, ma proviamo a immaginare un ragazzo, oggi, immaginiamo che sia di Carpi e si chiami Claudio, immaginiamo che sia appassionato di filosofia, che faccia una tesi sulla *Città del sole*, di Campanella, o, meglio, su Spinoza, sull'*Etica dimostrata secondo l'ordine geometrico* di Spinoza, immaginiamo che impari il latino, e l'olandese, e immaginiamo che dopo due anni che ci lavora discuta la tesi, centodieci e lode, va bene, ma dopo?

Proviamo a chiederci cosa interessa, alla società in cui vive questo Claudio di Carpi, o di Mirandola, è lo stesso, che cosa interessa alla società che Claudio troverà il mattino dopo la sua laurea, quando esce di casa, oltre la soglia del suo appartamento, che cosa interessa, a questa società, della *Città del sole*, di Campanella, o dell'*Etica dimostrata secondo l'ordine geometrico*, di Spinoza, o delle *Diatribe* di Epitteto, faccio per dire. Che utilità ha, Claudio di Mirandola, per quella società, cosa può fare, in quella società? Ha davanti due possibilità: o si mette a servire, o si mette in un angolo e cerca di non rompere troppo i maroni, mi scuso per la volgarità ma i tempi, in qualcosa, sono cambiati.»

10.15 Oblomov e l'innominato

Scrive Gončarov che, per Oblomov,

«stare sdraiato non era né una necessità, come per un malato o per una persona che voglia dormire, né un caso, come per chi sia stanco, né un piacere, come per un fannullone: era la sua condizione normale.»

Nel sesto capitolo della prima parte, quella dove Oblomov non si alza mai da letto, Gončarov traccia una specie di biografia, di quel signore lì che, quando comincia il romanzo, ha poco più di trent'anni, e dice che, quando andava ancora a scuola e il suo amico Štol'c gli portava «i libri che bisognava ancora leggere oltre a quelli che c'eran da studiare», lui scuoteva la testa e si chiedeva da dove venisse questa mania di leggere che gli sembrava cosa innaturale e faticosissima.
«Quand'è che si vive?» si chiedeva Oblomov.
Gončarov fa poi una specie di inventario della testa di Oblomov alla fine dell'esperienza scolastica:

«La sua testa era un complesso archivio di cose morte, uomini, epoche, cifre, religioni, economie politiche, matematiche o altre verità, condizioni eccetera che non avevano tra loro nessun legame.»

E tutte queste cose, non sapeva a cosa gli sarebbero servite, nella vita vera.
Ma, soprattutto, «Quand'è che si vive? Quand'è che arriva, questa vita vera?» si chiede Oblomov nel romanzo di Gončarov.
E chi di noi non si è chiesto, da giovane, «Quand'è che si vive?», come Oblomov, il principe degli uomini superflui della letteratura russa dell'Ottocento?
Ecco io ho l'impressione che l'ultimo, di questi uomini superflui, che non è entrato nella lista di Dobroljubov

solo perché è nato nel 1864, cinque anni dopo l'articolo di Dobroljubov, quello che continua il discorso di Oblomov sull'inutilità dei libri e della cultura, sia uno dei pochissimi protagonisti della letteratura russa dell'Ottocento a non avere un nome e un cognome; si chiama, semplicemente, uomo del sottosuolo.

10.16 Un uomo malato

«Io sono un uomo malato... Un uomo cattivo, sono. Un brutto uomo, sono io. Credo di essere malato di fegato.»

Questo uomo malato, cattivo, brutto, che è consapevole di essere malato ma che non si vuole curare, che è maleducato, e gode della propria maleducazione, che scrive delle battute disgustose, e non le cancella, non le cancella apposta, che è consapevole del fatto di non essere stato capace di diventar niente, né cattivo né buono, né disonesto né onesto, né un eroe né un insetto, che si consola con una malvagia, inutile idea consolatoria, che un uomo intelligente non può seriamente diventare niente, e che diventano qualcuno solo i coglioni, questo personaggio senza nome, che abita a Pietroburgo benché il clima di Pietroburgo gli faccia male e benché, con i suoi mezzi irrisori, Pietroburgo sia un po' troppo cara, che definisce Pietroburgo «la più astratta e premeditata città del globo terracqueo», che definisce le notti pietroburghesi «disgustose», che, quando sta male per la vergogna di sé, torna nel suo angolino a rodersi e a lisciarsi e a tormentarsi fino a che la sofferenza non si trasforma in un vergognoso, maledetto piacere e poi, alla fine, in un chiaro, limpido godimento, questo personaggio, «ipocondriaco e permaloso come un gobbo», che si è sempre considerato «più intelligente di tutti quelli che lo circondano, e che, ci crediate o no, se ne vergognava», questo personaggio che dice, di sé, «io sono così vanitoso che è come se mi avessero tolto la corteccia, mi basta un soffio d'aria per farmi male», questo personaggio che, alla fine, si pente di aver scritto un racconto «sul modo in cui ho sprecato la mia vita, sul modo in cui mi sono corrotto moralmente, nel mio angolino, per insufficienza di frequentazioni, per mancanza di abitudine alla vita e per la vanitosa cattiveria che ho coltivato nel sottosuolo», è un personaggio che, come se rispondesse alla domanda di Oblomov, «Quand'è che si vive?», scrive che «noi, tutti noi, non siamo più abituati alla vita, siamo tutti zoppi, siamo così poco abituati che sentiamo, adesso, per la "vita vera" una specie di repulsione, e non sopportiamo che ce la ricordino», «siamo arrivati al punto che la "vita vera" la consideriamo quasi una fatica, e siamo tutti d'accordo che è meglio se ci viene presentata nei libri», è un personaggio che si chiede "ma cosa vogliamo!", e si risponde "non lo sappiamo neanche noi", è un personaggio che crede che «se i nostri desideri stravaganti venissero esauditi, staremmo peggio», e che invita a provare, che dice «Su, dateci, per esempio, più indipendenza, sciogliete le mani a uno di noi, allargate il cerchio della nostra attività, allentate il controllo, e noi... vi assicuro, noi chiederemmo subito di tornare sotto il vostro controllo», è un personaggio che dice «lasciateci soli, senza libri, e noi ci imbrogliamo e ci perdiamo subito, non sappiamo più a cosa attaccarci, a cosa appoggiarci, cosa dobbiamo amare e cosa dobbiamo odiare, cosa dobbiamo rispettare e cosa dobbiamo disprezzare», è un personaggio che si rende conto che «facciamo fatica anche a essere degli uomini, a essere degli uomini con un corpo vero, nostro, con il sangue nelle vene; ce ne vergogniamo, lo consideriamo offensivo, e cerchiamo di essere una specie di uomo universale che non è mai esistito», ecco questo personaggio, tra tutti i personaggi di Dostoevskij, non voglio darmi dell'importanza, è quello che mi assomiglia di più, secondo me. E non c'è da vantarsene.

10.17 Un grande scrittore portatile

Credo che Viktor Šklovskij sia un grande scrittore russo del XX secolo, e credo che le cose che ha scritto abbiano una diffusione relativamente ampia, perlomeno in Italia, perché ha scritto cose molto diverse tra loro: romanzi, sceneggiature, memorie e, soprattutto, testi critici.

Ma anche nei testi critici, di Šklovskij, ci sono delle idee fulminanti, che ti ribaltano, quando le leggi per la prima volta, e mi piacerebbe molto, prima o poi, lavorare a un'antologia delle cose di Šklovskij e chiamarla *Il piccolo Šklovskij portatile*, e non credo sarà mai possibile ma pazienza, intanto qualcuna la metto nei libri che scrivo, come questo, per dire.

In un'intervista con Serena Vitale Šklovskij dice che

«L'arte si occupa sempre soltanto della vita. Cosa facciamo nell'arte? – si chiede –. Resuscitiamo la vita. L'uomo è così occupato dalla vita che si dimentica di viverla. Dice sempre Domani, domani. E questa è la vera morte» dice Šklovskij.

Oblomov è un uomo che dice sempre, per quasi tutta la vita: «Domani, domani».

Gli uomini superflui, per la loro natura, determinata dalle condizioni sociali nelle quali sono nati e vivono, sono uomini che hanno rinunciato, all'oggi, che dicono «Domani domani», e alcuni, forse, i più perfetti, tra loro, non lo dicono nemmeno più.

Tra i personaggi del primo Dostoevskij, ce ne sono alcuni che dicono «Domani, domani»: il violinista protagonista della prima parte di *Netočka Nezvanova* ha talmente paura, di non essere un violinista abbastanza bravo, che smette di suonare il violino, lo suonerà domani, domani, e questa, per un violinista, è la vera morte.

Devuškin, il protagonista di *Povera gente*, che è innamorato di una ragazza molto più giovane di lui, non si risolve a dichiararsi a quella ragazza, pensa che «Domani, domani» verrà il momento per dichiararsi e non si dichiara mai e Varvara si sposa con un altro e questa, per un innamorato, è la vera morte.

L'uomo del sottosuolo pensa che quando l'ufficiale che l'ha offeso e che, per due anni, lui ha odiato, dentro di sé, leggerà la lettera che lui gli ha scritto e che gli spedirà «Domani, domani», allora quell'ufficiale capirà tutto «il bello e il sublime» che c'è dentro l'uomo del sottosuolo e diventerà il suo migliore amico, e la lettera non la spedisce mai, e l'ufficiale non capisce mai il bello e il sublime, e questo, per un ufficiale, è la vera morte, o una cosa del genere.

10.18 Un finale fiscale

A me sembra che, dopo l'uomo del sottosuolo, Dostoevskij cambi strada.

I personaggi successivi, i protagonisti dei grandi romanzi, non dicono più «Domani, domani», vivono la loro vita oggi, nel presente, sono persone per le quali le cose che dicono, le cose che fanno, sono importantissime.

E noi?

Io ho provato a chiedermi, a pensare a quali siano i giorni della mia vita nei quali le cose che faccio sono importantissime.

Quali sono i giorni della mia vita nei quali non dico «Domani, domani», ma faccio finalmente quello che ho rimandato per tanto tempo, i giorni in cui prendo il coraggio a due mani e dico al mondo: «Eccomi qui».

Sono i giorni in cui preparo i documenti per la dichiarazione dei redditi.

Ecco, i personaggi dei romanzi di Dostoevskij dopo il 1864, è come se, tutti i giorni, preparassero i documenti per la dichiarazione dei redditi, per così dire: non sono uomini superflui, sono uomini, e donne, pericolosi. E potenti. E memorabili.

11
Delitto e castigo

11.1 Michail Michajlovič

Nel 1864 viene pubblicato *Memorie del sottosuolo* che, come sappiamo, comincia così:

«Io sono un uomo malato... Un uomo cattivo, sono. Un brutto uomo, sono io. Credo di esser malato di fegato. Però non capisco una mazza, della mia malattia, e forse non so neanche cos'è che mi fa male. E non mi curo e non mi son mai curato, anche se stimo la medicina e i dottori. Oltretutto, sono superstizioso, moltissimo; be', perlomeno tanto da stimare la medicina (ho studiato abbastanza da non essere, superstizioso, però sono superstizioso). No, ve', io non voglio curarmi per cattiveria. E questo, probabilmente, è quello che non vi degnate di capire. Be', invece io lo capisco.»

È in quel 1864 che, pochi mesi dopo la morte della moglie, il fratello di Dostoevskij, Michail Michajlovič, si ammala di fegato. All'inizio non sembra niente di grave, poi i dottori si preoccupano ma Michail Michajlovič, che è impegnato a pubblicare "Epocha" (la rivista che, nel gennaio del 1864, aveva sostituito "Vremja", che era stata vietata), non si vuole curare.

Lavora fino al 9 giugno del 1864, e muore il giorno dopo, il 10 giugno del 1864.

Michail Michajlovič era il fratello maggiore, di Dostoevskij, aveva un anno di più, era venuto con lui a Pietroburgo, come lui aveva fatto domanda di studiare ingegneria navale, ma lui non l'avevano preso, con lui era andato a visitare l'appartamento dove, qualche mese prima, era morto Puškin, con lui si era appassionato alla letteratura, come lui aveva cominciato a scrivere romanzi, ma aveva smesso subito (non l'avevano preso), con lui aveva letto i fourieristi, con lui aveva frequentato le riunioni del Circolo Petraševskij, come lui era stato arrestato.

Era rimasto un mese nella fortezza di Pietro e Paolo, poi era stato liberato, perché era risultato estraneo ai progetti rivoluzionari (anche qui, non l'avevano preso).

Con Fëdor Michajlovič aveva fondato le riviste "Vremja" e "Epocha" e, come Fëdor Michajlovič, aveva tradotto, e aveva poi continuato, a tradurre.

Nel 1838, quando aveva diciassette anni, aveva scritto al padre: «Ma anche per i sofferenti, come me, ci sono delle gioie, e che gioie! Mi prendano tutto, mi lascino nudo, ma mi diano il mio Schiller, dimenticherò il mondo!».

Michail Michajlovič Dostoevskij è il traduttore, in russo, del *Don Carlos* e dei *Masnadieri*, di Schiller.

Gliel'hanno dato, il suo Schiller.

Quando muore, Fëdor Michajlovič scrive al fratello minore, Andrej Michajlovič, e, nel dargli la notizia, dice così:

«Questa persona mi ha voluto più bene che a chiunque altro al mondo, perfino più che a sua moglie e ai suoi figli, che adorava. Probabilmente sai che in aprile ho sotterrato mia moglie, morta di tisi. In un anno, è come se la mia vita fosse crepata. Questi due esseri per molto tempo sono stati tutto, per me. Come faccio, adesso, a trovarne degli altri così? E non li voglio nemmeno cercare. E non sarebbe possibile, trovarli. Di fronte a me ho una vecchiaia fredda, solitaria, e la mia epilessia. Gli affari di Michail, della sua famiglia, sono in rovina. Ci sono molti debiti. In famiglia non hanno un centesimo e i figli sono tutti minorenni. Piangono e si disperano. S'intende, io adesso sono al loro servizio. Per un fratello come lui, sono disposto a perdere la testa. Rimarrò, in sostanza, redattore della rivista [cioè "Epocha", che chiuderà, subito dopo, per debiti].»

11.2 Qualche riga sul padre di questi signori

Molti lavori su Dostoevskij, come il saggio di Sigmund Freud, danno per certo il fatto che il padre fosse una persona crudele, e che, a causa di questa crudeltà, sia stato ucciso dai propri servi della gleba.

Freud, senza avere mai conosciuto Dostoevskij, arriva a dire che Dostoevskij non era epilettico, ma che la sua epilessia era una nevrosi (isteroepilessia) dovuta al desiderio represso di uccidere il padre, desiderio comprensibile in chi si trovasse ad avere un padre così crudele da aver costretto i propri servi della gleba a ucciderlo loro (provocando nel figlio la conseguente repressione del desiderio e, quindi, l'isteroepilessia).

Quando ho cominciato a scrivere questo romanzo, pensavo che questa sarebbe stata una delle cose delle quali mi sarei dovuto molto occupare; poi ho scoperto che i biografi di Dostoevskij dubitano molto, della crudeltà del padre, e che dubitano anche del fatto che la sua morte sia da attribuire a una rivolta dei suoi servi della gleba.

E tutte le testimonianze dei familiari di Dostoevskij che ho avuto modo di leggere, mi sembrano concordi nel descrivere l'atmosfera in cui sono cresciuti i Dostoevskij, e i loro rapporti col padre, in modo completamente diverso da quelli descritti da Freud e dai suoi epigoni, se così si può dire.

Il fratello minore, per esempio, Andrej, architetto e ingegnere, nelle sue memorie scrive che, negli anni Settanta, era andato a trovare il fratello Fëdor a Pietroburgo, e si erano messi a ricordare il padre:

«Mio fratello – scrive Andrej – si è accalorato, mi ha afferrato sopra il gomito (faceva sempre così, quando parlava col cuore) e ha detto, con forza: "Sai, fratello, quelle eran persone progredite, erano all'avanguardia... e anche oggi, sarebbero all'avanguardia... così dediti alla famiglia, così autorevoli... fossimo così anche noi, fratello!".»

11.3 Un contratto capestro

Nel giugno del 1866, in una lettera a Anjuta, la sorella di Sof'ja Kovalevskaja alla quale, un anno prima, aveva fatto la sua proposta di matrimonio, Dostoevskij dice che ha firmato con «uno speculatore, Stellovskij, un personaggio squallido, che di editoria non sa niente», un contratto per cui, se non gli consegna un romanzo entro il primo novembre del 1866, Stellovskij diventa proprietario di tutte le opere che Dostoevskij scriverà nei successivi nove anni senza dover pagare niente.

Quel che Dostoevskij non scrive, è il fatto che l'anno prima, nel 1865, dopo che Stellovskij gli ha dato tremila rubli, che gli dovevano servire a pagare i debiti, lui è andato all'estero «per rimettermi almeno un pochino in salute e scriver qualcosa», ma quando, il 29 giugno, arriva a Wiesbaden, non sembra tanto interessato a «rimettersi un pochino in salute e a scrivere qualcosa», e, cinque giorni dopo, scrive a Turgenev, che si trova a Berlino, che, dei tremila rubli per i quali ha venduto le sue opere future, gliene sono rimasti centosettantacinque; che avrebbe voluto vincere mille rubli, scrive, per vivere all'estero tre mesi, e che, dopo cinque giorni a Wiesbaden, ha perso tutto, perfino l'orologio, e che deve pagare anche l'albergo.

Una biografa di Dostoevskij, Ljudmila Saraskina, dice che la storia della composizione del *Giocatore*, il romanzo che Dostoevskij deve scrivere entro il primo novembre del 1866 per onorare il contratto di Stellovskij, nasce nel contesto della mistica del denaro: «L'anticipo, ricevuto per scrivere un romanzo su un giocatore, l'autore lo rischia al tavolo da gioco e perde tutto».

Un anno e mezzo fa, un mio amico, quando gli ho detto che avrei scritto un romanzo su Dostoevskij, la prima cosa che mi ha detto è stata: «Dostoevskij; chissà se scriveva per giocare, o se giocava per scrivere».

11.4 Un monumento

Se Dostoevskij definiva Stellovskij «uno speculatore, un personaggio squallido che di editoria non sa niente», c'è uno scrittore italiano, Antonio Pennacchi, che pensa che, a Stellovskij, i lettori di Dostoevskij dovrebbero fare un monumento.

Che sembra un'affermazione un po' azzardata ma viene da un signore, Antonio Pennacchi, che io ho imparato che le cose che dice, anche quando sembrano insensate, forse invece un senso delle volte ce l'hanno.

11.5 Il ruolo di Antonio Pennacchi nella storia della mia famiglia

Un pomeriggio di una decina di anni fa ero nella mia cucina di Casalecchio di Reno, che è la stanza più grande di casa mia, quella dove lavoro, e mi è suonato il telefono, ho preso su, mi ha risposto una voce che ha detto: «Buongiorno, sono Antonio Pennacchi».

«Oh, buongiorno» gli ho detto io.

Avevo letto alcuni dei suoi romanzi e avevo visto la presentazione di un numero di "Limes" in una libreria di Bologna, presentazione nel corso della quale Pennacchi aveva litigato con uno scrittore bolognese e mi era rimasto molto simpatico, ma non ci eravamo mai conosciuti, e mi sembrava stranissimo, che mi telefonasse.

Io, poi, un po' sono io, che non sono tanto pratico, con il telefono, forse perché, quand'ero un ragazzo, non ce l'avevamo; eravamo una delle poche famiglie che non avevano il telefono, e poi, quando l'abbiamo preso, che io avevo ventidue anni, sono andato in Algeria a lavorare, e ho lavorato un anno e mezzo in Algeria, poi sono andato in Iraq, a lavorare, e ho lavorato un anno e mezzo in Iraq, e poi, quando sono tornato in Italia, mi sono iscritto all'università e la gente ha cominciato a telefonarmi e io, mi ricordo una mia amica che mi aveva telefonato, la prima volta che mi telefonava, e io le ho chiesto «Cosa vuoi?», e lei, subito non mi ha detto niente, ma poi ha detto a un'altra nostra amica che io ero proprio maleducato, al telefono, e secondo me aveva ragione, e non c'entra il fatto che non abbiamo avuto il telefono per tanto tempo.

Perché la Battaglia, la figlia mia e di Togliatti, delle volte quando le telefono mi chiede «Cosa vuoi?», e lei il telefono in casa ce l'ha avuto fin da quando era piccola, non c'entra avere o non avere il telefono, è un fatto di razza, anche se le razze, come sappiamo, non esistono. Ma non divaghiamo.

11.6 Non divaghiamo

Allora ero lì, una decina di anni fa, nel mio appartamento, suona il telefono, prendo su, è una voce che dice: «Buongiorno, sono Antonio Pennacchi».

Io mi alzo, «Oh, buongiorno», gli dico, e mi metto a camminare (io, quando telefono, mi piace camminare).

E lui mi dice che, insomma, ha letto dei romanzi che ho scritto e che son proprio bravo, secondo lui.

E io penso che mai nessuno, degli scrittori che non conoscevo, mi aveva mai telefonato per dirmi che ero proprio bravo, e che avevo ragione, a pensare che Pennacchi era simpatico, anzi, ho pensato, è simpaticissimo.

Che un po' è vero un po' è una mia debolezza: tutti quelli a cui piacciono i miei libri e che pensano che io son proprio bravo son della gente che mi sembrano simpaticissimi (anche voi che leggete questo libro, se doveste trovare che il libro non vi dispiace e che io, dopotutto, son proprio bravo, se mai avremo l'occasione di incontrarci, anche per caso, nel vasto mondo, se mi fermaste e mi diceste, come mi ha detto Pennacchi, «Nori, vorrei dirti una cosa, che sei proprio bravo», be', io penserei che siete simpaticissimi, o simpaticissime, a seconda del caso).

Poi Pennacchi è andato avanti e mi ha detto «Però...» e io ho pensato "Lo sapevo che c'era un però", «Però», ha detto Pennacchi, «devo dirti una cosa».

«Dimmi» gli ho detto io.

«Tu adesso vai da Togliatti, ti metti in ginocchio le dici: Togliatti, perdonami è tutta colpa mia torniamo insieme, per cortesia.»

Che lì, quel periodo lì in cui mi ha telefonato Pennacchi, io erano tipo sei anni che con Togliatti ci eravam separati, ma avendo Pennacchi letto i libri dentro nei quali io parlavo di Togliatti, sia i libri in cui di Togliatti mi innamoravo, che i libri in cui con Togliatti ci vivevo, che il libro in cui poi da Togliatti mi separavo, allora Pennacchi, che conosce il mondo e gli uomini, ha tratto una sua conclusione che io dovevo andar da Togliatti, mettermi in ginocchio, dirle «È tutta colpa mia torniamo insieme, per cortesia».

Che quello era un periodo che io vedevo un'altra persona, ma da degli anni, che stavo anche abbastanza bene, che Pennacchi non lo sapeva e io, quando mi aveva detto di andare da Togliatti, mettermi in ginocchio eccetera eccetera io ho detto «Ah, ma pensa, mi sembra un po' difficile, ma ci penso», e intanto tra me e me mi dicevo "Va be', Pennacchi, ha anche una certa età, è proprio fulminato".

Dopo Pennacchi mi ha detto che io, secondo lui, dovevo fare anche dei libri un po' più impegnativi, con degli editori un po' più impegnativi, e io gli ho detto «Ah, ma pensa, ci penso», e intanto pensavo "Sì sì, certo certo".

Dopo, qualche anno dopo, nel 2013, mi è successa una cosa strana che, dire che me la ricordo, non me la ricordo.

Ero a Bologna, su via Porrettana, verso sera, mi son svegliato poi qualche giorno dopo in un letto dell'Ospedale Maggiore dove mi han raccontato che ero stato investito da un motorino e mi avevano ricoverato con un trauma cranico e mi avevano tenuto in coma farmacologico per qualche giorno e non sembravano esserci conseguenze serissime ma il trauma cranico, comunque, era una cosa da non prendere alla leggera, mi tenevano lì ancora qualche giorno poi mi lasciavano andare.

Tre settimane, in tutto, in camera con un signore che gli era entrato un palo in testa e che probabilmente non sentiva più niente, ma aveva gli occhi aperti, e c'erano dei suoi amici che lo andavano a trovare e gli portavano dei regali, un uovo di Pasqua, e gli parlavano, e lui non reagiva, non faceva neanche una piega, e quell'uovo di Pasqua, sul davanzale, a prender la polvere, io quell'uovo di Pasqua non me lo dimentico più finché scampo, ma questo non c'entra.

Quello che c'entra è che prima, mentre dormivo, tre giorni dopo il mio incidente, non so come, un'agenzia di stampa ha dato notizia del fatto che io, praticamente, ero morto, e lì, quello lì, è stato il momento, nella mia vita, che ho raggiunto il picco di popolarità, la notizia della mia morte è stata la notizia che mi riguardava più diffusa dagli organi di stampa italiani, e io devo dire che è stato interessantissimo, essere morto, quando, in ospedale, ho saputo di esserlo (o, perlomeno, di esserlo stato).

Una volta uscito, poi, dall'ospedale, un giorno Togliatti mi ha telefonato, mi ha detto che doveva vedermi.

Allora io ho detto che andava bene e ci siamo visti, ci penso adesso per la prima volta, nel punto esatto in cui avevo fatto l'incidente.

Non è stata una cosa premeditata, è andata così. E niente.

In ospedale, quando dormivo, c'era quasi sempre qualcuno, con me, lei, Togliatti, la ragazza che vedevo allora o mia mamma, e la prima volta che mi sono svegliato, in ospedale, la persona che c'era con me era lei, Togliatti, e io l'ho guardata, e le ho detto che le volevo bene e che fare la Battaglia è stata la cosa più bella che ho fatto nella mia vita.

«E io» mi ha detto lei, «che in questi anni che siamo stati separati ti ho sempre considerato come una funzione, il babbo della Battaglia, non come una persona, adesso io, da quella frase lì, ho ricominciato a vederti come una persona» mi ha detto lei, e poi mi ha detto anche delle altre cose sue togliattesche un po' spiacevoli, ma perché lei è fatta così, per bilanciare la piacevolezza delle cose che le era toccato di dirmi.

E niente.

Dopo, è stato un processo lento, però due anni dopo, io e Togliatti, non so come dire, siam tornati insieme.

Faccio fatica a dire che siamo tornati insieme perché abitiamo ancora in due case diverse, però, non so come dire, siam tornati insieme. E io ho pensato "Ma Pennacchi. Chi l'avrebbe mai detto".

E con Pennacchi ci siamo poi visti, qualche volta, e ci siam parlati, e lo sono andato a trovare a Latina, e lui, tutte le volte, mi diceva «Tu però dovresti fare qualcosa di più ambizioso», e io, devo dire, questo romanzo su Dostoevskij, che io lo chiamo romanzo senza essere sicuro che sia un romanzo, se non ci fosse stato Pennacchi forse non l'avrei mai scritto.

11.7 Alla fine

Comunque Pennacchi, alla fine, nell'introduzione al *Giocatore*, dice che secondo lui, *Il giocatore*, insieme al *Villaggio di Stepànčikovo*, è il più bel romanzo di Dostoevskij proprio perché Dostoevskij ha dovuto scriverlo in fagottone, cioè in fretta e furia, e non ha potuto metterci dentro delle divagazioni filosofiche, «Non c'è una parola di troppo», dice Pennacchi, mentre a *Delitto e castigo* e ai *Fratelli Karamazov* «una sforbiciata di tre o quattrocento pagine» secondo Pennacchi si potrebbe dare (soprattutto da giovane, pensava così, ma anche da vecchio *Il giocatore* è il suo romanzo preferito, di quelli che ha scritto Dostoevskij).

Una cosa stranissima, di questi due romanzi, *Delitto e castigo* e *Il giocatore*, è che Dostoevskij li ha scritti contemporaneamente, quasi.

11.8 Perché scrive?

Credo che tutti quelli che hanno pubblicato dei libri si siano sentiti fare una domanda un po' antipatica: «Perché scrivi?».

Che a me sembra un po' antipatica perché, se uno che ha letto un tuo libro ti chiede «Perché scrivi?», è come se sottintendesse «Perché non fai magari dell'altro, che forse ti verrebbe un po' meglio?».

A me, l'hanno chiesto più di una volta, e io, la prima volta, ci ho pensato e ho risposto la verità, che era: «Per disperazione».

Quando Dostoevskij si trova a Wiesbaden, nell'albergo dove alloggia, nel 1865, e ha appena perso tutti i soldi che gli ha dato Stellovskij, e anche il suo orologio, e non gli dan da mangiare perché non paga, e non gli puliscono gli abiti, perché non paga, e se chiama il portiere il portiere non gli risponde, perché non paga, ecco lì, in quella situazione disperata, Dostoevskij comincia a scrivere *Delitto e castigo*.

E poi, l'anno dopo, quando le prime puntate di *Delitto e castigo* sono già uscite su una rivista che si chiama "Annali patri", nel mese di ottobre del 1866, in una situazione disperata, Dostoevskij scrive, o, meglio, detta *Il giocatore*.

Così come l'anno prima, nel 1864, in una situazione disperata aveva scritto *Memorie del sottosuolo*.

«Niente era più difficile per lui che sedersi a scrivere, mettersi in moto» racconterà la seconda moglie di Dostoevskij. «Poi, una volta partito, scriveva velocissimamente.»

Alla fine del mese di settembre del 1866 Dostoevskij è molto preoccupato. Se entro il primo novembre non consegna un romanzo nuovo all'editore Stellovskij, Stellovskij diventa proprietario, per nove anni, dei diritti su tutte le sue opere, passate e future.

Un suo amico, Majkov, gli chiede: «Ma il romanzo ce l'hai in testa?».

«Sì» dice lui.

«Allora non c'è problema: tu ci racconti il romanzo, a me e Miljukov e a altri due o tre, e noi lo scriviamo, un pezzo per uno, tu poi lo rivedi, lo rimetti a posto e lo consegni a Stellovskij.»

Dostoevskij rifiuta.

Non può firmare una cosa che non ha scritto lui, dice.

Allora gli consigliano di assumere una stenografa e di dettarle il romanzo.

A Dostoevskij sembra un'idea praticabile.

E il 4 ottobre del 1866, nella casa del mercante Olonkin, l'indirizzo odierno è ulica Kaznačejskaja, 7, all'angolo con il vicolo Stoljarnyj, si presenta a Dostoevskij la studentessa di stenografia Anna Grigor'evna Snitkina, vent'anni appena compiuti.

Anna Grigor'evna, quando vede Dostoevskij, ha l'impressione che gli sia successo qualcosa di brutto; un lutto, un qualche disastro. Le sembra vecchio, ma, appena si mette a parlare, le sembra più giovane, sui trentacinque-trentasette anni (ne sta per compiere quarantacinque).

Fanno una prova di dettatura, Dostoevskij detta leggendo dal "Messaggero russo".

Anna copia, poi trascrive, Dostoevskij legge e si accorge che Anna ha saltato un punto tra due frasi. Ci resta molto male. Ripete, un paio di volte «Ma come si fa?». Però la perdona. Le chiede di tornare alle otto di sera, e le detta fino alle undici.

Poi Anna torna il giorno dopo, a mezzogiorno.

Dostoevskij era abituato a lavorare di notte, bevendo del tè, forte e freddo, e fumando molto. Andava a letto al mattino presto, si svegliava poco prima di mezzogiorno, quando arrivava Anna, alla quale Dostoevskij dettava fino alle quattro. Poi Anna tornava a casa, trascriveva in cirillico i suoi appunti stenografati e il giorno dopo, a mezzogiorno, li consegnava a Dostoevskij.

Il 30 ottobre del 1866, il giorno del quarantacinquesimo compleanno di Dostoevskij, il lavoro è finito.

Ci hanno messo 27 giorni, a scrivere il romanzo. Il giorno dopo, il 31 ottobre, Dostoevskij va da Stellovskij per consegnarlo, e Stellovskij non c'è.

Allora va da un notaio, deposita il romanzo e ottiene una ricevuta che dimostra che ha rispettato il contratto, ha consegnato il suo romanzo alle dieci di sera del 31 ottobre del 1866.

11.9 Un altro romanzo

Una settimana dopo, l'8 novembre del 1866, Anna Grigor'evna va ancora da Dostoevskij.

Dostoevskij le ha detto che gli è venuto in mente un romanzo nuovo, ma che non è sicuro e vuole il suo consiglio.

Anna, che era una lettrice di Dostoevskij anche prima di lavorare per lui, è molto contenta.

«Ero così orgogliosa di poterlo aiutare» scrive nelle sue memorie. Poi, nelle sue memorie, Anna Grigor'evna ci racconta il dialogo che si svolge tra loro quell'8 novembre.

«Chi è il protagonista del suo romanzo?» chiede Anna.
«Un artista» risponde Dostoevskij, «un uomo non più giovane, della mia età, circa. Un uomo invecchiato precocemente, malato, tetro, sospettoso, con un buon cuore, a dire il vero, ma incapace di esprimere i propri sentimenti, un artista, forse di talento ma sfortunato, che non è mai riuscito a incarnare le proprie idee nella forma che sognava da sempre... E poi» continua Dostoevskij, «in un momento decisivo della sua vita l'artista incontra una donna giovane... della sua età, più o meno,

forse un anno o due in più. Chiamiamola Anna, solo per non chiamarla la protagonista. È un bel nome... È possibile che una donna giovane, così diversa per carattere e per abitudini, possa innamorarsi del mio artista? Non sarebbe, psicologicamente, inverosimile? Era questo, che volevo chiederle.»

«Be'» risponde Anna, «perché dovrebbe essere inverosimile? Se, come dice lei, la sua Anna non è solo una civetta, ma ha un cuore buono, sensibile, perché non dovrebbe innamorarsi del suo artista? Perché è malato e povero? Come se ci si potesse innamorare solo per l'aspetto esteriore e per la ricchezza...»

Dostoevskij tace, come se avesse dei dubbi.

«Si metta per un attimo nei panni di Anna, della mia protagonista» dice con la voce che un po' gli trema, «si immagini che questo artista, io, per esempio, si immagini che io le confessi che la amo e le chieda di essere mia moglie. Mi dica, cosa mi risponderebbe lei?»

«Io le risponderei» dice Anna «che la amo anch'io e che la amerò sempre.»

E sembra incredibile, sembra un po' una scena di un fotoromanzo, ma dopo tre mesi si sono sposati.

11.10 Il giocatore

L'io narrante del *Giocatore* si chiama Aleksej Ivanovič, è l'istitutore dei figli di un generale russo che si trova in una città tedesca con la famiglia e con l'amante, una ragazza francese che si chiama mademoiselle Blanche e che si prepara a sposarlo, aspetta solo che la nonna, rimasta in Russia perché malata, muoia, e il generale erediti.

Aleksej Ivanovič è innamorato di Polina, figliastra del generale, così come un inglese che si chiama Astley, che sa tutto della roulette, sta tutto il giorno a guardare giocare e non gioca mai.

Polina però è innamorata di un francese, che si chiama Des Grieux, e tratta malissimo Aleksej Ivanovič.

«La volta scorsa – dice Polina a Aleksej Ivanovič all'inizio del romanzo – sullo Schlangenberg, lei mi ha detto che a una mia sola parola era pronto a gettarsi a capofitto di sotto, e là sembra che il precipizio sia profondo mille piedi. Una volta o l'altra io pronuncerò quella parola unicamente per vedere se lei saprà pagare il debito, e stia pur sicuro che farò fino in fondo la mia parte. Lei mi è odioso proprio perché le ho permesso tanto»

dice Polina a Aleksej Ivanovič, il quale, da parte sua, pensa:

«Giuro che se mi fosse stata data la possibilità di affondare lentamente un coltello affilato nel suo petto, ebbene io l'avrei fatto con vero godimento. Eppure, allo stesso tempo, lo giuro su tutto quello che c'è di più sacro, se sullo Schalngerberg, su quella vetta alla moda, lei mi avesse davvero detto: "Si butti di sotto", ebbene io mi sarei immediatamente buttato, e perfino con piacere. Lei lo capiva benissimo e il pensiero che io avevo la più chiara e piena coscienza di quanto lei fosse per me inaccessibile e di come mi fosse impossibile realizzare le mie fantasie, ebbene questo pensiero – ne sono convinto – le arrecava uno straordinario piacere; altrimenti avrebbe mai potuto lei, intelligente com'era, intrattenere con me dei rapporti così franchi e intimi? Mi sembra che lei si comportasse con me come quell'antica imperatrice che si spogliava in presenza di un suo schiavo, non considerandolo un uomo.»

Un amore impossibile, che ricorda quella battuta di Groucho Marx: «Non vorrei mai fare parte di un club che accettasse uno come me tra i suoi soci».
E, invece, succedono poi un sacco di cose, cambiano poi tutte le gerarchie, come sempre, in Dostoevskij: ai telegrammi che il generale manda e rimanda in Russia «Allora? È morta o non è morta?», arriva una risposta stupefacente che io non voglio rivelare perché magari qualcuno che non l'ha ancora

letto avrà piacere di leggerlo, *Il giocatore*, non voglio dir tutto, però voglio dire che Aleksej Ivanovič si comporta in un modo stranissimo che mi sembra venga definito bene da mademoiselle Blanche, verso la fine del romanzo: «Tu sei un uomo così buono e intelligente – mi diceva spesso – peccato soltanto che tu sia così stupido. Un vero russo», che è una battuta che ricorda quella che Razumichin dice a Raskol'nikov nella seconda parte di *Delitto e castigo*: «Vedi Rodja, io l'ammetto, sei un ragazzo intelligente, ma sei un imbecille».

E poi voglio dire anche che il più imbecille di tutti, per usare un termine dostoevskiano, nel *Giocatore*, è anche il più alto in grado, il generale, cosa che succederà anche nell'*Idiota*, dove c'è un generale che è la testimonianza vivente di quanto la coglionaggine possa essere incantevole, nonché la conferma del fatto che nelle opere di Dostoevskij si definiscono delle gerarchie che niente hanno a che fare con le gerarchie accettate dalla società, perché «un uomo intelligente» dice l'uomo del sottosuolo «non può seriamente diventare niente, diventan qualcuno solo i coglioni».

Dico solo un'ultima cosa, sul *Giocatore*, che il vero protagonista del romanzo è il gioco, la roulette, ore e ore

«che certi passano lì seduti davanti a dei pezzi di carta rigata, segnano tutti i colpi, li contano, ne deducono le probabilità, fanno i loro calcoli e alla fine puntano e perdono proprio come noi, semplici mortali che giochiamo senza calcolare niente. Sono comunque giunto a una conclusione che mi sembra giusta – dice Aleksej Ivanovič –, effettivamente nel gioco alterno delle probabilità si può scorgere, se non un sistema, perlomeno un certo qual ordine, il che naturalmente è molto strano. Capita, ad esempio, che dopo le dodici cifre mediane, escano le dodici ultime; queste escono, mettiamo, due volte, e poi si passa alle prime dodici. Dopo che sono uscite le prime dodici, ecco che si passa di nuovo alle dodici di mezzo; queste escono tre o quattro volte in fila e poi di nuovo si passa alle ultime dodici, che di nuovo escono un paio di volte per poi passare alle prime, che escono una sola volta e quindi escono solo per tre volte di seguito le mediane; e così il gioco va avanti per un'ora e mezzo e magari due. Uno, tre e due; uno, tre e due. Questo è molto interessante. Un altro giorno o un'altra mattina capita invece, per esempio, che il rosso si alterni col nero e viceversa senza nessun ordine, quasi di continuo, tanto che il rosso e il nero non escono mai più di due o tre volte di fila. Un altro giorno o un'altra sera capita invece che esca quasi sempre solo il rosso; capita, ad esempio, che il rosso esca anche più di ventidue volte di seguito e immancabilmente continua a uscire in questo modo per un pezzo, magari anche per tutta una giornata. Su questo mi ha spiegato molte cose mister Astley, che ha passato tutta una mattina nelle sale da gioco senza puntare neppure una volta. Per quanto mi riguarda, ho perduto tutto fino all'ultimo soldo, e molto presto.»

11.11 La stessa cosa cento anni dopo

Un secolo dopo, negli anni Sessanta del Novecento, uno scrittore russo, Venedikt Erofeev, scrive un romanzo il cui protagonista, che si chiama Venička, è ossessionato dal bere quasi quanto Aleksej Ivanovič è ossessionato dal gioco (il bere è un tema presente anche nelle opere di Dostoevskij, tanto che il suo primo grande romanzo, *Delitto e castigo*, Dostoevskij l'aveva chiamato, all'inizio, "Gli ubriachi").

E, in quel romanzo di Erofeev, che si intitola *Mosca-Petuški*, c'è un pezzo che è un po' l'equivalente del pezzo nel *Giocatore* sull'impossibilità di prevedere che numero uscirà. Fa così:

«Occupiamoci piuttosto del singhiozzo, cioè di un'indagine del singhiozzo da ubriachezza nel suo aspetto matematico…
– Ma andiamo – mi gridano da tutte le parti –, possibile che al mondo, a parte questo, non ci sia niente che possa…

– No, proprio, non c'è! – grido a tutte le parti. – No, non c'è niente a parte questo. Non c'è niente al mondo che possa! Non sono uno stupido, capisco che al mondo c'è anche la psichiatria, c'è l'astronomia ultragalattica, son tutte cose vere.

Ma son tutte cose che non ci appartengono, son tutte cose che ci hanno imposto Pietro il Grande e Nikolaj Kibal'čič, però la nostra vocazione non è per niente questa, affatto, la nostra vocazione è da tutt'altra parte. Da quella parte dove vi porto adesso, se non vi mettete a far resistenza. Voi direte "Questa vocazione è disgustosa e falsa". E io vi dirò, vi ripeterò ancora: "Non ci sono vocazioni false, bisogna rispettare tutte le vocazioni".

E chissenefrega, di voi, dopotutto. Meglio che lasciate agli yankees l'astronomia ultragalattica e ai tedeschi la psichiatria. Che quelle canaglie degli spagnoli vadano a vedere la loro corrida, che quei vigliacchi degli africani costruiscano la loro diga di Assuan, che la costruiscano pure, vigliacchi, tanto il vento gliela soffia via, che l'Italia si strozzi con il suo ridicolo bel canto, va bene!

Ma noi, ripeto, occupiamoci del singhiozzo.

Per cominciarne l'indagine, s'intende, bisogna suscitarlo: o *an sich* (termine di Immanuel Kant), vale a dire suscitarlo in sé stessi, o suscitarlo in qualcuno altro, ma nel proprio interesse, vale a dire *für sich*. Termine di Immanuel Kant. Meglio di tutto, naturalmente, sia *an sich* che *für sich*, e ecco come: bevete qualcosa di forte per due ore di seguito: Starka o Zveroboj o Vodka del Cacciatore. Bevete da bicchieri grandi, un bicchiere ogni mezz'ora, evitando, se possibile, di mangiare. Se c'è qualcuno che fa fatica a farlo, si può permettere un minimo di roba da mangiare, ma delle cose modeste: del pane non molto fresco, un'acciuga piccante salata, un'acciuga semplice salata, un'acciuga al pomodoro.

Poi, fate un intervallo di un'ora. Non mangiate niente, non bevete niente; rilassate i muscoli e non fate sforzi.

E vi convincerete da soli: alla fine dell'ora comincerà il singhiozzo. Quando singhiozzerete la prima volta, vi stupirà la repentinità dell'inizio: poi vi stupirà l'ineluttabilità della seconda volta, della terza, *et cetera*. Ma se non siete degli stupidi, smettete presto di stupirvi e datevi da fare: segnate su un foglio gli intervalli ai quali il vostro singhiozzo si degna di venire a visitarvi, in secondi, naturalmente:
– Otto – tredici – sette – tre – diciotto.
Provate, naturalmente, a cercare qui una qualsiasi periodicità, sia pure approssimativa, provate, se invece siete stupidi, a sforzarvi di introdurre una qualche assurda formula che sia in grado in qualche modo di prevedere la durata dell'intervallo successivo. Prego. La vita comunque capovolgerà tutte le vostre teorie sentimentali:
– Diciassette – tre – quattro – diciassette – uno
– ventitré – quattro – sette – sette – sette – diciotto.
Dicono che i capi del proletariato mondiale, Karl Marx e Friedrich Engels, hanno studiato con molta cura i cambiamenti delle formazioni sociali e che su questa base hanno potuto prevedere *molte cose*. Ma qui, sarebbero stati impotenti a prevederne anche molte poche. Siete entrati, per un vostro capriccio, nella sfera della fatalità: rassegnatevi e siate pazienti. La vita capovolgerà la vostra matematica elementare e la vostra matematica superiore.
– Tredici – quindici – quattro – dodici – quattro –
cinque – ventotto.
Non è così nell'avvicendarsi delle ascese e delle cadute, degli entusiasmi e delle disgrazie di ogni singolo uomo, che non c'è nessun accenno, neanche minimo, a una qualche regolarità? Non è così disordinatamente che si alternano nella vita umana le catastrofi? La legge è al di sopra di tutti noi. Il singhiozzo è al di sopra di ogni legge. E come vi ha stupito, poco prima, la repentinità dell'inizio, così vi stupirà la sua fine, che voi, come la morte, non prevederete e non preverrete:
– Ventidue – quattrodici – basta. E silenzio.

E in questo silenzio il vostro cuore vi parla: *lui* non si può indagare e noi siamo impotenti. Noi siamo assolutamente privi di qualsiasi libero arbitrio, noi siamo in potere dell'arbitrio di un'entità che non ha nome e dalla quale non c'è salvezza.

Noi siamo creature tremebonde, *lei* è onnipotente. *Lei* è la mano destra di Dio, che incombe su tutti noi e di fronte alla quale non vogliono chinare la testa soltanto i cretini e i farabutti. Lui è inconcepibile per l'intelligenza, di conseguenza Lui esiste.

Così, siate perfetti, come perfetto è il Padre vostro Celeste.»

11.12 Delitto e castigo

Tre anni fa, una mattina del mese di gennaio dell'anno 2018, mi avevano invitato al collegio Borromeo di Pavia a parlare di traduzione e, intanto che andavo in stazione in bicicletta, alle sei del mattino, a Bologna, ho pensato che per me, che prima di mettermi a studiare russo avevo lavorato per un anno e mezzo in Algeria, sulle montagne del Piccolo Atlante, e per un anno e un po' a Baghdad, in mezzo alla guerra Iran-Iraq, avevo pensato che per me studiare russo è stata un'avventura più grande delle montagne del Piccolo Atlante e della guerra Iran-Iraq, è stata una cosa che ha cambiato il mio modo di camminare, di pensare, di muovermi, di dormire, di leggere, di parlare, di mangiare, di immaginare, di star fermo, di ridere, di piangere, di sospirare, di disperarmi, di chiedere scusa, di arrabbiarmi, di concentrarmi, di dormire, di svegliarmi, di guardare le cose, di andare in autobus, di parlare, di tacere, di pensare, di portar pazienza e è stata una cosa che, se non l'avessi fatta, nella mia vita, chissà dove sarei andato a finire, e tutto è cominciato un pomeriggio dell'anno 1977, quando, nella stanza minuscola della nostra casa di Basilicanova, in provincia di Parma, ho aperto un libro di mio nonno che non aveva la copertina, non sapevo né autore né titolo, e ho cominciato a leggere e dopo un po' non riuscivo più a smettere, e ho chiesto a mia mamma, e mi ha detto che era piaciuto anche a lei, e che era un libro di uno scrittore russo che si chiamava Dostoevskij e si intitolava *Delitto e castigo*.

11.13 Chi comanda nell'aldilà

Adesso, a nominare mia mamma, a me è venuto in mente che, se quando è morto mio babbo ho pensato che il cielo mi era caduto sulla testa, quando è morta mia mamma, pochi giorni fa, io ho pensato che ha ragione Brodskij: la vita è breve e triste, e va a finire sempre nello stesso modo, e devo anche averlo già scritto.

Come se avessimo firmato un contratto capestro, come quello di Stellovskij.

Forse, nell'aldilà, comanda Stellovskij.

Non ci sarebbe da essere tanto contenti, se fosse così.

Forse l'unico che sarebbe contento sarebbe Antonio Pennacchi, Stellovskij gli piace così tanto.

11.14 Ancora

Dal 1977 fino a quando mi son messo a scrivere questo romanzo, nel 2019, io non avevo più riletto *Delitto e castigo*.

Perché avevo paura.

Mi sembrava che, se non mi fosse piaciuto, mi sarebbe venuto il dubbio che avevo sbagliato tutto, nella mia vita.

Quest'anno, siccome dovevo scrivere questo libro, l'ho riletto, e, prima di tutto, ho pensato che avevo ragione: sanguina ancora.

Poi, mi è piaciuto più di prima.

E mi sono accorto di tante cose, prima di tutto del fatto che

Delitto e castigo ci son dei momenti che sembra *Shining*, il film di Kubrick, solo più bello.

E m'è venuto da pensare a due cose: a un libraio di Campobasso e a dei miei conoscenti che hanno lavorato nell'editoria e che hanno scritto anche dei libri.

11.15 Il libraio di Campobasso

Io, l'ultimo libro che ho pubblicato, prima di questo, è un libro in terza persona che è un giallo, si intitola *Che dispiacere*.

I libri che avevo pubblicato prima erano tutti in prima persona e, soprattutto i primi, usciti in un periodo che c'era il boom, dei gialli, erano lontanissimi, dalla letteratura gialla.

Uno leggeva due pagine di un mio romanzo e pensava: coi gialli, questa roba qua, non c'entra niente.

E io, ero contento.

Perché io, nei confronti dei gialli, della letteratura di cassetta, come si dice, avevo una specie di pregiudizio che dipendeva probabilmente dal fatto che di gialli, quando io ho cominciato a frequentare le librerie, negli anni Settanta, non ce n'erano tanti, in libreria; i gialli erano più una cosa da edicola e a me, fino all'inizio di questo secolo, piaceva pensare che io ero un lettore che non leggeva della roba basta che sia, leggevo *Delitto e castigo*, io, altro che i gialli.

Dopo, dev'essere stato nel 2000 o nel 2001, mi hanno invitato a presentare un libro a Campobasso, e ho conosciuto un libraio simpaticissimo che lui, un po' come me, era infastidito, dalla grande popolarità che, dopo l'uscita del *Nome della rosa*, sembrava aver investito i gialli e dal fatto che la maggior parte dei clienti che si presentavano nella sua libreria gli chiedevano un giallo.

Allora, quando un cliente entrava nella sua libreria e gli chiedeva «Mi consiglia un bel giallo?», lui, quel libraio lì di Campobasso, gli dava *Delitto e castigo*.

Ecco, lì, a Campobasso, nel 2000 o nel 2001, io mi sono accorto che Dostoevskij, che non era esattamente uno scrittore di cassetta, quel pedale lì, della letteratura gialla, lo usava tranquillamente, e che io, come lettore, quando avevo letto *Delitto e castigo*, me l'ero chiesto se l'avrebbero arrestato, Raskol'nikov, per l'omicidio della vecchia e di sua sorella, e, quando poi ho letto *I fratelli Karamazov*, me lo son chiesto per tutto il romanzo, chi aveva ucciso il padre dei fratelli Karamazov; aveva ragione quel libraio, alcuni libri di Dostoevskij sono organizzati come se fossero dei gialli, eppure mi eran piaciuti, quindi ero stato costretto a riconoscere che a me, nonostante tutti i miei pregiudizi, piacevano anche i gialli, e l'idea che i gialli fossero necessariamente letteratura di cassetta, di scarsa qualità, era un'idea che non era mica tanto intelligente, e mi ero messo a leggere i gialli, in quel lontano 2000 o 2001, a Campobasso, e è andata a finire che ne ho scritto anche uno, chi l'avrebbe mai detto.

11.16 Dei miei conoscenti

Ci son stati dei momenti stranissimi, intanto che scrivevo questo libro.

Una domenica che ero lì che rileggevo *L'idiota*, mi son detto: "Pensa, per lavoro, oggi, devo leggere *L'idiota*. Se me l'avessero detta quando avevo vent'anni, una cosa del genere, avrei fatto tanti di quei salti che non veniva più giù l'ultimo".

Adesso, man mano che invecchio, mi rendo conto di un tratto del mio carattere che prima, quando ero giovane, non pensavo di avere; mi veniva spesso un gran nervoso, da giovane, quando sentivo parlare la gente, e mi sembrava che le mie reazioni a quel che sentivo dipendessero dal fatto che erano gli altri, a esser fatti in un modo che andavan rifatti, invece adesso mi sembra piuttosto che sono io, che sono un bastiancontrario.

Allora per me, che sono, ormai lo so, un bastiancontrario, rileggere, in questo periodo storico, *Delitto e castigo*, e *L'idiota*, e *I demòni*, e *I fratelli Karamazov*, è un'esperienza che me la son goduta di più, dell'esperienza della prima lettura.

Perché questo è un periodo nel quale, come in tutti i periodi, succedon delle cose stranissime, intorno a me; per esempio c'è della gente che conosco, gente che ha lavorato nell'editoria, e che ha scritto e pubblicato anche dei libri, che dicon che i libri, loro, sono degli anni che han smesso, di leggerli, e io, a me, questa cosa di gente colta, intelligente, che non leggon più libri, che magari li ascoltano negli audiolibri, o che li guardano nelle serie televisive, mi fa venire in mente quello studente che, al suo professore che gli chiedeva se aveva letto *Bartleby lo scrivano*, aveva risposto «Non di persona».

Ecco, l'avventura di leggere Dostoevskij di persona, di leggerlo noi, di metterci lì, sul divano, o dove vogliamo, e di fare questa cosa inaudita, aprire *Delitto e castigo* e leggerlo tutto, una pagina dopo l'altra, dall'inizio alla fine, oggi, che si va sempre più diffondendo questa pratica di leggere "non di persona", ecco, io, quando sono seduto, da qualsiasi parte, a leggere un libro lunghissimo scritto in Russia centosessanta anni fa, ho l'impressione che non rimpiangerò il tempo che sto passando, ma magari mi sbaglio.

11.17 Il quartiere

Uno dei protagonisti di *Delitto e castigo* è San Pietroburgo e in particolare un quartiere, di San Pietroburgo, quello intorno alla piazza del Fieno, che era, all'epoca, uno dei più malfamati della città.

Qualche anno prima, nel 1835, Nikolaj Gogol', in un racconto straordinario, *Memorie di un pazzo*, aveva descritto una casa che si trova a duecento metri di distanza dalla casa in cui Dostoevskij abitava quando scriveva *Delitto e castigo*:

«"Questa casa io la conosco" mi ero detto [a parlare è il protagonista, Popriščin], "questa è casa Zverkòv." Che postaccio! E che gente ci abita! Quante cuoche, quanti forestieri! E tanti impiegati come noi uno sopra l'altro come cani. Ci abita anche un mio conoscente che suona bene la tromba»

scrive Gogol', ed è strano sapere che lì, in quel "postaccio", la casa a cinque piani che il mercante Zverkòv aveva fatto costruire nel 1827 per poi affittarne gli appartamenti, tra il 1829 e 1831 ci aveva abitato, al quinto e ultimo piano, proprio Nikolaj Gogol' (l'indirizzo odierno è Stol'jarnyj pereulok, 18).

È qui, nel quartiere della piazza del Fieno (Sennaja ploščad', in russo), che Anna Snitkina arriva all'inizio di ottobre del 1866 per fare la prova di dettatura del *Giocatore* e, dal momento che aveva letto le prime due parti di *Delitto e castigo*, pubblicate sul "Messaggero russo", la casa dove abitava Dostoevskij le aveva ricordato immediatamente la casa in cui, nel romanzo, abitava Raskol'nikov.

Non si sa con certezza quale sia, la casa di Raskol'nikov.

Uno storico di Pietroburgo, Al'bin Konečnyj, mi ha raccontato che, nel corso degli anni, sono stati una dozzina i palazzi, lì intorno, che sono stati indicati, dalle guide turistiche, ai visitatori come la casa di Raskol'nikov.

Adesso la scelta è caduta su uno, al numero 5 dello Stol'jarnyj pereulok, dove è stata posta una targa che dice: «Casa di Raskol'nikov. I tragici destini degli abitanti di questa parte di Pietroburgo sono serviti a Dostoevskij come base per il suo appassionato sermone a favore del bene dell'umanità intera».

La scelta, ufficiale, in un certo senso, di questa casa come casa di Raskol'nikov, è costata agli abitanti del numero 5 dello Stol'jarnyj pereulok qualche fastidio.

Quando ancora l'ingresso era libero (oggi non lo è più) erano tanti i curiosi che si inerpicavano fino alla soffitta per verificare se gli scalini che la dividevano dall'ultimo piano erano effettivamente 13, e molti, verificato che fosse veramente così (sembra che lo sia), lasciavano qualche graffito, del tipo:

«Raskol'nikov, anche noi conosciamo una vecchia che vale la pena di andare a trovare; è la nostra insegnante di letteratura russa, si chiama Anna Semënovna, abita in via Meščanskaja, casa 12, appartamento 21, valla a trovare e non scordarti la scure, per cortesia.»

La prima volta che sono arrivato a Pietroburgo, nel 1991, la piazza del Fieno era ancora la piazza più malfamata della città (che si chiamava, allora, Leningrado), e aveva un aspetto che, paradossalmente, ricordava i romanzi di Dostoevskij.

Il centro della piazza era occupato da un cantiere, inaccessibile, che sembrava fermo da tempo, con i materiali di risulta dei lavori alla vicina stazione della metropolitana, e intorno a questo cantiere c'era un mercato non ufficiale nel quale, mi dicevano i miei conoscenti, si poteva trovare qualsiasi cosa. «Se hai bisogno di un sottomarino, Paolo, vai nella piazza del Fieno, chiedi al primo che trovi: lui forse, non ce l'ha, ma chiede a qualcuno, che chiede a qualcuno, che chiede a qualcuno, dopo venti minuti hai il tuo sottomarino della marca che vuoi con tutti gli optional di cui hai bisogno» mi dicevano.

Questo posto degradato, che già in *Memorie del sottosuolo* era stato indicato come il quartiere peggiore della peggiore città al mondo, è il centro intorno al quale ruota *Delitto e castigo*, e alla fine del romanzo, quando Raskol'nikov, accogliendo il suggerimento di Sonja, bacia la terra riconoscendo di avere peccato, sceglie proprio la piazza del Fieno: si mette in ginocchio in mezzo alla piazza, china il capo a terra e bacia «quella terra sporca con gusto e con gioia». Poi si alza e fa un inchino.

E un ragazzo lo guarda e dice «Bella sbornia dev'essersi preso».

11.18 La città

Con Gogol', Dostoevskij è probabilmente il principale responsabile del mito di Pietroburgo: l'ha definita, in *Memorie del sottosuolo*, «la più astratta e premeditata città del globo terracqueo», e non è un complimento, come abbiamo già detto.

Se ci fosse una proloco di Pietroburgo, e probabilmente qualcosa di simile c'è, mi chiedo cosa pensino i suoi dirigenti di *Delitto e castigo*:

«Faceva un caldo terribile, non si respirava, la gente spingeva, c'erano dappertutto impalcature, mattoni, calce, polvere e quel tanfo tipicamente estivo ben noto ai pietroburghesi.»

«L'odore insopportabile che proveniva dalle bettole, che in quella parte della città erano particolarmente numerose, e gli ubriachi che gli capitavano di continuo sotto gli occhi, benché fosse ancora giorno, completavano quello spettacolo triste e desolante.»

«Accanto a certe trattorie da quattro soldi, nei cortili sporchi e maleodoranti delle case della Sennaja, e ancor di più nelle osterie, si ammassavano operai e straccioni di ogni genere.»

«Per strada faceva ancora un caldo insopportabile, non era caduta neanche una goccia di pioggia da tanti giorni. Sempre la stessa polvere, mattoni, calce, sempre la stessa puzza dalle botteghe e dalle bettole e gli ubriachi, gli ambulanti finlandesi, i vetturini malconci.»

«Ma anche qui non si respira» dice la mamma di Raskol'nikov, «anche per strada sembra di star chiusi in una stanza senza finestre, Dio mio, che città!»

«Sono convinto che a Pietroburgo ci sia un sacco di gente che cammina parlando da sola – dice Svidrigajlov –. È una città di gente pazza. È difficile trovare una città in cui vi siano influssi tanto negativi, violenti e strani sull'animo umano.»

Eppure, questa città così strana, a Raskol'nikov piace, in certi momenti: gli piace, per esempio, «quando cantano al suono dell'organetto in una fredda sera d'autunno, buia e umida: soprattutto quando è umido e i passanti hanno tutti un'espressione malata e un colorito verde pallido».

Viene proprio voglia di andarci.

11.19 Quello che non mi ricordavo

Come ho detto, l'ultima volta che avevo letto *Delitto e castigo*, prima di questa rilettura, era più di quarant'anni fa, e il ricordo che avevo era di un romanzo con un gran tiro all'inizio e con un finale un po' così, manzoniano, mi viene da dire, all'insegna della provvidenza, dove i protagonisti che eran stati un po' cattivi diventano buoni e i deuteragonisti, che eran cattivi, diventano ancora più cattivi e vengon puniti.

Invece no.

Io mi ricordavo che alla fine Raskol'nikov si pentiva, invece no, non si pente.

E mi ero dimenticato che, alla fine, quando va in Siberia, in galera, i forzati lo rimproverano per il fatto che lui è un signore, e i signori non vanno in giro con una scure.

E non mi ricordavo che, in *Delitto e castigo*, c'è un personaggio che muore perché ha fatto il bagno subito dopo mangiato, che sembra una battuta invece è vero.

E non mi ricordavo che Raskol'nikov, quando vede che non c'è un granello di polvere, in tutto l'appartamento dell'usuraia, pensa "Una pulizia così c'è solo nelle case delle vecchie vedove, sole e cattive".

E non mi ricordavo il modo in cui, alla fine, Raskol'nikov prende la mano di Sonja, e credo che una cosa difficilissima, in letteratura, sia raccontare l'innamoramento: quando due persone si dicon di sì; e, secondo me, la seconda scena più bella, tra tutte quelle che ho letto, nella mia vita di lettore, è il momento in cui Aleksandra dice di sì ad Arkadij in *Padri e figli* di Turgenev.

Quel Sì, che è un semplice Sì, *Da*, in russo, due lettere, una

Allora per me, che sono, ormai lo so, un bastiancontrario, rileggere, in questo periodo storico, *Delitto e castigo*, e *L'idiota*, e *I demòni*, e *I fratelli Karamazov*, è un'esperienza che me la son goduta di più, dell'esperienza della prima lettura.

Perché questo è un periodo nel quale, come in tutti i periodi, succedon delle cose stranissime, intorno a me; per esempio c'è della gente che conosco, gente che ha lavorato nell'editoria, e che ha scritto e pubblicato anche dei libri, che dicon che i libri, loro, sono degli anni che han smesso, di leggerli, e io, a me, questa cosa di gente colta, intelligente, che non leggon più libri, che magari li ascoltano negli audiolibri, o che li guardano nelle serie televisive, mi fa venire in mente quello studente che, al suo professore che gli chiedeva se aveva letto *Bartleby lo scrivano*, aveva risposto «Non di persona».

Ecco, l'avventura di leggere Dostoevskij di persona, di leggerlo noi, di metterci lì, sul divano, o dove vogliamo, e di fare questa cosa inaudita, aprire *Delitto e castigo* e leggerlo tutto, una pagina dopo l'altra, dall'inizio alla fine, oggi, che si va sempre più diffondendo questa pratica di leggere "non di persona", ecco, io, quando sono seduto, da qualsiasi parte, a leggere un libro lunghissimo scritto in Russia centosessanta anni fa, ho l'impressione che non rimpiangerò il tempo che sto passando, ma magari mi sbaglio.

11.17 Il quartiere

Uno dei protagonisti di *Delitto e castigo* è San Pietroburgo e in particolare un quartiere, di San Pietroburgo, quello intorno alla piazza del Fieno, che era, all'epoca, uno dei più malfamati della città.

Qualche anno prima, nel 1835, Nikolaj Gogol', in un racconto straordinario, *Memorie di un pazzo*, aveva descritto una casa che si trova a duecento metri di distanza dalla casa in cui Dostoevskij abitava quando scriveva *Delitto e castigo*:

Ecco, lì, a Campobasso, nel 2000 o nel 2001, io mi sono accorto che Dostoevskij, che non era esattamente uno scrittore di cassetta, quel pedale lì, della letteratura gialla, lo usava tranquillamente, e che io, come lettore, quando avevo letto *Delitto e castigo*, me l'ero chiesto se l'avrebbero arrestato, Raskol'nikov, per l'omicidio della vecchia e di sua sorella, e, quando poi ho letto *I fratelli Karamazov*, me lo son chiesto per tutto il romanzo, chi aveva ucciso il padre dei fratelli Karamazov; aveva ragione quel libraio, alcuni libri di Dostoevskij sono organizzati come se fossero dei gialli, eppure mi eran piaciuti, quindi ero stato costretto a riconoscere che a me, nonostante tutti i miei pregiudizi, piacevano anche i gialli, e l'idea che i gialli fossero necessariamente letteratura di cassetta, di scarsa qualità, era un'idea che non era mica tanto intelligente, e mi ero messo a leggere i gialli, in quel lontano 2000 o 2001, a Campobasso, e è andata a finire che ne ho scritto anche uno, chi l'avrebbe mai detto.

11.16 Dei miei conoscenti

Ci son stati dei momenti stranissimi, intanto che scrivevo questo libro.

Una domenica che ero lì che rileggevo *L'idiota*, mi son detto: "Pensa, per lavoro, oggi, devo leggere *L'idiota*. Se me l'avessero detta quando avevo vent'anni, una cosa del genere, avrei fatto tanti di quei salti che non veniva più giù l'ultimo".

Adesso, man mano che invecchio, mi rendo conto di un tratto del mio carattere che prima, quando ero giovane, non pensavo di avere; mi veniva spesso un gran nervoso, da giovane, quando sentivo parlare la gente, e mi sembrava che le mie reazioni a quel che sentivo dipendessero dal fatto che erano gli altri, a esser fatti in un modo che andavan rifatti, invece adesso mi sembra piuttosto che sono io, che sono un bastiancontrario.

sillaba, è la sillaba più eloquente, più sonora, più limpida di tutte le sillabe che ho letto nella mia vita, e più sonoro di quel Sì c'è solo il silenzio tra Sonja e Raskol'nikov alla fine di *Delitto e castigo*: quel momento in cui loro vorrebbero dire qualcosa ma non ci riescono, e hanno «gli occhi gonfi di lacrime», e sono «pallidi e magri», e alla fine della pena mancano sette anni e loro pensano "Sette anni, solo sette anni"; quella scena lì, è la più bella scena d'amore di tutta la letteratura mondiale, secondo me, e a quelli a cui Dostoevskij non piace, ce ne sono, un po' (di solito sono quelli a cui piace molto Tolstoj, o Nabokov, o Tolstoj e Nabokov insieme), ecco a loro, se fosse possibile, vorrei dire qualcosa.

Se qualcuno di loro non avesse letto *Delitto e castigo* ("Cosa lo leggo a fare" potrebbero aver pensato, "Dostoevskij non mi piace"), io gli direi: «Prova, leggi *Delitto e castigo* in una buona traduzione (per esempio in quella di Damiano Rebecchini, uscita per Feltrinelli nel 2013), e dopo vedrai».

Ma credo che quello che ho appena scritto facevo meglio a non scriverlo, perché quelli a cui Dostoevskij non piace, questo libro non vorranno sapere neanche com'è pitturato.

11.20 Porfirij

Un personaggio straordinario di *Delitto e castigo* è l'investigatore, Porfirij, che ha un metodo investigativo che è stato copiato dagli autori di un telefilm conosciutissimo in tutto il mondo: il Tenente Colombo.

Ogni puntata del Tenente Colombo è una riscrittura di *Delitto e castigo*: si sa sempre chi è l'assassino e l'investigatore, che sembra un uomo molto distratto e che parla tantissimo, tirando in ballo spesso delle cose che sembra non c'entrino niente, piano piano fa capire al colpevole che lui, l'investigatore, lo sa, che lui, il colpevole, è il colpevole.

Memorabile, nel romanzo, il dialogo tra Porfirij e Raskol'nikov quando Porfirij dice a Raskol'nikov «Sapete, io non credo che Nikolaj [l'imbianchino che ha confessato il delitto] sia stato lui ad avere ucciso l'usuraia e sua sorella».

«E allora chi è stato?» chiede Raskol'nikov, e Porfirij risponde «Ma come, chi è stato? Siete stato voi».

11.21 L'idea

C'è un dialogo tra Raskol'nikov e Porfirij nel quale Raskol'nikov riassume la sua idea, l'idea che muove il romanzo, che aveva espresso in un articolo che Porfirij aveva letto e che l'aveva fatto sospettare dell'ex-studente:

«I legislatori – dice Raskol'nikov –, i grandi fondatori dell'umanità, a partire dai più antichi sino ai vari Licurgo, Solone, Maometto, Napoleone e così via, tutti, sino all'ultimo, sono stati dei criminali per il solo fatto che, facendo una nuova legge, con ciò stesso infrangevano la vecchia legge che prima era stata religiosamente rispettata e trasmessa dai padri; e certo non si arrestavano di fronte al sangue, se questo poteva essere loro d'aiuto.

Gli uomini, per una legge di natura, si dividono sempre in due categorie: quella inferiore (gli uomini ordinari), ovvero per così dire il materiale, che serve solo per riprodurre suoi simili, e gli uomini veri e propri, ovvero quelli che hanno il dono e il talento di dire al mondo una *parola nuova*. La prima categoria – continua poi Raskol'nikov – è fatta di persone per loro natura conservatrici, rispettose, che vivono in obbedienza e amano essere obbedienti. E, secondo me – dice Raskol'nikov –, costoro hanno anche il dovere di essere obbedienti, perché questa è la loro funzione e in questo non vi è niente di umiliante. Poi vi è un'altra categoria di persone che auspica la distruzione del presente in nome di un futuro migliore. Ma se qualcuno di loro, per realizzare la sua idea, ha bisogno di passare sul corpo di qualcuno, di versare del sangue, be', secondo me dentro di sé in coscienza ha diritto a decidere di versare quel sangue. Ma, comunque, non c'è da allarmarsi: la massa della gente non gli riconosce quasi mai questo diritto, li giustizia e li impicca (più o meno) e lo fa con buone ragioni, compiendo in questo modo la propria funzione conservatrice, anche se poi nella generazione successiva questa stessa massa s'inchinerà a coloro che erano stati giustiziati e innalzerà loro monumenti (più o meno). Alla prima categoria appartiene il signore del presente, alla seconda il signore del futuro. I primi conservano il mondo e lo accrescono numericamente, i secondi muovono il mondo e lo guidano alla meta. Sia gli uni che gli altri hanno esattamente lo stesso diritto a esistere. Insomma, hanno tutti pari diritto e... *vive la guerre éternelle*, sino alla Nuova Gerusalemme, ben inteso!

"Allora" chiede Porfirij, "nonostante tutto, voi credete alla nuova Gerusalemme?"

"Sì" risponde Raskol'nikov, "ci credo."»

12
L'idiota

12.1 Solo sette anni

Viktor Šklovskij, nel suo ultimo libro, scrive a un certo punto che i Crociati, «durante la prima crociata, tutte le città che trovavano le scambiavano per Gerusalemme. Poi guardavano meglio, e si accorgevano che non era, Gerusalemme. Allora facevano un pogrom. Perché erano offesi. Comunque» conclude Šklovskij «Gerusalemme esiste».

Mi sembra che Dostoevskij, come Raskol'nikov, ci creda, che Gerusalemme esiste; anzi, le Gerusalemme, per lui, qui sulla terra, mi vien da dire che sono tante.

La prima Gerusalemme che viene fuori dalle sue lettere è l'Italia, quando scrive a suo padre che, a Pietroburgo, il clima è meraviglioso, «italiano». Che bella quell'Italia immaginaria di quel ragazzo di quindici anni, che fortuna che abbiamo, a essere italiani e a essere stati, per un po', la Gerusalemme di Dostoevskij.

La seconda Gerusalemme è la letteratura, prima da traduttore, poi da autore, e questa Gerusalemme Dostoevskij ha la bravura, e la fortuna, di raggiungerla subito, quando Belinskij gli dice «Lei è il nuovo Gogol', ma lei è andato più avanti, di Gogol'».

Dopo, c'è una specie di blocco.

«Su, dateci, per esempio, più indipendenza, sciogliete le mani a uno di noi, allargate il cerchio della nostra attività, allentate il controllo, e noi... Vi assicuro, noi chiederemo subito di tornare sotto il vostro controllo» scrive l'uomo del sottosuolo, e un secolo dopo, «si versano più lacrime per le preghiere esaudite che per quelle non accolte» ha scritto Truman Capote, e Dostoevskij, a trovarsi, d'un tratto, nell'Olimpo della letteratura, più avanti di Gogol', le mani libere, a poter fare quello che vuole, i propri desideri esauditi, non sa più cosa fare, non ha più nessun posto in cui andare: può scrivere quello che vuole, e scrive delle cose, come *La padrona*, in cui: «tutto è ricercato, forzato, sui trampoli, adulterato e falso» (secondo Belinskij).

Non trovare Gerusalemme, come dice Šklovskij, è un problema, è una cosa offensiva, trovare Gerusalemme è anche peggio, è deprimente.

Ce ne vuole subito un'altra.

E lui la trova: la rivoluzione. La strada della rivoluzione conduce alla fortezza di Pietro e Paolo e al patibolo, e lì, sul patibolo, Gerusalemme sono i prossimi cinque minuti, gli ultimi cinque minuti di vita.

Cinque minuti sembrano, a Dostoevskij, un tempo infinito, un'immensa ricchezza; gli sembra di dover vivere, in quei cinque minuti, tante di quelle vite, che non vale ancora la pena pensare alla morte lontana *ben* cinque minuti, mentre per Raskol'nikov e Sonja, i sette anni che mancano alla fine della pena solo «*solo* sette anni».

Ben cinque minuti, *solo* sette anni, e fermiamoci un attimo, che mi è successa una cosa.

12.2 Intanto che

Intanto che finisco di scrivere questo libro, nel tempo libero, lavoro, faccio lezione all'università, insegno traduzione e tengo dei corsi privati, e il corso che stiamo facendo adesso si intitola "Come diventare superflui", ed è un corso sulla letteratura russa del XIX secolo e leggiamo insieme una serie di romanzi pieni di uomini superflui, di Lermontov, di Turgenev, di Gončarov, e adesso stiamo leggendo *Oblomov*, e tutte le settimane do un compito, e, dopo aver letto la stranissima lettera d'amore che Oblomov manda a Ol'ga nella seconda parte di *Oblomov*, ho chiesto ai partecipanti di scrivere una lettera d'amore, e una di loro l'ha scritta a sua sorella, e ha citato quello che Dostoevskij ha scritto a suo fratello Michail nel dicembre del 1849, tornato dal patibolo, e gli scrive: «Nell'ultimo minuto, tu, solo tu, eri nei miei pensieri, solo lì ho capito quanto ti amo, fratello mio caro».

E io, devo dire, mi sono commosso, un po' perché è commovente, un po' per una cosa che ci siamo detti, io con Togliatti, un paio di mesi fa, dopo il funerale di mia mamma.

Era una volta che eravamo a pranzo solo io e lei: la Battaglia ha un'età che, oramai, se ci può evitare, a noi genitori, ci evita volentieri, e io e Togliatti, è un periodo così complicato, per la pandemia, appena aprono i ristoranti noi ci fiondiamo al ristorante, e una volta, eravamo lì, io e lei, all'Osteria Bartolini, a Bologna, e non mi ricordo, di cosa parlavamo, ma io ho fatto un gesto che lei mi ha detto che le sembrava un gesto di mio fratello Emilio, l'avevamo appena rivisto, Emilio, al funerale di mia mamma, e io, noi, in famiglia, ma anche con mia mamma, mia nonna, mio babbo, i miei fratelli, non ci diciamo mai niente, siamo sentimentali ma in privato, per conto nostro, dentro le nostre stanzette, dar voce al sentimento è una cosa poco emiliana, ci sembra, ci hanno educato così, solo che poi ti succede, a cinquantasette anni, un giorno di ottobre, all'Osteria Bartolini, a Bologna, un gesto poco controllato, ti vien da pensare che tu, tuo fratello, lo ami, non c'è niente da fare, e non gliel'hai mai detto, è una cosa così strana, a pensarci, e non solo non gliel'hai mai detto, non te lo sei mai detto in cinquantasette anni che sei al mondo, e adesso torniamo a Gerusalemme.

12.3 Dopo il patibolo

Dopo il patibolo c'è la prigionia, il confino, e Gerusalemme prima è Marija Isaeva, da sposare, poi la letteratura, da riconquistare prima di tutto come diritto: il diritto a scrivere e a tornare a abitare nell'odiata San Pietroburgo.

Quando poi può tornare a scrivere e a Pietroburgo, e dopo la morte della prima moglie, le Gerusalemme di Dostoevskij sono due: una materiale, l'aspirazione alla ricchezza, l'altra sentimentale, si vuole risposare.

Quando lo fa, con Anna Grigor'evna, i soldi sembrano diventare, per un po', la sua Gerusalemme principale e nel 1867, subito dopo il matrimonio, un'ossessione.

Si sposa in febbraio e, undici giorni dopo il matrimonio, ha un fortissimo attacco di epilessia, la malattia che lo tormenta per tutta la vita e della quale, secondo Freud, non ha mai sofferto.

12.4 I soldi

Compaiono nuovi creditori dell'ultima rivista dei fratelli Dostoevskij, "Epocha", e minacciano di pignorare i beni degli sposi, i quali, per liberarsene, decidono di andare all'estero per un po'.

I soldi di Dostoevskij, però, non sono sufficienti per il viaggio, e Anna impegna i propri mobili, il pianoforte, le pellicce, i propri ori e la propria argenteria.

Partono a metà aprile, e prima di partire Anna Grigor'evna compra un quaderno «per scrivere tutte le nostre avventure lungo la strada».

Sarà un viaggio avventuroso: «Eravamo partiti per stare all'estero tre mesi» scriverà poi Anna Grigor'evna, «siamo tornati dopo più di quattro anni».

Il primo posto dove vanno è Dresda, e per un po' sembrano davvero in viaggio di nozze, Dostoevskij per prima cosa porta la moglie a vedere la *Madonna Sistina*, di Raffaello, e lei è contenta, e per qualche giorno le cose van bene finché Dostoevskij non dice che, se fosse lì da solo, andrebbe a giocare alla roulette.

La moglie gli dice «Ah, ma dài, davvero?».

Lui dice «Sì».

Poi, dopo un po', Dostoevskij dice ancora che, se fosse lì da solo, andrebbe a giocare alla roulette.

«Ah, sì» dice la moglie, «lo so.»

Dopo un po', Dostoevskij dice che, se fosse lì da solo, andrebbe proprio a giocare alla roulette.

E la moglie gli dice «E vai».

Allora lui ci va.

Lascia Anna a Dresda, va a Homburg e da lì scrive che, nell'albergo dove si è fermato, la stanza costa cinque franchi, «Son proprio dei delinquenti», scrive Dostoevskij, e poi le scrive «Mi fermerò due giorni, al massimo tre, perché anche se va bene, di più non si può».

Poi le chiede «Ma perché, tu, Anja, tesoro, sei scoppiata a piangere, quando mi hai accompagnato al treno?».

Il giorno dopo, il 6 maggio, Dostoevskij scrive che tutti i giorni le scriverà qualcosa, e che deve farlo perché pensa sempre a lei. Che l'ha anche sognata, tutta la notte.

Poi dice che quel giorno era molto stanco, e che a malapena riusciva a stare in piedi, ma vicino c'era la roulette, e non era riuscito a evitarlo: era andato a giocare.

Aveva cominciato a giocare fin dal mattino e aveva perso sedici imperiali, più della metà di quel che aveva.

Gliene rimanevano dodici.

Al pomeriggio aveva rivinto tutto e era andato anche in attivo e

«senti cosa ti dico, Anja: se si è prudenti, cioè se si è come di marmo, freddi e prudenti *in modo disumano*, allora senz'altro, senza alcun dubbio si può vincere quanto si vuole. Ma bisogna giocare molto tempo, molti giorni. Insomma, sto facendo degli sforzi disumani per essere prudente, ma, d'altro canto, non posso fermarmi molti giorni. Senza esagerare, Anja: mi fa tutto così schifo, qui, è tutto così orribile, che scapperei, e, quando mi ricordo di te, mi viene da correre da te con tutto il mio essere. Ah, Anja, come mi sei necessaria!»

Pietro Citati nota che i pensieri sul gioco, in questa lettera, ricordano i pensieri di Raskol'nikov sul delitto, come se Dostoevskij fosse ancora dominato dal suo ultimo personaggio; sembra anche stupefacente che l'autore di questa lettera sia lo stesso autore del *Giocatore*, dalla lettura del quale risulta evidente che i giocatori non giocano per vincere, giocano per giocare, e che lo scopo dei giocatori non è pagarsi i debiti o arricchirsi, lo scopo dei giocatori è giocare, e non c'è scampo.

La lettera successiva è di tre giorni dopo, 9 maggio, e all'inizio Dostoevskij dice di non aver ricevuto lettere da Anna e di essere molto preoccupato per la salute di lei.

Poi scrive:

«Se tu non sei malata e tutto va come deve andare, allora, amica mia, ti informo su come vanno i miei affari. Ascolta: ho finito di giocare, voglio tornare subito; mandami immediatamente, appena ricevi questa mia lettera, venti (20) imperiali. Subito, lo stesso giorno, appena leggi queste righe, se è possibile. Non perdere un secondo. Questa è la mia preghiera. Prima di tutto, devo ricomprarmi l'orologio, poi pagare l'albergo, poi il biglietto del treno e, se non mi mandi i soldi, il padrone dell'albergo, forse, mi denuncia. Salvami da questa sofferenza, cioè: mandami subito i soldi.»

Dopo di che Dostoevskij prega Anna di non dire niente a nessuno e le dà le istruzioni su come mandare i soldi.

Il giorno dopo Dostoevskij scrive che ha ricevuto una lettera di Anna e che era molto contento che lei non fosse malata ma che era dispiaciuto del fatto che lei gli aveva scritto che piangeva, e le diceva «Sono solo cinque giorni, che sono via».

Poi scrive che anche lui sente la mancanza di lei, e che questa nostalgia gli impedisce di giocare bene, di vincere, e di tornare da lei. Che lui si era sforzato di vincere tutto in un giorno, in modo da potere tornare subito da lei, e allora ha perso quel sangue freddo che gli era necessario, quella freddezza disumana con la quale vincere era matematico.

E che l'unico errore che aveva fatto era stato di non portarla a Homburg con sé. E così ha nostalgia di lei e gioca male.

«Senti, per esempio – scrive Dostoevskij –, cosa mi è successo ieri. Dopo averti mandato la lettera dove ti chiedo i soldi, sono andato nella sala da gioco. Mi erano rimasti venti fiorini, e ho giocato dieci fiorini. Ho fatto uno sforzo quasi disumano di essere tranquillo e prudente, e è andata a finire che ho vinto trecento fiorini. Ero così contento e volevo così tanto chiuderla lì, vincere ancora il doppio, almeno, e tornare da te, che, senza nemmeno fare una pausa, ho perso tutto, tutto, fino all'ultimo centesimo, mi son rimasti solo due fiorini per le sigarette. Anna, cara, gioia mia, mi capisci? Ho dei debiti, io, che devo pagare, o diranno che sono un mascalzone, per quello dovevo vincere! Assolutamente! Non gioco per divertimento. E adesso ho perso tutto. Non rimprovero te [le scrive proprio così: non rimprovero te], rimprovero me: perché non ti ho presa con me. Giocando poco alla volta, un po' al giorno, NON È POSSIBILE non vincere, è così, è così, mi è successo venti volte, e lo so, lo so, eppure ho perso, e so anche che, se potessi giocare ancora quattro soli giorni, in questi quattro giorni rivincerei tutto. Ma ormai è tutto finito e non giocherò più.»

Il giorno dopo Dostoevskij riceve i soldi mandati da Anna, va a giocare, li perde e scrive:

«Anna, amica mia, moglie mia, scusami, non dire che sono un mascalzone! Ho commesso un delitto, ho perso tutto quello che mi hai mandato, tutto, tutto fino all'ultimo fiorino, li ho ricevuti ieri e ieri li ho persi. Anna, come faccio adesso a guardarti in faccia, cosa dirai adesso di me? Ho paura solo del tuo giudizio. Come potrai ancora rispettarmi?»

Dopo undici giorni di assenza, Dostoevskij torna da sua moglie a Dresda.

Gli ultimi sette, Anna tutti i giorni è andata in stazione ad aspettare il treno sperando che suo marito fosse tornato.

Quando gli ha mandato i soldi, ha pensato "Magari si toglie dalla testa questa stupida idea della vincita".

Dostoevskij, prima di partire le scrive ancora che, adesso, tutte le sue speranze sono nel suo prossimo romanzo, che dev'essere straordinario, meglio perfino di *Delitto e castigo*.

Allora, scrive, tutta la Russia che legge, tutti gli editori russi saranno ai suoi piedi. Scrive al suo editore, Katkov, chiedendogli un altro anticipo. L'editore glielo manda. Con Anna vanno a Baden-Baden.

A Baden-Baden, il primo posto dove va, Dostoevskij, dalla stazione, è il casinò; Dostoevskij è a Baden-Baden con Anna (che è incinta), non ha quindi nostalgia di lei, non c'è niente che gli impedisca di raggiungere quella tranquillità disumana con la quale è impossibile non vincere, e non vince. Gioca per cinquanta giorni di seguito e perde tutto quel che ha, perde anche quel che gli ha prestato Gončarov, l'autore di *Oblomov*, che è anche lui a Baden-Baden, anche lui gioca al casinò, e perde anche lui, probabilmente.

Il 18 luglio Dostoevskij non ha più un centesimo, e chiede alla moglie i suoi gioielli da dare in pegno.

«Mi sono tolta gli orecchini e la spilla – scrive Anna – e li ho guardati a lungo. Mi sembrava di guardarli per l'ultima volta. Mi faceva un male che non si può dire. Ero così affezionata, a quelle cose, me le aveva regalate Fëdor. Fëdor era in ginocchio davanti a me, mi baciava le mani, diceva che sono buona, cara, che non c'è nessuno, al mondo, meglio di me.»

Tre ore dopo Dostoevskij torna.

«Ha perso tutto, anche i centoventi franchi che gli hanno dato per gli orecchini. Si è seduto, io mi sono inginocchiata davanti a lui e ho cominciato a consolarlo. Lui si è messo a dire che non avrebbe più giocato, che non poteva più, si è abbandonato sulla sedia e è scoppiato a piangere. Sì, è scoppiato a piangere; diceva "Ti ho tolto le tue ultime cose, te le ho portate via e le ho perse". Ho provato a consolarlo ma lui continuava a piangere. Che male, come stavo male per lui, era orribile, il modo in cui soffriva...»

Il giorno dopo va a giocare, perde quel poco che gli resta, impegna la sua fede e perde ancora. Anna impegna la sua mantiglia merlettata, regalo della madre, e la propria fede.
Dostoevskij torna la sera tardi con un mazzo di rose bianche e rosa. Allunga a Anna le due fedi, che ha ricomprato. Ha vinto. Il gestore del banco dei pegni, un vecchio tedesco, nel ridargliele gli ha detto: «Non giochi mai più, altrimenti perderà tutto».
Lui gioca ancora. Due giorni dopo, Anna e Fëdor Dostoevskij, per l'ennesima volta, non hanno più un centesimo.
Nella sua biografa di Dostoevskij, Ljudmila Saraskina scrive che l'esperienza di Baden-Baden fu cento volte peggio di quel che succede al protagonista del *Giocatore*; tutti i giorni andavano e venivano dal banco dei pegni la mantiglia, la pelliccia, gli abiti da sera di Anna e il frac di Dostoevskij.
Anna scrive:

«"Arrivo a pensare che questa persona non abbia mai amato nessuno, che gli sia solo sembrato, ma che di amore vero non ne abbia mai provato. Perché non è capace, di amare, è troppo occupato da altri pensieri, da altri ideali, per legarsi con forza a qualcosa di terreno."

Ma – scrive Saraskina –, basta che Dostoevskij torni a casa, un giorno, dopo aver vinto, e Anna si accorge di amarlo così tanto. E si siede per conto suo, e rilegge *Delitto e castigo* ed è così fiera, che quest'opera straordinaria l'abbia scritta suo marito.»

12.5 L'ortodossia

Nell'introduzione all'edizione italiana di *Delitto e castigo* da lui tradotta, Damiano Rebecchini ripesca uno dei primi appunti di Dostoevskij su *Delitto e castigo*, che risale all'estate del 1865:

«L'idea del romanzo è la concezione ortodossa: in cosa consiste l'ortodossia? Non c'è felicità nel confort, la felicità si acquista con la sofferenza. L'uomo non nasce per la felicità. L'uomo si guadagna la sua felicità, e sempre con la sofferenza.»

12.6 A trovare Turgenev

Il 10 luglio del 1867, a Baden-Baden, Dostoevskij deve andare a trovare Turgenev. Scrive a Majkov di averlo fatto, ma che avrebbe preferito non farlo per tre motivi. Per l'aria da generale che Turgenev ostenta, per i cinquanta talleri che Dostoevskij deve a Turgenev dal 1865, e per il fatto che Turgenev ha appena pubblicato un romanzo intitolato *Fumo* che, a Dostoevskij, ha fatto venire un gran nervoso.

«Mi ha detto, lui, proprio» scrive Dostoevskij, «che l'idea principale del romanzo è il fatto che, se la Russia intera scomparisse, l'umanità non ne avrebbe nessun danno, e la cosa non provocherebbe nessun turbamento.»

Dostoevskij racconta che ha trovato Turgenev molto arrabbiato per l'insuccesso di *Fumo*. E che non sapeva, gliel'aveva detto Turgenev, che, a Mosca, era cominciata una raccolta di firme per impedire la circolazione del romanzo. Turgenev, secondo Dostoevskij, ha anche detto che i russi devono seguire gli occidentali, che c'è una sola strada per tutti, inevitabile, la civiltà, e che tutti questi tentativi di trovare una via russa, indipendente, sono delle porcherie e delle sciocchezze. Poi gli ha detto che sta scrivendo un lungo articolo sui russofili e sugli slavofili. Dostoevskij gli ha consigliato, per comodità, di ordinare un telescopio da Parigi.

«Perché?» chiede Turgenev.

«Da qui, è lontano. Lei fissi il telescopio sulla Russia, così ci può guardare. Senza, devo dire, è un po' difficile.»

«Si è molto irritato» scrive Dostoevskij «e vedendolo così irritato, gli ho detto, con grande ingenuità, "Non mi aspettavo proprio che tutte queste critiche, e il fiasco di *Fumo* l'avrebbero fatta irritare così tanto. Non ne vale la pena, se ne freghi!".»

Turgenev risponde che lui non è affatto irritato, e arrossisce.

Dostoevskij cambia argomento e dice che lui, ormai non ne può più, dei tedeschi, che lì in Germania ha incontrato un mucchio di farabutti e di imbroglioni, che i lavoratori, in Germania, sono molto peggio, molto più disonesti di quelli russi, oltre che più stupidi, senz'altro. E che, se si parla di civiltà, a lui non sembra di aver visto dei grandi esempi di civiltà, e non capisce di cosa un tedesco si possa vantare, rispetto a un russo.

Turgenev, che prima era arrossito, a questo punto impallidisce, a sentire Dostoevskij, e dice: «Parlando così, lei mi offende personalmente. Io mi sono stabilito qui definitivamente, mi considero anch'io un tedesco, non un russo, e ne vado fiero».

Dostoevskij allora dice: «Sebbene abbia letto *Fumo*, e abbia parlato con lei, adesso, per più di un'ora, non mi sarei mai aspettato che lei dicesse quel che ha appena detto quindi mi scuso, di averla offesa».

Dopodiché i due si salutano con molta gentilezza e Dostoevskij si ripromette di non mettere mai più piede a casa di Turgenev.

Turgenev, quattro anni dopo, in una lettera al suo amico Polonskij, dà la sua versione dei fatti: «È venuto da me» scrive «a Baden-Baden, non per restituirmi i soldi che mi doveva, ma per rimproverarmi per l'insuccesso di *Fumo*, che, secondo lui, andava bruciato sulla pubblica piazza».

12.7 L'idiota

Dostoevskij e Anna Grigor'evna scappano da Baden-Baden nell'agosto del 1867: hanno pagato i debiti vendendo la spilla e gli orecchini di Anna.

Sei mesi dopo, nel febbraio del 1868, a Ginevra, nasce la loro prima figlia, Sonja, della quale abbiamo parlato nel primo capitolo e della quale ho scritto che è stata «chiamata così in onore di Sonja Marmeladova, la protagonista di *Delitto e castigo*, che di mestiere faceva la prostituta, avevano un bel coraggio, Dostoevskij e sua moglie».

E lo confermo, avevano un bel coraggio, e le «avventure» del viaggio in Europa sono veramente avventurose, mi vien da dire, era giusto quel che aveva scritto Anna nel suo quaderno al momento di partire.

A Ginevra Dostoevskij comincia a scrivere *L'idiota*, e, a leggere *L'idiota*, vien da dire che Dostoevskij e Anna hanno fatto benissimo, a chiamare Sonja la loro prima figlia, che è una cosa che ha perfettamente senso, e il motivo per cui ha senso si deduce dai lavori di un signore che si chiama Michail Bachtin che ha fatto vedere ai lettori di tutto il mondo come son fatti i romanzi di Dostoevskij.

12.8 Il carnevale

In una lettera alla nipote Sof'ja Ivanova del primo gennaio del 1868, Dostoevskij racconta che aveva cominciato a scrivere *L'idiota* ma poi non gli piaceva e aveva buttato via tutto; che aveva poi ricominciato da capo perché era in una condizione quasi disperata, e che l'idea principale del romanzo era di raffigurare un personaggio bellissimo. E che era un compito difficilissimo. E che tutti gli scrittori, non solo i russi, di fronte a un compito del genere, avevano fallito (e viene in mente Gogol', e la seconda e la terza parte di *Anime morte*, che avrebbero dovuto contenere personaggi positivi e positivissimi, come il *Purgatorio* e il *Paradiso* di Dante, e che Gogol' non è mai riuscito a scrivere, mentre la prima parte, con tutti i personaggi negativi, l'*Inferno*, gli è venuta benissimo).

E dice che, a parte Cristo, l'unica figura bellissima che gli viene in mente è Don Chisciotte, ma che lui, Don Chisciotte, è bello perché è ridicolo.

Cita anche Pickwick di Dickens, che anche lui è ridicolo, e Jean Valjean di Hugo, che è simpatico al lettore perché se la prendono tutti con lui, mentre col suo protagonista, scrive Dostoevskij, non se la prende nessuno, e lui ha paura che *L'idiota* sarà un fiasco colossale. Intanto ha mandato la prima parte all'editore, scrive alla nipote, e questa prima parte l'ha scritta in ventitré giorni.

Scrivere la prima parte dell'*Idiota* in ventitré giorni è un'impresa forse ancora più impegnativa che scrivere *Il giocatore* in poco meno di un mese.

Sono sedici capitoli, duecento pagine circa, l'azione si svolge in un giorno solo, che è il giorno in cui quel personaggio con il quale non se la prende nessuno, che Dostoevskij ha paura che sia un fiasco colossale, personaggio che appartiene all'antica casata dei principi Myškin, arriva alla stazione di Mosca, a San Pietroburgo, e si incammina, con il suo fagottino, per il Nevskij e per il Litejnyj prospekt per andare a casa del generale Epančin, la cui moglie, la generalessa, è forse una delle poche parenti che gli sono rimaste.

E lui, l'idiota, è un giovane che soffre di epilessia e viene dalla Svizzera dove è stato curato dalla sua idiozia e sembra che l'abbiano rimesso in piedi.

L'idiota è il secondo romanzo che ho letto, di Dostoevskij, e mi è piaciuto ancora di più di quanto mi era piaciuto *Delitto e castigo*; per diversi anni ho pensato che fosse il mio romanzo preferito.

E, come quando hai una fidanzata nuova della quale ti sembra di essere molto innamorato, e è difficile parlare della persona di cui sei innamorato, hai paura che la gente non capisca come è bella, hai paura che pensi che sei tu, che sei innamorato, invece tu sai che non sei tu, che sei innamorato, cioè tu sei, innamorato, ma non la vedi bella perché ti sei innamorato, ti sei innamorato perché è bella. È facile. Ecco, la stessa cosa, io con *L'idiota*.

Ho paura, a parlarne.

Che non si capisca come è bello.

Allora dirò poche cose, e finirò con quel carnevale che ho messo come titolo a questo paragrafo invece forse è meglio se ne parlo dopo.

12.9 Un filosofo

Il principe Myškin, col suo fagottino, si presenta a casa Epančin, sul Litejnyj prospekt, dalle parti della cattedrale della Trasfigurazione, due minuti a piedi da dove, un secolo dopo, in una stanza e mezzo, avrebbe abitato Iosif Brodskij.

Conosce le tre figlie del generale e della generalessa, Aleksandra, Adelaida e Aglaja, tutte con nomi che cominciano per A, come Ada, Augusta, Alberta e Anna, le quattro sorelle Malfenti della *Coscienza di Zeno* di Svevo.

Il principe, davanti alle sorelle, comincia a dire che la prima cosa che ha visto, in Svizzera, svegliatosi dalla sua idiozia, è stata un asino, e da allora gli piacciono molto, gli asini; e dice che, in Svizzera, ogni tanto andava, da solo, sotto una cascata, e gli sembrava di essere chiamato chissà dove, e che, se si fosse messo a camminare e avesse camminato sempre dritto e fosse arrivato là dove il cielo e la terra si incontravano, là ci sarebbe stata la chiave dell'enigma, e una nuova vita, più intensa, più rumorosa, e che sognava una città grande come Napoli, con palazzi, rumore, chiasso, vita... «Ma poi» aggiunge il principe, «mi parve che si potesse trovare una vita intensa anche in prigione...»

«Questo pensiero l'ho letto nella mia antologia scolastica quando avevo dodici anni» dice Aglaja.

Ecco, io, diversamente da Aglaja, questo pensiero, quando ho letto *L'idiota*, non l'avevo mai letto da nessuna parte. L'ho letto poi dopo, lo stesso pensiero, nello *Straniero*, di Camus, che è un libro che mi è piaciuto moltissimo; com'è bravo, Camus, che, all'inizio del suo romanzo, fa dire al suo protagonista una frase, «*Le café au lait était bon*», «il caffelatte era buono», che non avrebbe accesso nemmeno a un'antologia scolastica di terza categoria, ma che io, quarant'anni dopo averla letta, me la ricordo ancora, tanto è bella.

12.10 Un idiota

Si era dato un compito difficilissimo, Dostoevskij, raffigurare un personaggio bellissimo, e come personaggio bellissimo ha scelto un idiota, un malato, questo Lev Nikolaevič Myškin (il nome e il patronimico sono come quelli di Tolstoj) che parla con tutti alla stessa maniera, come se tutti fossero importanti alla stessa maniera, e con il quale parlano tutti, senza nessuna soggezione, come se parlassero tra sé e sé: Kolja, il figlio più giovane del generale Ivolgin, si scusa con Myškin della propria famiglia dicendogli «Siamo noi i colpevoli di tutto. Però» aggiunge «io ho un grande amico che è ancora più disgraziato, vuole che glielo faccia conoscere?», come se Myškin facesse collezione di disgraziati, e questo disgraziato, Ippolit, quando si conoscono gli dice: «Eppure devo morire!» e per poco non aggiunge "Un uomo come me!". Il generale Epančin, un generale, una persona importante, uno che è abituato a parlare in pubblico e che sa quel che dice e che, quando parla, lo fa quasi sempre per dare degli ordini, al principe Myškin dice: «Se io non ho sentito niente, tu non hai sentito niente, quell'altro non ha sentito niente, allora nessuno ha sentito niente, quindi chi ha sentito, ti domando?», che è una battuta meravigliosa, che si può dire solo a uno al quale si può dire tutto, a un idiota: *L'idiota*, tra l'altro, ci vuol del coraggio, a intitolare il libro *L'idiota*, uno sarebbe forse più spinto a leggere un libro che si intitolasse "L'intelligente", o "L'intelligentissimo", o "Il genio", se non fosse per la questione dell'avere ragione.

12.11 Hai ragione

Qualche anno fa, una mia amica mi ha raccontato che lei, quando era piccola, che ne aveva fatta una grossa, e sua mamma, arrabbiata, la rimproverava, e lei diceva, a sua mamma «Hai ragione», sua mamma, a sentirsi dare ragione, si arrabbiava ancora di più.

Perché darle ragione era come dirle di star zitta.

Uno che ha ragione, non ha mica più niente da dire. «Hai ragione, vuoi anche parlare? Vai avanti ancora molto? Ti ho dato ragione, basta però.»

Sì, uno che ha ragione, non ha niente da raccontare; quelli che hanno delle cose da raccontare, son quelli che han torto.

Siccome tutti i posti, dalla parte della ragione, erano occupati, ci siam seduti dalla parte del torto, deve aver detto, nel secolo scorso, un commediografo tedesco.

E perché tutti noi, lettori di *Delitto e castigo*, siamo solidali con Raskol'nikov, facciamo il tifo per lui, e nessuno si dispiace per la vecchia usuraia?

Perché la letteratura, il romanzo, è, sempre, dalla parte del torto.

Non nasce nelle corti, nasce nelle piazze dei saltimbanchi, nelle case dei malati, dei cialtroni, degli zingari, dei ladri, dei truffatori, dei briganti, dei meridionali, degli italiani, dei mostri, degli idioti.

12.12 Due figure

I più alti in grado, nel romanzo, sono il generale Epančin, il padre delle tre ragazze, e un generale a riposo, Ardalion Aleksandrovič Ivolgin, che adesso si è ritirato, ma «in passato si era trovato a frequentare la migliore società»; quando, nel capitolo IX della prima parte, si trova di fronte a Nastas'ja Filippovna, la bellissima Nastas'ja Filippovna, promessa sposa di suo figlio, Ardalion Aleksandrovič, per far capire che tipo è, racconta di una storia che gli è successa qualche anno prima con la governante della principessa Belokonskaja, mistress Schmidt.

«C'era appena stata l'inaugurazione della linea ferroviaria di –sk» dice il generale «e io entro sul treno, siedo e fumo. Ero solo nello scompartimento. Non è proibito fumare, ma non è nemmeno permesso. È permesso solo a metà, a seconda della consuetudine. Il finestrino era aperto. D'un tratto, poco prima del fischio di partenza, due signore con un cagnolino prendono posto proprio di fronte a me. Una vestita con gran lusso di azzurro chiaro, l'altra, più modesta, di nero. Non erano brutte» dice il generale, «erano allegre e parlavano inglese. Io, si capisce, continuo a fumare come se niente fosse, cioè ci avevo pensato un po', ma poi avevo continuato a fumare, visto che il finestrino era aperto. Il cagnolino, che era sulle ginocchia di una delle due signore, quella vestita con gran lusso di azzurro, piccolo come un pugno, nero con le zampe bianche. Io non ci bado. Mi accorgo solo che le signore sembrano irritate per il mio sigaro. Una mi fissa con l'occhiolino di tartaruga. Siccome non dicono niente, io faccio finta di niente. Se avessero detto qualcosa. Esiste la lingua umana, no? Ma loro tacciono. Poi, d'un tratto, come se fosse ammattita, la signora vestita di azzurro mi prende il sigaro di mano e lo getta dal finestrino. Il treno vola, e io la guardo mezzo instupidito. Una donna selvaggia, selvaggia, assolutamente allo stato selvaggio. Del resto, era una donna corpulenta, alta, grassa, bionda, colorita (fin troppo), con gli occhi che mi guardano scintillanti. Senza dire una parola, con straordinaria cortesia, con una cortesia perfetta, con una cortesia, per così dire, raffinatissima, avvicino due dita al cagnolino, lo prendo delicatamente per la collottola e lo scaravento dal finestrino dietro al sigaro. Appena un guaito. E il treno continua a volare.»

Gli ascoltatori, non c'è solo Nastas'ja Filippovna, c'è tutta la famiglia del generale, sono entusiasti.
Risate, congratulazioni, complimenti. «Se è vietato fumare, sui treni, è anche vietato tenere dei cani» commenta il generale.
«Ma la signora come ha reagito?» chiede Nastas'ja Filippovna.
«Be'» risponde il generale Ivolgin, «questo è il lato sgradevole della faccenda. Senza dire una parola, mi ha dato uno schiaffo. Una donna selvaggia, assolutamente allo stato selvaggio.»
«E voi?»
Il generale abbassa gli occhi, allarga le braccia e dice «Ho trasceso. Non ho picchiato duro. Ho allungato il braccio solo una volta, per difendermi. Ma non ho picchiato duro. E alla fine è saltato fuori che la signora in azzurro era la dama di compagnia della principessa Belokonskaja, e quella vestita di nero la maggiore delle principessine Belokonskie, e che il cagnolino era il cagnolino preferito: la fine del mondo. Certo, sono andato più volte a esprimere il mio rincrescimento, ho

chiesto scusa, ho scritto una lettera, ma non mi hanno ricevuto, né me né la lettera».

«Ma» dice Nastas'ja Filippovna «scusi, com'è questa faccenda? Cinque o sei giorni fa ho letto sull'"Indépendance" la stessa identica storia, esattamente la stessa. È successo su una delle linee ferroviarie del Reno, in treno, tra un francese e un'inglese, c'è stato lo stesso sigaro strappato di mano e lo stesso cagnolino buttato dalla finestra, e poi tutto finiva come nel vostro racconto, perfino il vestito azzurro chiaro!»

Il generale diventa tutto rosso, tace imbarazzato, poi dice «Be', sì, a me è successo due anni prima, però».

Una bella figura, proprio.

L'altro generale, Epančin, è il padre delle tre ragazze con il nome che comincia per A e deve farle sposare, a cominciare dalla maggiore, Aleksandra, che ha già venticinque anni e che potrebbe sposare Afanasij Ivanovič Tockij, che è un buon partito, solo che c'è una piccola questione «complicata e imbarazzante» che si chiama Nastas'ja Filippovna.

Nastas'ja Filippovna era rimasta orfana da piccola, e viveva in un villaggio di proprietà di Afanasij Ivanovič Tockij, che l'aveva vista per la prima volta quando lei aveva dodici anni, e gli era sembrato che dovesse diventare «una bellezza fuori dal comune», come era poi effettivamente diventata.

Allora aveva fatto trasferire la Nastas'ja Filippovna quattordicenne in una casetta di sua proprietà, in un villaggio sperduto nella steppa, l'aveva affidata a un'istitutrice che le aveva insegnato il francese e le scienze, e lui, Afanasij Ivanovič Tockij, l'andava a trovare, una volta l'anno, per tre mesi, e stava con lei «con gusto e eleganza», scrive Dostoevskij.

Ecco, il generale Epančin, persona facoltosa, simpatica, altolocata, è pronto a consegnare la propria figlia maggiore a questo galantuomo tanto elegante.

Sarebbe tutto perfetto, se non fosse per un problemino «complicato e imbarazzante»: Nastas'ja Filippovna.

Cioè non tanto lei, quanto un fatto che era successo cinque

anni prima: dopo quattro anni passati in campagna, dove aveva avuto a che fare solo con Afanasij Ivanovič e con l'istitutrice, Nastas'ja Filippovna era venuta chissà come a sapere che Afanasij Ivanovič si stava per sposare, e si era presentata a casa sua, a Pietroburgo, e Afanasij Ivanovič si era accorto, fin dal primo sguardo, che quella Nastas'ja Filippovna non era più la ragazza ingenua che aveva conosciuto, e che con lei non ci si poteva più comportare «con gusto e eleganza», e era rimasto ancora più stupefatto quando Nastas'ja Filippovna gli aveva riso in faccia, e gli aveva detto che non aveva mai avuto, per lui, che il più profondo disprezzo, un disprezzo che arrivava alla nausea, e che, per lei, era perfettamente indifferente che lui si sposasse con qualcuno, ma che era venuta apposta per non permettergli quel matrimonio, per non permetterglielo per cattiveria, perché così voleva e così sarebbe stato.

E così era stato.

E adesso, cinque anni dopo, quando Afanasij Ivanovič vorrebbe sposare la figlia maggiore del generale Epančin, e il generale sarebbe anche d'accordo, resta comunque da risolvere quella questioncina «complicata e imbarazzante».

Allora Afanasij Ivanovič e il generale vanno da Nastas'ja Filippovna e Afanasij Ivanovič le dice che si rimette al suo nobile cuore, e il generale le dice che le riconosce il diritto a decidere del destino di Afanasij Ivanovič, della sua figlia maggiore e, in un certo senso, anche delle altre sue figlie, e che la loro sorte, di tutti loro, dipende dalla sua decisione.

È qui, che c'entra il carnevale.

12.13 Il carnevale

Michail Bachtin, il grande studioso di Dostoevskij, dice che anticamente, per carnevale, per un giorno solo, si ribaltavano tutte le gerarchie: il povero diventava ricco, il ricco diventava povero, il re diventava un mendicante, un mendicante diventava il re.

Nelle opere di Dostoevskij, questo fenomeno, il ribaltamento delle gerarchie, avviene non solo per carnevale, ma continuamente, come nel caso di Nastas'ja Filippovna e dei generali Ivolgin e Epančin, che sono, nella gerarchia del romanzo di Dostoevskij, nella scala Mercalli dell'*Idiota*, di una potenza di gran lunga inferiore, rispetto a quella di Nastas'ja Filippovna (e mi scuso con Michail Bachtin, che Dio l'abbia in gloria, e con i poveri bachtiniani a cui dovesse capitare sotto gli occhi un riassunto così volgare delle idee del grande critico).

Allora, per quello, ha senso che i Dostoevskij abbiano chiamato la loro prima figlia Sonja in onore di Sonja Marmeladova, avrebbe avuto anche senso che chiamassero la seconda Nastas'ja in onore di Nastas'ja Filippovna, invece l'han chiamata Ljubov', che significa Amore (è nata a Dresda nel settembre del 1859, è morta a Bolzano nel novembre del 1926).

13
Gerusalemme

13.1 Gerusalemme

L'ultimo anno, la mia minuscola Gerusalemme è stata la scrittura di questo romanzo.

E adesso mi sembra incredibile che l'ho quasi finito, ma effettivamente succede sempre così: quando cominci a scrivere un romanzo, dopo un po' arriva un momento che quel romanzo lì lo finisci, se non ti fermi prima.

Tanti anni fa, quando ho consegnato la tesi, son tornato a casa, c'era mia mamma che passava l'aspirapolvere, mi ha guardato mi ha detto «Cos'hai?».

«Ho consegnato la tesi non so cosa fare» le ho detto io.

Lei mi ha passato il tubo mi ha detto «Passa un po' l'aspirapolvere».

Ecco.

Finisco e faccio le pulizie.

13.2 Se non sai una cosa

Io, in questi ultimi anni, ho tenuto una serie di corsi durante i quali, insieme a una ventina di altre persone, leggevamo e commentavamo dei romanzi russi, principalmente di Dostoevskij.

Credo che, oltre al piacere di parlare di una cosa che ti appassiona insieme a degli altri appassionati, questi corsi mi piacciano perché, come dice lo scrittore Izrail' Metter nel suo romanzo *Il quinto angolo*, «Se non sai una cosa, mettiti a insegnarla, vedrai che la impari».

Adesso, non credo si possa imparare Dostoevskij; un po' di tempo fa, al Circolo dei lettori di Torino, mi hanno chiesto di curare una rassegna sulla letteratura russa dell'Ottocento, e a me è venuto in mente l'aforisma di Kož'ma Prutkov: «Non si abbraccia l'inabbracciabile», e ho chiamato quella rassegna «Gli inabbracciabili».

È impossibile, secondo me, imparare Dostoevskij, non c'è un libro definitivo, su Dostoevskij, tanto meno questo, devo dire, ma ripercorrere la sua vita incredibile, io credo che sia una cosa che si può fare, se no questo libro cosa l'ho scritto a fare?

13.3 Il titolo e l'io narrante

Il titolo: si dice *I demòni*, e non *I dèmoni*, perché i protagonisti non sono astratti come il dèmone del gioco, sono concreti, sono di carne, sono persone, a Parma si direbbe che sono dei cancheri, "I cancheri" sarebbe una bella traduzione, del titolo, secondo me, ma forse è meglio *I demòni*.

L'io narrante del romanzo è un personaggio che sa abbastanza poco, della vicenda che racconta, è una prima persona che, a tratti, sembra una terza persona, uno che è estraneo alla vicenda e la osserva da fuori, e noi di lui non sappiamo nemmeno di preciso come si chiama.

A pagina 101 dell'edizione Mondadori veniamo a sapere che il suo cognome comincia per G e finisce per v, e a pagina 153, ma così, di sfuggita, ci viene detto che di nome fa Anton e di patronimico Lavrentevič.

Questo io narrante non parla quasi mai di sé, non sappiamo quasi niente delle sue passioni, dei suoi affari, racconta invece una vicenda che avviene nella città di provincia dove abita (non sappiamo il nome, della città) e che riguarda dei «negatori», dei nichilisti, dei rivoluzionari (siamo a metà dell'Ottocento, il libro esce nel 1873, in un periodo in cui di nichilisti e di rivoluzionari in Russia un po' ce ne sono), primo tra tutti un signore che si chiama Stepan Trofimovič Verchovenskij e che aveva tenuto, in passato, delle lezioni sugli arabi che poi aveva sospeso «perché non si sa chi aveva, non si sa come, intercettato una lettera indirizzata a non so chi con l'esposizione di non so quali circostanze in seguito alle quali non so chi aveva chiesto a lui non so quali spiegazioni».

Questo l'inizio del romanzo, bellissimo ma un po' difficile da riassumere e da raccontare (di questo Stepan Trofimovič mi preme di dire che a un certo punto dice all'io narrante la frase «*Mon cher, je suis* un uomo che si è lasciato andare», che è una frase che mi sembra strabiliante, io farei delle magliette, con questa frase, fonderei un marchio «Un uomo che si è lasciato andare fashion»).

Uno dei pochi momenti in cui vediamo l'io narrante, questo signor G-v, che prende l'iniziativa, è un momento, nella seconda parte, in cui, a seguito di disordini che ci sono in città, disordini che non si sa bene da chi siano stati provocati, una vecchia che si chiamava Tarapygina e che stava tornando nella sua casa di riposo era stata picchiata. Questa storia era stata pubblicata sul giornale e «si organizzò anche in città una sottoscrizione a favore della vecchietta. Anch'io – dice l'io narrante – offersi venti copeche». Ma poi si era saputo che una vecchia chiamata Tarapygina non era mai esistita, e l'io narrante era andato al ricovero, dove, di una signora chiamata Tarapygina, non avevano mai sentito parlare e dove si erano offesi molto, quando l'io narrante gli aveva raccontato questa storia.

Allora io, che stavo rileggendo *I demòni*, quando sono arrivato a questo punto mi son ricordato di quando l'Occidente stava per invadere l'Iraq, e in Iraq avevano fatto esplodere i pozzi di petrolio, e da noi, nelle televisioni occidentali, avevano fatto vedere un pellicano coperto di petrolio che non poteva più volare, che aveva commosso moltissimi spettatori, me compreso.

Solo che poi, mesi dopo, si era saputo che nel Golfo Persico, in Iraq, dove ci sono i pozzi di petrolio, di pellicani non ce ne sono.

E mi ero ricordato di una volta che andavo alle elementari, avrò avuto dieci o undici anni, 1973-1974, a Parma, e il Parma, la squadra di calcio, era in serie B, e il principale attaccante del Parma si chiamava Alberto Rizzati e un giorno che c'era sciopero dei giornali si era diffusa la voce, nella mia scuola elementare, che Rizzati si era spaccato una gamba e io, mi ricordo benissimo, nel tornar dalla scuola mi ero avvicinato a un mio conoscente che giocava benissimo a pallone, si chiamava Paolo Musiari, stava per andare a giocare nei giovani della Juventus, e gli avevo detto «Hai sentito cos'è successo a Rizzati?», «No», «Si è rotto una gamba», «E come fai a saperlo?», «L'ho letto sul giornale», «I giornali oggi non escono». E quello è stato un momento, memorabile, in cui non avevo saputo più cosa dire. E il giorno dopo, sulla "Gazzetta di Parma", in prima pagina, era uscita una fotografia di Rizzati con sua figlia in braccio e il calendario con quel giorno dell'anno 1973, o 1974, e il titolo «Rizzati sta bene».

E lo sappiamo benissimo, cosa sono: sono delle *fake news*, che, siamo ormai così abituati, alle *fake news*, che persino io lo so cosa vuol dire, non come *stakeholders*.

Questo sempre per via dell'attualità, di Dostoevskij.

13.4 Il ritorno

I demòni è un romanzo che ha un riflesso immediato anche sulla vita pratica, di Dostoevskij.

Grazie agli anticipi del "Messaggero russo", sul quale il romanzo esce a puntate a partire dal 1871, i Dostoevskij possono rientrare a Pietroburgo dopo quattro anni di assenza.

Lì, otto giorni dopo il loro arrivo, nasce Fëdor, il terzo figlio di Dostoevskij.

E due anni dopo, nel 1873, Anna Grigor'evna si occupa, in prima persona, dell'uscita in volume del romanzo, prima uscita di una collana che comprende tutte le opere del marito, e l'operazione ha successo.

Dostoevskij, intanto, viene assunto come redattore della rivista di orientamento conservatore "Graždanin" (Il cittadino), e fa amicizia con Pobedonoscev, precettore del futuro zar Alessandro III, e futuro procuratore del Santo Sinodo, l'uomo che, nel 1901, avrebbe scomunicato Tolstoj.

13.5 I demòni

Mi dispiace dire quel che sto per dire, ma credo che sia giusto che lo dica: per un certo periodo, qualche anno fa, gli anni dell'università, *I demòni* è stato il mio romanzo preferito, tra i romanzi di Dostoevskij.

So di essere un lettore incostante: *Delitto e castigo*, *L'idiota*, *I demòni*, ho voluto bene a tutti e tre, e gliene voglio ancora (io sono quello che vuol bene sia al babbo che alla mamma, sono inaffidabile).

A me sembra un romanzo, non ci crederete mai, straordinario, che comincia con uno, straordinario, piglio comico, e il cui protagonista sembra essere, all'inizio, quello Stepan Trofimovič Verchovenskij che, dopo aver fatto qualcosina nella capitale, in gioventù, si è ritirato in provincia e «si è un po' lasciato andare»; andando avanti, però, si scopre che i protagonisti, i demòni, sono i rappresentanti della nuova generazione, i figli, primo tra tutti il figlio di Stepan Trofimovič, Pëtr Stepanovič, il cui modello, secondo qualcuno, è Nečaev, un insegnante, figlio di un imbianchino e di una serva della gleba, che si vota alla rivoluzione e scrive, insieme a Bakunin, il *Catechismo del rivoluzionario*; figura centrale, insieme a Pëtr Stepanovič, il figlio di Varvara Petrovna (la protettrice di Stepan Trofimovič), Nikolaj Stavrogin, il cui modello, secondo qualcuno, è lo stesso Bakunin.

È certo il modello di uno dei personaggi, lo scrittore Karmazinov, che è Turgenev: memorabile la lettura pubblica del suo addio ai lettori, *Merci*, in cui Karmazinov racconta di certe cose singolari, che ha visto, come una certa sfumatura di viola che, naturalmente, nessuno dei mortali ha mai osservato; tutti cioè l'hanno vista, ma non l'hanno saputa guardare mentre «ecco che io» dice Karmazinov «ho guardato e la descrivo a voi, imbecilli, come la cosa più naturale del mondo»; era molto arrabbiato, Dostoevskij, con Turgenev, per via di *Fumo*, come abbiamo visto, e i due non si erano lasciati bene, come sappiamo, e qui nei *Demòni* Karmazinov ha una specie di rispetto, per i rivoluzionari, che a tratti sembra connivenza, e chissà, se il vero Turgenev la condivideva.

Quel che è certo è che Turgenev, dopo aver letto *I demòni*, ha commentato:

«Meraviglioso, ma mi sembra che [Dostoevskij] avrebbe dovuto prima di tutto ridarmi i soldi che gli ho prestato, e poi, una volta liberatosi dal peso dell'impegno preso, farmela pagare. Ma si vede che questo peso a lui non pesa molto.»

Turgenev parla dei cinquanta talleri che aveva prestato a Dostoevskij nel 1866, come credo si sia capito.

Dostoevskij, allora, gli aveva scritto: «La ringrazio, carissimo Ivan Sergeevič, per avermi mandato cinquanta talleri. Anche se non hanno risolto tutti i miei problemi, ne hanno comunque risolto qualcuno. Spero di restituirli presto».

Nel 1873, non li aveva ancora restituiti.

Li avrebbe restituiti dopo dieci anni, nel 1876.

13.6 Circoli reazionari vicini alla corte

Nel libro di Evgenija Saruchanjan *Dostoevskij a Pietroburgo*, pubblicato a Leningrado nel 1970 dalla Lenizdat, si dice che nei *Demòni* ci sono delle pagine degne di essere lette ma che, in generale, il romanzo è una pasquinata nei confronti del movimento rivoluzionario e degli attivisti che, in Russia, si battevano per il progresso; aggiunge, Saruchanjan, che, a causa di questo libro, «masse di lettori ruppero con Dostoevskij. Lo scrittore si avvicinò ancora di più ai suoi nuovi "amici" dei circoli reazionari vicini alla corte».

Io mi rendo conto che, a Leningrado, nel 1970, poteva sembrare che le cose fossero andate così, ma devo dire che, a Casalecchio di Reno, sul finire del 2020, mi sembra che le cose siano andate in un modo completamente diverso, e che l'avvicinamento ai circoli reazionari, invece che allontanare «masse di lettori», le abbia attirate: l'uscita in volume dei *Demòni*, come abbiamo detto, è stato un successo, e sul "Cittadino", organo conservatore, voce dei «circoli reazionari vicini alla corte», Dostoevskij comincia, nel 1873, a tenere una rubrica che si chiama "Diario di uno scrittore" che poi, a partire dal 1876, pubblicherà autonomamente, come mensile, tutto scritto da lui.

Del "Cittadino", Dostoevskij è anche caporedattore.

L'avvicinamento ai circoli reazionari presuppone che Dostoevskij, che in gioventù era stato rivoluzionario, e che ne ha pagato le conseguenze, si sia, mi si perdoni la banalizzazione, imborghesito, desiderando una vita più tranquilla, di quella di prima della condanna a morte; la cosa, forse, in parte gli riesce, ma non del tutto. Come nota Fausto Malcovati, «in un articolo sulla visita di una delegazione kirghisa a Pietroburgo vengono citate, sul "Cittadino", senza il permesso del ministro di Corte, alcune parole dello zar. Responsabile della scorrettezza è il caporedattore: 25 rubli di ammenda, 48 ore di arresto, che Dostoevskij passa leggendo *I miserabili* di Victor Hugo».

Nel 1874 Dostoevskij abbandona "Il cittadino" e, dopo aver scritto *L'adolescente,* nel 1876, fa di "Diario di uno scrittore" un mensile autonomo, che è, forse, il principale motivo del suo straordinario successo negli ultimi anni di vita.

Lì sopra Dostoevskij ragiona di quel che succede, in Russia e fuori, racconta quel che vede per le strade di Pietroburgo, pubblica alcuni suoi racconti, come *Il coccodrillo, Bobok, Il sogno di un uomo ridicolo* e *La mite,* e varie altre cose.

Nell'estate del 1873, per esempio, pubblica un pezzetto intitolato *Quadretti 2* che mi sembra ci dia un'indicazione degli ambienti a cui si rivolge Dostoevskij in quegli anni.

13.7 I bottegai

In *Quadretti 2,* Dostoevskij racconta di una domenica di quell'estate del '73, a Pietroburgo; passeggia, sotto sera, e affianca sei artigiani ubriachi che, parlando nella lingua oscena degli ubriachi, «una lingua trovata da tempo immemorabile e accettata in tutta la Russia», fanno una conversazione stranissima.

«È una lingua – dice Dostoevskij – formata da una sola parola, un sostantivo che si può facilmente pronunciare anche con la lingua gonfia, un sostantivo che non c'è in nessun dizionario e non si può pronunciare in presenza di signore.»

Sente prima di tutto uno di questi artigiani che pronuncia quella parola in modo aspro, energico, per esprimere la sua «sprezzante opinione negativa» su qualcosa.

Un altro, in risposta, ha ripetuto quello stesso sostantivo ma con un suono e un senso completamente diversi, cioè come se esprimesse un dubbio sull'opinione negativa del primo.

Un terzo, a un tratto, s'è indignato nei confronti del primo, e ha gridato lo stesso sostantivo in senso «di insolenza e di invettiva».

Il secondo, indignato anche lui, ma col terzo, gli dice «Noi ragionavamo con calma, e tu come mai ti metti a insolentire?». Ma tutta questa frase gliela dice «con quell'unica parola consacrata».

Allora un quarto, il più giovane di tutti, alza la mano e grida, e come se avesse risolto la questione e gridasse «Eureka!», ma non grida «Eureka!», grida sempre quello stesso sostantivo così facilmente pronunciabile, «ma con entusiasmo, con uno stridio di estasi» forse eccessivo, perché al sesto, che è il più vecchio, la cosa non va, e lo rimette al suo posto ripetendogli, «con voce da basso, in tono cupo e edificante, lo stesso sostantivo come se gli dicesse "Ma perché urli? Che bisogno c'è di urlare?".

Si erano detti tutto questo ripetendo un'unica parola per sei volte» scrive Dostoevskij, che, nonostante tutti i Nabokov di questo mondo, era davvero uno scrittore magistrale, ne converrete.

Il mese successivo, Dostoevskij comincia il suo diario dicendo che, sulla rivista rivale ("Golos" [La Voce]), un giornalista moscovita ha scritto che il pezzo di Dostoevskij su quella lingua del popolo russo ha fatto furore nei mercati moscoviti, nei quali il numero di quel mese della rivista "Il cittadino" si è venduto come non mai.

Secondo Dostoevskij quel giornalista moscovita vuol far intendere che i lettori di Dostoevskij erano lettori umili, ignoranti, dei bottegai che avevano comprato "Il cittadino" solo perché si parlava di «quello», e Dostoevskij risponde che lui è molto contento, di avere dei lettori nei mercati, e che ne vorrebbe anche altri, perché lui, diversamente dal giornalista di Mosca, ha un'ottima opinione dei bottegai, gli piacciono molto.

13.8 L'adolescente

Nel 1874 ai Dostoevskij nasce l'ultimo figlio, Aleksej.

Sempre nel '74 Fëdor Michajlovič firma il contratto per l'*Adolescente*, che esce l'anno dopo.

I biografi sono concordi nel ritenere questo periodo uno dei più sereni, nella vita di Dostoevskij.

Forse è anche per quello che io, *L'adolescente*, sarò io, eh?, ma io non ci ho mai trovato un verso.

È un romanzo che, fin dall'inizio, si fa una fatica, non sembra scritto da quello che ha scritto, in stecca, *Il villaggio di Stepànčikovo*, *Memorie del sottosuolo*, *Il giocatore*, *Delitto e castigo*, *L'idiota* e *I demòni*, e che avrebbe poi scritto *I fratelli Karamazov*: una confusione, un'agitazione, io non ci ho capito niente, nell'*Adolescente*, che, non lo metto in dubbio, sarò io, ma secondo me era lui, che era troppo sereno; non va bene, scrivere, se sei sereno.

Sei sereno? Vai a fare un giro. Vai a fare una passeggiata. Vai al mercato, dai tuoi bottegai, ma scrivere, devi star male, per scrivere, se stai bene ti vengon fuori delle cose che, oh, sarò io, eh?, ma io non ci capisco niente, nell'*Adolescente*.

Secondo me è quella serenità lì che, se c'è la serenità, non c'è mica, la letteratura. Poi sarò io, eh?

Sì, ci sono delle cose belle, anche lì, per esempio quando l'adolescente, dopo un centinaio di pagine, entra in una trattoria delle Peterburgskaja storona, e dice «nel locale c'era molta gente, c'era odore di grasso bruciato, di tovaglioli sporchi e di tabacco. L'ambiente era nauseante», queste son cose che, alla proloco di Pietroburgo, fanno sempre piacere, però complessivamente, oh, sarò io, eh?, ma, anche in considerazione del fatto che recensioni del genere, dei locali di Pietroburgo, non ce ne sono poi tante, nell'*Adolescente*, insomma complessivamente per me *L'adolescente* è un disastro.

13.9 Vicolo dei Fabbri

Nel 1878 i Dostoevskij si trasferiscono in un appartamento al numero 5 del Kuznečnyj pereulok (vicolo dei Fabbri), dove oggi c'è il museo Dostoevskij.

A me piace molto, il museo, e, in quelle stanze, tra quei muri che sono gli stessi che hanno ospitato la famiglia Dostoevskij, uno ha l'impressione di sentire la pace che è arrivata, finalmente, a benedire questa famiglia, anche, e soprattutto, per merito di quella donna (straordinaria) che si chiama Anna Grigor'evna Dostoevskaja.

Dostoevskij viene eletto nell'Accademia delle Scienze, dove, di scrittori, oltre a lui, ci sono solo Tolstoj e Turgenev.

Ma, sempre nel 1878, gli viene diagnosticato un enfisema polmonare.

E, sempre nel '78, muore il più piccolo, dei Dostoevskij, Aleksej, per le conseguenze di un attacco epilettico.

Dostoevskij scrive *I fratelli Karamazov*, che esce all'inizio del 1879, e che è tutto diverso, dall'*Adolescente*.

13.10 Il babbo

Il personaggio più bello, per conto mio, è il babbo, dei fratelli Karamazov, Fëdor, e memorabile è il discorso che Karamazov fa al più piccolo dei suo figli, Alëša, il Karamazov spirituale (Ivan, come si sa, è quello intellettuale, Dmitrij quello fisico, carnale), quando Alëša gli dice che vuole andare in convento.

Il padre risponde:

«E così, vuoi andartene a stare coi monaci? Ma sai, per me è un dispiacere, Alëša, davvero: io, credimi, mi sono affezionato a te... Del resto, sarebbe proprio l'occasione che ci vuole: pregherai anche per noi peccatori, che davvero, standocene qui, abbiam troppo peccato. Era una cosa che pensavo sempre: chi ci sarà, che pregherà per me? Si troverà al mondo un uomo simile? Caro il mio piccino, in questo, sai?, io sono un terribile stupido: tu forse non ci crederai. Un terribile stupido! Vedi, per quanto in questo io sia uno stupido, ci penso però, sempre ci penso... ogni tanto, s'intende, mica sempre... Non è mica possibile, penso, che i diavoli con i loro raffi si scordino di tirar giù me, quando morirò. Ed ecco che mi viene in mente: i raffi? e di dove li prendono? di che son fatti? sono di ferro? ma allora dove li forgiano? e che, c'è qualche fabbrica, dunque, lì da loro? In questi conventi, vedi, i religiosi credono con sicurezza che l'inferno, per esempio, abbia tanto di soffitto. Ma io sono qui pronto a credere all'inferno, purché non si parli di soffitto: esso ne viene a risultare, allora, più fine, direi, più progredito, alla luterana, insomma. Ma in sostanza non è poi la stessa cosa, col soffitto o senza soffitto? Ecco, ecco dove sta la maledetta questione! Già, ma se il soffitto non c'è, allora non ci son neppure i raffi. E se non ci sono i raffi, in tal caso tutto va a rotoli: di nuovo si cade nell'inverosimile: chi è allora, che mi tira giù coi raffi, giacché se io non fossi tirato laggiù, che ne sarebbe allora, dove starebbe la giustizia a questo mondo? *Il faudrait les inventer*, questi raffi, apposta per me, per me solo: giacché se tu sapessi, Alëša, che svergognato sono io!...»

13.11 Smerdjakov

Il lacchè dei Karamazov, Smerdjakov, un orfano che era stato allevato dai servitori, Marfa Ignat'evna e Grigorij Vasil'evič, e che non aveva «un filo di gratitudine», era «un ragazzo selvatico che negli anni infantili prendeva un gran gusto a impiccare i gatti, e poi a seppellirli con tanto di cerimonia funebre, con indosso un lenzuolo» che doveva rappresentare un indumento sacerdotale.

Aveva una religione sua, diversa da quella che gli aveva insegnato Grigorij, che non l'aveva convinto.

«Grigorij – infatti – gli aveva insegnato a leggere e a scrivere, e quando lui aveva avuto dodici anni, si era messo insegnargli la Storia Sacra. Ma l'impresa andò subito in fumo. Bruscamente, la seconda o al massimo la terza lezione, il ragazzo di punto in bianco si mise a ridacchiare.

"Che hai?" domandò Grigorij, sbirciando severo da sotto agli occhiali.

"Oh, niente" aveva detto Smerdjakov. "La luce, il Signore Iddio, l'ha creata il primo giorno: e il sole, la luna e le stelle, il quarto giorno. O allora di dove veniva la luce, il primo giorno?"

Grigorij non sapeva cosa dire.»

Smerdjakov, il cui nome potrebbe venire sia da smerd, "contadino", che da smerdet', "puzzare", tra le tante cose singolari che fa nel romanzo, getta a un cane di nome Žučka un boccone di pane con dentro uno spillo, che è una cosa che ci fa forse più orrore di un omicidio; così come, in *Delitto e castigo*, la scena in cui Raskol'nikov sogna una cavallina che viene frustata, battuta e picconata a morte dal suo padrone ubriaco è più cruenta, più orribile, più offensiva della scena del duplice delitto.

13.12 Un certo Maksimov

Nella terza parte dei *Fratelli Karamazov*, nell'ottavo libro, c'è un personaggio del tutto marginale, un certo Maksimov, che si era sposato con una zoppa, e gli chiedono come mai:

«Dunque» gli chiedono, «lei ha sposato una zoppa?»

«Una zoppa, precisamente. Il fatto è che loro, sul momento, s'accordarono tutt'e due a farmi un imbroglietto, e mi nascosero la cosa. Io credevo che lei saltellasse… Continuava sempre a saltellare, e quindi pensavo che facesse così per la contentezza…»

«Per la gioia di diventar vostra moglie?» stridette, con un'infantile acutezza di voce, Kalganov.

«Già, eh? per la gioia. E invece, ahimè, venne a scoprirsi che era per tutt'altro motivo. Più tardi, dopo che avemmo celebrato il matrimonio, la sera delle nozze, allora sì che mi confessò tutto, e tutta accorata mi chiede perdono: un giorno, mi disse, da giovinetta, aveva saltato una pozzanghera, e così s'era rovinata il piedino, hi-hi!»

13.13 Due polacchi

E due personaggi bellissimi, dopo smetto, son due polacchi, pan Musjalovič e pan Vrublevskij, il primo dei quali è fidanzato con Grušen'ka, e i polacchi di solito, nei romanzi di Dostoevskij, finiscono male, e loro anche loro, in un modo molto originale:

«Pan Musjalovič, effettivamente, mandava una lunghissima e (al solito suo) fioritissima lettera, in cui chiedeva che gli si facesse un prestito di tremila rubli. Alla lettera era accluso un biglietto di ricevuta, in cui si obbligava a restituire la somma in tempo di tre mesi: e sotto la ricevuta aveva apposto la firma anche pan Vrublevskij. Di lettere simili, e sempre munite di simili ricevute, Grušen'ka ne aveva già ricevute in gran numero dal suo "ex". La storia era incominciata fin da quando Grušen'ka era guarita, due settimane prima. Lei aveva saputo, tuttavia, che nel corso della sua malattia i due pan eran venuti a informarsi della sua salute. La prima lettera ricevuta da Grušen'ka era una letterona su carta di gran formato, sigillata con un gran timbro con tanto d'iniziali, terribilmente oscura e arzigogolata, tanto che Grušen'ka, lettane soltanto mezza, l'aveva buttata via senza averci capito un'acca. E poi, altro che a lettere aveva da pensare allora. A questa prima, era seguita l'indomani una seconda lettera, nella quale pan Musjalovič chiedeva in prestito duemila rubli, a scadenza brevissima. Anche quest'altra lettera era stata lasciata da Grušen'ka senza risposta. Era seguita quindi tutta una serie di lettere, in ragione di una al giorno, tutte ugualmente solenni e pretenziose, ma nelle quali la somma richiesta in prestito gradatamente s'era venuta abbassando, riducendosi a cento rubli, a venticinque, a dieci: e finalmente, un bel giorno, Grušen'ka aveva ricevuto una lettera, in cui i due pan le chiedevano un rublo solo, e accludevano la ricevuta, sotto la quale entrambi avevano apposto le loro firme.»

13.14 Un riassunto

Ieri mi hanno invitato a presentare l'ultimo libro che ho scritto nella biblioteca di Cavriago, che è la biblioteca dove ho fatto la prima presentazione del primo romanzo che ho pubblicato, nel 1999, ventuno anni fa.

Mi hanno chiesto, tra le altre cose, dei corsi di scrittura che faccio da quindici anni, e io ho detto che sono corsi dai quali mi sembra di imparare un sacco di cose.

L'anno scorso ne ho tenuto uno che aveva un obiettivo, scrivere un libro: lo tenevo a Bologna, il lunedì, e a Milano, il martedì, ventisei persone da una parte, ventisei dall'altra, e ciascuno dei cinquantadue partecipanti, nei due mesi che è durato il corso, ha letto almeno quattro romanzi russi e si è segnato i personaggi strampalati che c'erano dentro e li ha raccontati in piccoli racconti che cominciavano tutti con "Uno", o "Una", e quei raccontini alla fine son stati più di ottocento e hanno composto un libro che si chiama *Repertorio dei matti della letteratura russa*, e che uscirà, credo, in febbraio, e uno di questi matti (l'ha scritto Roberto Livi, marchigiano di Pesaro) è tratto dai *Fratelli Karamazov*, e fa così:

«Uno organizzava feste per aspiranti suicidi nella Russia dell'Ottocento.

Lui era nato contadino, ma da quando era diventato locandiere, considerava i contadini poco più che delle bestie, gente rozza e ignorante, buona solo per lavorare la terra. Però, se la sera arrivava un cliente coi rubli in vena di bagordi, allora il locandiere non si faceva scrupoli, lui andava per il villaggio a svegliare le contadine, e sotto il ricatto dei debiti pregressi, le obbligava a ballare tutta la notte per il divertimento del cliente. Già la vita delle contadine marchigiane del Novecento era durissima, pensa quella delle contadine russe dell'Ottocento. La fame tutto l'anno. Il freddo, la tosse e il mal di gola che cominciavano a settembre e andavano via a giugno. Sveglia tutte le mattine alle 5 per accudire gli animali. Quindi lavare i panni al lavatoio, rammendare, cucinare, mai un minuto libero, tutto questo prima di andare a spezzarsi la schiena sui campi fino all'ultimo raggio di sole. Poi finalmente il riposo. Ma ecco che una sera arriva un tenente che vuole far baldoria. E siccome il tenente è pieno di rubli, il locandiere subito gli organizza una festa. Corre a svegliare le contadine e le obbliga a ballare nella locanda. E siccome sono in Russia, le contadine devono ballare le danze russe, ta ta-tatata, che sono forse le danze più faticose del mondo. Tutta questa fatica per cosa? Soltanto per far arricchire il locandiere, che ha già tanti soldi ma non gli bastan mai. Ne vorrebbe sempre di più, adesso vorrebbe anche tutti i soldi del suo cliente, uno che ha deciso di uccidersi, ma che prima di uccidersi, vuol sperperare i suoi tremila rubli rubati, poi spararsi, in modo da punire nel profondo la sensibilità di una bella usuraia, quella stessa usuraia che già un mese prima il tenente aveva tentato invano di conquistare, sempre con una festa a base di contadine e champagne. Ormai che l'usuraia ha deciso di andare in Polonia per sposare un ufficiale polacco, al nostro eroe non resta altro che spararsi. Alle 5 si sparerà di sicuro. Prima però decide di abbruttirsi col gioco d'azzardo. Così sfida alle carte il polacco, e comincia a puntare forte, e a perdere forte, sempre più forte, che glielo vuol proprio far vedere al rivale polacco come sa perdere un russo i suoi rubli rubati. E mentre, una mano dopo l'altra, si consuma l'autodistruzione dell'eroe, ecco riapparire il locandiere, il quale, accortosi del mazzo di carte truccate, e preoccupato per la possibilità di veder svanire il suo guadagno, sbugiarda il baro polacco di fronte al mondo intero e lo rinchiude in castigo nello stanzino. In quel preciso momento, la bella usuraia deve aver pensato: i polacchi, che brutte persone. E in un attimo comprende che il suo ufficiale polacco, atteso per cinque lunghi anni, era nient'altro che una mastellata di risciacquature, e che il Karamazov sarà sì forse uno sfaccendato spendaccione ladro e assassino, ma è comunque pur sempre un bravo ragazzo. Lei lo abbraccia, lo bacia, gli promette amore eterno. La giustizia alla fine trionfa. Si stappi altro champagne, ballino le contadine, e avanti così tutta la notte. Fortuna che a un certo punto arriva la polizia a interrompere la festa, giusto in tempo per dare alle contadine un'ora di sonno, prima di dover tornare sui campi a lavorare.»

13.15 Un finale

I personaggi che si trovano dentro i libri di Dostoevskij si vergognano spesso, di quello che fanno, di quello che vedono, di quello che dicono, di quello che sentono; ci son delle volte, che anche i lettori, dei romanzi di Dostoevskij, si vergognano.

A me, tutte le volte che finisco di leggere *I fratelli Karamazov*, e credo di averlo letto cinque volte, quando arrivo alla fine, al funerale di Iljuša, il bambino che è morto, con Alëša che dice «Ci ricorderemo non solo il suo viso, ma il suo vestito, i suoi miseri scarponcini, la sua piccola bara, e il suo babbo disgraziato, e il modo in cui lui, da solo, ha sfidato tutta la classe e l'ha difeso», e i ragazzi gridano «Ce lo ricorderemo, era coraggioso, era buono!», e uno di loro, Kolja, dice «Ah, come gli ho voluto bene!», e Alëša Karamazov dice «Ah! Piccoli, ah, cari amici miei: non temetela, voi, la vita! Com'è bella la vita quando fai qualcosa di buono e di giusto!», e i ragazzi gridano «Sì, sì!», e uno di loro, Kartasëv, probabilmente, grida «Karamazov, noi ti vogliamo bene!», e Kolja grida «Evviva Karamazov!», e Alëša grida anche lui: «E per sempre viva in noi il ricordo del ragazzo morto!», e i ragazzi rispondono «Per sempre! Per sempre!», e Kolja grida «Karamazov! Può essere vero quello che dice la religione, che noi risorgeremo dai morti, e torneremo in vita, e ci rivedremo l'un l'altro, tutti quanti, e dunque anche Iljuša?», «Risorgeremo senz'altro, senz'altro, risorgeremo», e Kolja dice «Ah, come sarà bello», e io, che non credo nella resurrezione, tutte le volte mi commuovo, e tutte le volte mi vergogno, e tutte le volte mi piace, commuovermi, e tutte le volte mi piace vergognarmi.

13.16 E altri racconti

Non so se avete mai pensato a qual è il libro che ha il titolo più bello, tra tutti i libri che avete letto.

A me *L'idiota*, per dire, piace molto, molto mi piace *Memorie del sottosuolo*, mi piace *Povera gente*, mi piace *Un eroe dei nostri tempi*, *Guerra e pace*, mi piace, *Zoo o lettere non d'amore*, è un bellissimo titolo, *Anime morte*, a pensarci, è un grande titolo, *Noialtri*, mi piace, mi piace perfino *Il placido Don*; non mi piacciono solo dei titoli russi, mi piace moltissimo il titolo di una serie televisiva americana che non ho mai visto, "Casalinghe disperate", che secondo me è un titolo eccezionale ma non abbastanza da convincermi a vedere la serie, evidentemente. *Cent'anni di solitudine*, mi piace, *Illusioni perdute* e *Splendori e miserie delle cortigiane*, che vanno via sempre insieme, *La Certosa di Parma*, mi piace, perché non c'entra niente con la storia e un po' anche così, per campanilismo. Mi piacciono moltissimo i titoli dei primi tre libri di Cesare Zavattini: *Parliamo tanto di me*, *I poveri sono matti*, *Io sono il diavolo*, mi sembra bellissimo *Improvvisi per macchina da scrivere*, di Manganelli. *Di cosa parliamo quando parliamo d'amore*, bellissimo. *La verità, vi pre-*

go, sull'amore, grande titolo. *La condizione che chiamiamo esilio*, che meraviglia. Ma il titolo più bello tra tutti i titoli che ho letto, è il titolo di una raccolta di racconti di uno scrittore nato in Honduras nel 1921, Augusto Monterroso.
Opere complete e altri racconti.
Questa raccolta contiene un racconto che si intitola *Opere complete*, quindi il titolo ha perfettamente senso.
Monterroso potrebbe, probabilmente, citare quel passo dello (straordinario) scrittore russo Daniil Charms che dice:

«All'osservazione: "In quello che ha scritto ci son degli errori", rispondi: "Sembra sempre così, in quello che scrivo".»

Ma questo non c'entra, con Dostoevskij.
Quello che c'entra, con Dostoevskij, è il fatto che Domenico Arenella, uno dei partecipanti a quel corso che ha prodotto il *Repertorio dei matti della letteratura russa*, ha scritto un matto che viene da un racconto di Monterroso, questo qua:

«Uno era il protagonista del racconto *Omaggio a Masoch* di Augusto Monterroso. Era un uomo che appena dopo il suo primo divorzio, dopo una serata passata in un bar o a un party, dove tutti i suoi amici avevano riso per quello che lui diceva, tornava a casa di notte nel suo appartamento, prendeva la sua poltrona e la metteva di fronte a un tavolino con sopra una bottiglia di rum e un bicchiere, dopodiché faceva partire la *Terza sinfonia* di Brahms dal suo giradischi e apriva la sua edizione dei *Fratelli Karamazov*.
Cominciava poi, ripetutamente, a leggere la parte dove si vedono comparire nell'ordine: il cadavere del bambino Iljuša in una bara celeste; il bambino Kolja che, avendo saputo da Alëša che suo fratello Mitja sarà giustiziato anche se innocente, esclama emozionato che gli piacerebbe morire per l'umanità; il padre di Iljuša che perde di continuo la ragione, sviene e poi si riprende; infine Alëša che, in un raptus di ispirazione,

si rivolge agli amichetti di Iljuša per pronunciare un discorso così pieno di parole di speranza, che quando finisce i bambini si mettono a gridare tutti in coro "Viva Karamazov!".

Il personaggio svolgeva questa lettura in un ritmo perfettamente calcolato, in modo che i Viva Karamazov terminassero con gli ultimi tre accordi della sinfonia di Brahms.

Poi, spento il giradischi, andava a letto e, sprofondando la testa nel cuscino, singhiozzava amaramente per Iljuša, per Alëša, per Kolja e per Mitja.»

13.17 Puškin

L'8 giugno del 1880 Dostoevskij è invitato a Mosca per le celebrazioni di Puškin in occasione dell'inaugurazione del monumento in via Tverskaja, nel centro di Mosca.

Dostoevskij legge un discorso su Puškin nel quale dice, tra l'altro, che l'*Evgenij Onegin*, il meraviglioso romanzo in versi che inaugura la letteratura russa moderna, dovrebbe chiamarsi "Tat'jana", perché il vero protagonista del romanzo non è Onegin, è Tat'jana.

E finisce dicendo che a un vero russo il destino dell'Europa sta a cuore quanto il destino della Russia stessa. E che i popoli europei non lo sanno, quanto son cari ai russi. E che in futuro, dice Dostoevskij,

«noi, cioè non noi personalmente, ma i russi che verranno, i russi futuri, comprenderanno tutti, dal primo all'ultimo, che diventare un vero russo significherà precisamente aspirare alla definitiva riconciliazione delle contraddizioni europee, mostrare la via di uscita alla tristezza europea; l'animo russo, profondamente umano, saprà abbracciare con amore fraterno tutti i nostri fratelli, e alla fine forse dirà la parola definitiva della grande armonia universale, dell'accordo definitivo, fraterno, di tutte le razze, secondo la legge evangelica di Cristo!»

13.18 L'ultima lettura

Aleksandr Fëdorovič Koni, che era presente al discorso su Puškin del giugno del 1880, scrive:

«Si è creato fin dall'inizio un legame tra Dostoevskij e la massa degli ascoltatori. C'era un'agitazione trattenuta che è cresciuta man mano che Dostoevskij parlava e, quando ha finito, c'è stato un attimo di perfetto silenzio, e poi, come uno scroscio tempestoso, è scoppiato un entusiasmo che non avevo mai visto e sentito in via mia. Applausi, grida, rumori di sedie hanno fatto tremare le pareti della sala. Molti piangevano, si rivolgevano ai vicini sconosciuti con esclamazioni e felicitazioni, molti si sono lanciati verso il palco, e ai piedi del palco un ragazzo ha perso i sensi per l'agitazione. Quasi tutti erano in uno stato tale che sembrava che avrebbero fatto tutto quello che Dostoevskij avrebbe detto loro di fare... Così, probabilmente, nell'antichità era stato capace di rivolgersi alla folla Savonarola...»

Un altro presente quel giorno, Dmitrij Nikolaevič Ljubimov, racconta:

«Credo che le pareti del Circolo dei nobili di Mosca non siano mai state investite, né prima né dopo, da un entusiasmo tale. Gridavano e battevano le mani praticamente tutti, in sala e sul palco. Aksakov è corso a abbracciare Dostoevskij, Turgenev, trascinandosi come un orso, correva verso Dostoevskij a braccia aperte. Dostoevskij sul palco si asciugava il sudore con un fazzoletto, e il presidente ha suonato la campanella con vigore e ha ricordato che il convegno doveva continuare, e ha invitato sul palco Ivan Sergeevič Aksakov.
Aksakov è corso al podio e ha gridato: "Signori, non voglio e non posso parlare dopo Dostoevskij. Dopo Dostoevskij non si può parlare. Il discorso che abbiamo sentito, è un avvenimento. Turgenev è d'accordo con me".»

In una lettera a Anna Grigor'evna dell'8 giugno del 1880 Dostoevskij scrive:

«Stamattina ho letto il mio discorso al raduno degli amici di Puškin. La sala era strapiena. No, Anna, no, tu non arriverai mai a immaginarti l'effetto che ha fatto. Al confronto le mie letture pietroburghesi non sono niente. Niente, zero, rispetto a questo. Quando ho finito, sconosciuti, tra il pubblico, piangevano, singhiozzavano, si promettevano a vicenda che sarebbero stati migliori, che non si sarebbero odiati, che si sarebbero voluti bene. Tutti volevano venire da me sul palco, grandes-dames, studentesse, segretari governativi, studenti, tutti mi abbracciavano, mi baciavano. Tutti i membri della nostra società che erano sul palco mi hanno abbracciato e baciato, tutti, dal primo all'ultimo, piangevano per l'entusiasmo. Hanno continuato così per mezz'ora, a un certo punto mi hanno fermato due vecchietti: "Noi eravamo nemici da vent'anni" mi han detto, "non ci parlavamo, adesso ci siamo abbracciati, abbiamo fatto la pace: lei, ci ha rappacificato. Lei è il nostro santo, lei è il nostro profeta". Turgenev, del quale ho parlato bene, nel discorso, è corso a abbracciarmi con le lacrime agli occhi. Annenkov è corso a darmi la mano e a baciarmi sulla spalla. "Lei è un genio" mi hanno detto, "lei è più di un genio." Aksakov (Ivan) è corso sul palco e ha detto che il mio non è un discorso, è un avvenimento storico.»

13.19 Uno studente di medicina

Una volta, dopo il discorso di Mosca, lo scrittore Aleksandr Vasil'evič Kruglov camminava sulla prospettiva Nevskij, a Pietroburgo, insieme a uno studente di medicina. Incontro a loro vedono Dostoevskij. Lo studente di medicina si toglie il berretto.
«Davvero conosce Fëdor Michajlovič?» gli chiede Kruglov.
«Non lo conosco personalmente» risponde lo studente. «Non

mi sono inchinato, ho scoperto il capo come faccio sempre quando, a Mosca, passo davanti al monumento di Puškin.»

13.20 Il babbo

Pochi mesi dopo il discorso moscovita, il 28 gennaio del 1881, alle 8 e 36 di sera, Dostoevskij muore di enfisema polmonare.

Se andate al museo Dostoevskij, in vicolo dei Fabbri, a Pietroburgo, vedrete una scatola di tabacco della ditta Laferm, con su scritto, a matita: «28 gennaio 1881. Oggi è morto il babbo».

È la grafia della figlia Ljubov', che allora aveva undici anni.

13.21 Un amico

Racconta la figlia di Dostoevskij, Ljubov', che alla veglia funebre di suo padre, quando è arrivato un inviato della corte a informare sua mamma, Anna Grigor'evna, che a nome di Alessandro II le era stata assegnata una pensione statale, e che era stato deciso di educare i suoi figli a spese dello Stato, lei, Anna Grigor'evna, si è alzata tutta contenta per dare la bella notizia a suo marito. Che era morto. «In quel momento» ha detto Anna Grigor'evna «mi sono resa conto per la prima volta che da quel momento in poi avrei dovuto vivere da sola, e che non avevo più un amico con cui poter condividere la gioia e il dolore.»

FINE

Nota

Quando facevo l'università, mi ricordo di aver letto uno studio di Anna Achmatova sulle epigrafi di Puškin, le frasi che Puškin metteva all'inizio delle sue opere, e che erano tutte sbagliate; certe volte probabilmente lo faceva apposta, inventava, ma certe volte si ricordava male, Puškin, secondo l'Achmatova, mi sembra di ricordare.

Io, nel mio piccolo, anch'io delle volte mi ricordo male, e può darsi che qui dentro ci siano delle cose che chissà, se sono vere.

Quella signora, per esempio, nel *Bottone di Puškin* di Serena Vitale, che si meravigliava dell'ignoranza dei suoi conoscenti e ne era affascinata, a me sembra di averla letta ma, l'ho cercata, non l'ho ritrovata, solo che mi piace così tanto, quella signora, che l'ho lasciata nel libro lo stesso, anche se ho dei dubbi sulla sua esistenza.

Allora se, qui dentro, vi sembra che ci siano delle cose sbagliate, non è, come dice Charms, che le mie cose fanno sempre quest'impressione, è diverso: probabilmente avete ragione.

Anche sul verso di Anna Achmatova che dice che il mondo è orribile e meraviglioso, ho dei dubbi, a dire il vero, anzi, sono quasi sicuro che non esista e mi piace, avere dei dubbi e esser quasi sicuro che non esista.

Ho finito di scrivere questo romanzo a Casalecchio di Reno l'11 dicembre del 2020 all'1 e 48 del mattino.

Poi l'ho finito altre quattro o cinque volte, le revisioni.

Finire di scrivere un romanzo, soprattutto un romanzo che parla delle cose di cui parla questo romanzo, è un'esperienza singolarissima e può essere commovente, per chi, come me, è facile alla commozione.

Per questo i ringraziamenti sono una parte difficile, da scrivere: sono quei momenti che hai la tentazione di scrivere delle frasi memorabili, e, quando hai quella tentazione, l'esperienza consiglia che la cosa migliore che puoi fare è non cedere, alla tentazione.

Niente di memorabile.

Allora dico che voglio ringraziare:

Antonio Pennacchi, che mi ha convinto a provare a scrivere questo libro;

Carlo Carabba, che, quando gliel'ho raccontato, l'ha capito e l'ha preso;

Agnese Incisa, che ci ha tenuti insieme;

Alberto Rollo, con il quale abbiamo cominciato a parlarne a Mosca, io e lui a piedi, da soli, nella notte moscovita, una cosa così bella non mi succederà più;

Alessandra Mascaretti, che a me sembra un artificiere con la passione per le esplosioni, maestra dell'antichissima arte dell'espunzione;

i miei amici Al'bin Konečnyj, Ksana Kumpan e Dima Azjatcev, per i libri che hanno scritto e per quelli che mi hanno fatto leggere;

il mio amico Simone Cireddu;

Daniele Brolli, che mi ha chiesto se Dostoevskij giocava per scrivere o scriveva per giocare;

le mie studentesse di traduzione dal russo alla Iulm, Giada Bertoli, Francesca Giordano, Verdiana Neglia e Irene Verzeletti, con le quali, da un anno e mezzo, lavoriamo alla traduzione della biografia di Pavel Fokin *Dostoevskij bez gljanca*, che uscirà nell'ottobre del 2021 per Utet col titolo *Un certo Dostoevskij*;

la professoressa Maria Candida Ghidini, che mi ha aiutato a capire la faccenda di Strachov;

Domenico Arenella e Roberto Livi, che mi hanno consentito di pubblicare i loro racconti;

il mio amico, e medico, Gabriele Spadacci, che ha avuto la pazienza di fare la diagnosi di morte di Dostoevskij basandosi sulle poche informazioni confuse che gli passavo;

il mio regista, Nicola Borghesi, che mi ha dato il permesso di mettere qui dentro una nostra interessantissima conversazione telefonica;

Beatrice Renzi e Sara Olivieri che, durante una riunione per un documentario che doveva chiamarsi *Sanguina ancora. L'incredibile vita di Fëdor Michajlovič Dostoevskij*, e che forse non si farà mai, mi hanno dato l'idea di organizzare l'inizio della fine del romanzo per successive Gerusalemme;

i partecipanti alla scuola che si è intitolata "Come diventare superflui", e alle scuole di scrittura su Dostoevskij che abbiamo fatto negli ultimi anni che hanno riletto con me alcuni dei romanzi dei quali si parla in questo romanzo;

Valentina Alferj, che ha sollevato un dubbio sul titolo;

i partecipanti alla scuola di scrittura "Innamorarsi come un telegrafista", che mi hanno aiutato a risolvere un dubbio sul titolo;

Togliatti e la Battaglia, «quelle che camminano, con stivali di occhi neri, sui fiori del mio cuore».

Casalecchio di Reno,
gennaio 2021

Bibliografia

L'edizione di riferimento per le opere di Dostoevskij è: F.M. Dostoevskij, *Polnoe sobranie sočinenij v tridcati tomach* (Raccolta complete delle opere in trenta volumi)/ANSSSR, Institut russkoj literatury (Puškinskij dom), a cura di V.G. Bazanov, G.M. Fridlender, V.V. Vinogradov e altri, Nauka, Leningrad, 1972-1990, che si trova, online, all'indirizzo: http://russian-literature.org/author/Dostoyevsky

L'immagine di copertina viene da *Obraz Dostoevskogo v fotofrafijach, živopisi, grafike, skul'pture* (Immagini di Dostoevskij: fotografia, pittura, grafica, scultura), Kuznečnyj pereulok, Sankt-Peterburg 2009.

L'epigrafe viene da: Konstantin Aleksandrovič Trutovskij, *Vospominanija o Fëdor Michajloviče Dostoevskogo* (Ricordo di Fëdor Michajlovič Dostoevskij), in "Russkoe obozrenie" (Rassegna russa), N. 1, 1893, pp. 212-217.

0. Sanguina ancora

Le citazioni da *Delitto e castigo* vengono da Fëdor Dostoevskij, *Delitto e castigo*, traduzione e cura di Damiano Rebecchini, Feltrinelli, Milano 2019 (8).

La definizione dei Nonostante viene da: Angelo Maria Ripellino, *La fortezza d'Alvernia*, Rizzoli, Milano 1967, p. 129.

1. Diventare Dostoevskij

Il primo testo, in lingua originale, che ho letto di Dostoevskij era in: Fëdor Dostoevskij, *Teksty i risunki. Kniga dlja čtenja c kommentariem na anglijskom jazyke* (Testi e disegni. Libro di lettura con note in inglese), Russkij jazyk, Moskva 1989.

La citazione di Bazarov viene da Ivan Turgenev, *Padri e figli*, traduzione di Paolo Nori, Feltrinelli, Milano 2010.

L'edizione del *Giocatore* che ho citato è: Fëdor Dostoevskij, *Il giocatore*, traduzione e note di Gianlorenzo Pacini, Garzanti, Milano 2016 (20).

Il libro di memorie di Anna Dostoevskaja si intitola *Moj muž Fëdor Dostoevskij*, io ho consultato l'edizione Algoritm, Moskva 2018, c'è una traduzione italiana (a cura di Luigi Vittorio Nadai) intitolata *Dostoevskij mio marito*, Castelvecchi, Roma 2014.

I ricordi dell'incontro tra Dostoevskij e Belinskij si trovano nel numero di gennaio del 1877 della rivista "Dnevnik pisatelja", la cui versione italiana è: Fëdor Dostoevskij, *Diario di uno scrittore*, traduzione e introduzione di Ettore Lo Gatto, Sansoni, Milano 1981.

La battuta del maestro Liverani sulla coglionaggine viene da Raffaello Baldini, *La fondazione*, traduzione di Giuseppe Bellosi, Einaudi, Torino 2008.

Le lettere di Dostoevskij nel testo sono prese dall'epistolario originale e tradotte da me, segnalo la recente edizione italiana di una scelta delle lettere: Fëdor Dostoevskij, *Lettere*, a cura di Alice Farina, traduzione di Giulia De Florio, Alice Farina e Elena Freda Piredda, ilSaggiatore, Milano 2020.

Il libro di Serena Vitale *Il bottone di Puškin* è stato pubblicato, a Milano, da Adelphi nel 2000.

Il racconto sull'Opojaz di Viktor Šklovskij viene da *Formal'nyj metod. Antologija russkogo modernizma* (Il metodo formale. Antologia del modernismo russo), Kabinetnyj učenyj, Moskva-Ekaterinburg 2016.

Ho preso le memorie di Grigorovič (e molte altre memorie su Dostoevskij) dalla biografia *Dostoevskij bez gljanca* (Un certo Dostoevskij), a cura di Pavel Fokin, Pal'mira, Sankt-Peterburg/Moskva 2018.

Se volete leggere *Anime morte*, di Gogol', ho la faccia tosta di consigliarvi l'edizione che ho tradotto io (Feltrinelli, Milano 2009).

Segnalo l'edizione di *Povera gente* a cura di Serena Prina, Feltrinelli, Milano 2017 (2).

Il discorso su Puškin è stato pubblicato in "Diario di uno scrittore", una sua traduzione italiana si trova nell'edizione Sansoni citata prima.

L'edizione italiana del *Sosia* che ho letto io, tanti anni fa, è tradotta da Alfredo Polledro (Mondadori, Milano 1985).

2. Intermezzo

Il libro di cui si parla qui è Frederick Forsyth, *Icona*, traduzione di Laura Ferrari, Metella Paterlini, Anna Rusconi e Sabrina Zung, Mondadori, Milano 1986.

3. Una vita difficile

Le memorie sono tratte da *Dostoevskij bez gljanca* (Un certo Dostoevskij), a cura di Pavel Fokin, che abbiamo già citato.

4. Puškin

Un'edizione italiana della *Donna di picche* si trova in un volume che ho curato io e che contiene tutte le opere in prosa pubblicate in vita da Puškin (Aleksandr Puškin, *Umili prose*, Feltrinelli, Milano 2006).

La prima traduzione del *Maestro e Margherita* che ho letto, quella di Milly De Monticelli, è quella a cui sono affezionato e che consiglierei a chi non ha ancora letto questo straordinario romanzo di Michail Bulgakov.

Ci sono diverse traduzioni italiane dell'*Evgenij Onegin* di Puškin, le due che mi piacciono di più sono quella di Eridano Bazzarelli (con testo a fronte, Bur, Milano 1960) e quella, in rima, di Ettore Lo Gatto (Quodlibet, Macerata 2008).

L'edizione di riferimento delle opere di Puškin in lingua originale è A.S. Puškin, *Polnoe sobranie sočinenij v 10 tt* (Raccolta completa delle opere in 10 vv.), AN SSSR, In-t rus, lit. (Puškinskij Dom), 4-e izd., L, "Nauka", 1977-1979, che si trova qui: http://russian-literature.org/author/Pushkin.

Il discorso di Turgenev su Puškin si trova in: *Reči o Puškine 1880-1960 gody* (Discorsi su Puškin Anni 1880-1960), Tekst, Moskva 1999.

Il verso di Chlebnikov viene da Velimir Chlebnikov, *Tvorenija* (Opere), a cura di Viktor Grigor'ev e Aleksandr Parnis, Sovetskij Pisatel', Moskva 1986.

La frase di Blok viene da: Aleksandr Blok, *L'intelligencija e la rivoluzione*, traduzione di Maria Olsufieva e Oretta Michaelles, Adelphi, Milano 1978.

La traduzione italiana del libro di Sinjavskij su Puškin è: Andrej

Sinjavskij, *Passeggiate con Puškin*, a cura di Sergio Rapetti, Jaca Book, Milano 2012.

Il libro di Lotman, su Puškin, è Jurij Michajlovič Lotman, *Puškin*, Iskusstvo – SPB, Sankt-Peterburg 1995.

La mossa del cavallo, di Šklovskij, è stato tradotto da Maria Olsufieva per la casa editrice De Donato di Bari ed è uscito nel 1967.

La poesia di Ernesto Ragazzoni viene da: Ernesto Ragazzoni, *Buchi nella sabbia e pagine invisibili*, Einaudi, Torino 2000.

Il paragone tra Evgenij Onegin e Orlando innamorato si trova in: Viktor Šklovksij, *La costruzione del racconto e del romanzo*, in *Una teoria della prosa*, traduzione di Maria Olsufieva, Garzanti, Milano 1974.

5. Diventa difficilissima

Gli scritti di Gide su Dostoevskij sono raccolti in André Gide, *Dostoevskij*, traduzione di Maria Maraschini, Medusa, Milano 2013.

Il giudizio di Belinskij su *La padrona* viene da Evgenija Saruchanjan, *Dovtoevskij v Peterburge* (Dostoevskij a Pietroburgo), Lenizdat, Leningrad 1970.

La citazione della *Prospettiva Nevskij* di Gogol' viene da: Nikolaj Gogol', *Racconti di Pietroburgo*, traduzione di Paolo Nori, Marcos y Marcos, Milano 2018.

La figura di Petraševskij è rievocata, oltre che in *Dostoevskij a Pietroburgo*, in Leonid Grossman, *Dostoevskij*, Molodaja Gvardija, Moskva 1962, e in Ljudmila Saraskina, *Dostoevskij*, Molodaja Gvardija, Moskva 2013; una fonte preziosa di questo romanzo è un altro libro intitolato, semplicemente, Dostoevskij: Candida Ghidini, *Dostoevskij*, Salerno editrice, Roma 2017.

I due pezzetti di Daniil Charms vengono da:

Daniil Charms, *Disastri*, a cura di Paolo Nori, Marcos y Marcos, Milano 2011; Daniil Charms, *Casi*, a cura di Rosanna Giaquinta, Adelphi, Milano 1990.

Il saggio di Nabokov su Gogol' si intitola *Nikolaj Gogol'*, è stato curato da Cinzia De Lotto e Susanna Zinato e pubblicato, a Milano, da Adelphi nel 2014.

Il saggio di Ripellino, su Gogol', si intitola *Gogoliana* e si trova in *L'arte della fuga*, Guida, Napoli 1987.

La traduzione italiana dell'ultimo libro di Gogol', *Brani scelti dalla corrispondenza con gli amici*, a cura di Fausto Malcovati, traduzione di Emanuela Guercetti, è stata pubblicata a Firenze, da Giunti, nel 1996.

La citazione di Leskov viene da Nikolaj Leskov, *Tre giusti*, Marcos y Marcos, traduzione di Paolo Nori, Milano 2016.

La citazione di Benjamin viene da: Walter Benjamin, *Considerazioni sull'opera di Nicola Leskov*, in *Angelus Novus*, a cura di Renato Solmi, Einaudi, Torino 1995.

L'ispettore generale di Gogol', che si trova al paragrafo 5.24, e *Il revisore*, che si trova al paragrafo 5.25, sono la stessa opera (*Revizor*).

Delle *Memorie letterarie e di vita* di Ivan Turgenev esiste un'edizione Vallecchi (Firenze) del 1944 tradotta da Enrico Damiani.

E c'è una versione italiana della *Padrona*, pubblicata da Marsilio, a Venezia, nel 1999, per la cura di Stefano Garzonio e con la traduzione di Francesca Gori.

6. La condanna

L'edizione italiana dell'*Idiota* che consiglio è quella di Licia Brustolin (Garzanti, Milano 1973).

La versione italiana del *Giardino dei cosacchi*, di Jan Brokken, tradotta da Claudia Cozzi e Claudia Di Palermo, è stata pubblicata a Milano da Iperborea nel 2016.

7. L'esilio

Le citazioni di Rozanov vengono da Vasilij Vasil'evič Rozanov, *Legenda o Velikom inkvizitore F. M. Dostoevskogo* (La leggenda del Grande inquisitore di F.M. Dostoevskij), in V.V. Rozanov, *Polnoe sobranie sočinenij*, Spb, Rostok 2014.

Degli anni in cui Dostoevskij scrive *Memorie del sottosuolo*, *L'idiota* e *Demòni* si occupa Pietro Citati in tre saggi raccolti nella terza parte del *Male assoluto* (Adelphi, Milano 2013).

La vicenda che vede coinvolti Strachov, Tolstoj e Dostoevskij è evocata da Raffaella Vassena in *Dostoevskij post-mortem* (Ledizioni, Milano 2020) e raccontata nei dettagli in: Vladimir Artemovič Tunimanov, *Labirint sceplenij* (Un labirinto di collegamenti), Puškinskij dom, Sankt-Peterburg 2013 (l'articolo è disponibile qui: https://core.ac.uk/download/pdf/161831647.pdf).

8. I nuovi romanzi

I versi di Chlebnikov sulle ragazze e sulla legge delle altalene sono presi da Velimir Chlebnikov, *47 poesie facili e una difficile*, traduzione e cura di Paolo Nori, Quodlibet, Macerata 2009.

La frase di Brodskij su come va a finire la vita è presa da Sergej Dovlatov, *Sobranie sočinenij* (Raccolta delle opere), Azbuka, Sankt-Peterburg 2000, t. 4 (quarto volume).

Candido. Un sogno fatto in Sicilia, di Leonardo Sciascia, è uscito per Einaudi (Torino) nel 1977.

La più recente edizione del *Villaggio di Stepànčikovo e i suoi abitanti* è quella della collana Compagnia Extra delle Edizioni Quodlibet di Macerata, pubblicata nel 2016 (traduzione di Alfredo Polledro).

L'articolo di Jurij Tynjanov sul rapporto tra *Stepànčikovo* e *I brani scelti* di Gogol' si trova in Jurij Tynjanov, *Literaturnaja evoljucija*, Agraf, Moskva 2002; in italiano è tradotto da Sergio Leone in Jurij Tynjanov, *Avanguardia e tradizione*, pubblicato a Bari nel 1968 da Dedalo.

9. Tolstoj e Dostoevskij

Il libro di Pierre Bayard su *Tolstoevskij*, che, essendo Pierre Bayard francese, è stato scritto in francese, e pubblicato nel 2017 dalle Éditions de Minuit, io l'ho letto in russo (Tekst, Moskva 2019, traduzione di Elena Morozova).

Il libro di Dmitrij Sergeevič Merežkovskij *Tolstoj e Dostoevskij*, pubblicato in origine tra il 1900 e il 1902, è stato ripubblicato, a Mosca, nel 2000 dalla casa editrice Nauka; c'è un'edizione italiana di Laterza del 1982 (traduzione di Alfredo Polledro).

Il corsivo è mio, di Nina Berberova, a cura di Patrizia Deotto, è stato pubblicato a Milano da Adelphi nel 2002; *Necropoli*, di Vladislav Chodasevič, a cura di Nilo Pucci, è stato pubblicato anche quello a Milano da Adelphi nel 1985.

Il libro che raccoglie gli scritti di Bachtin su Dostoevskij è *Dostoevskij. Poetica e stilistica*, traduzione di Giuseppe Garritano, Einaudi, Torino 1968 e 2002. Il libro che raccoglie gli scritti di estetica di Bachtin (e che riguarda anche, ma non solo, Dostoevskij) è: Michail Bachtin, *Estetica e romanzo*, a cura di Clara Strada Janovič, Einaudi, Torino 1979.

L'edizione italiana dell'ultimo libro di Viktor Šklovksij si intitola

L'energia dell'errore, l'ha tradotta Maria Di Salvo, per gli Editori Riuniti, Roma 1984.

10. Scrivere per vivere

Il resoconto del primo viaggio di Dostoevskij in Europa, *Note invernali su impressioni estive*, a cura di Serena Prina, è stato pubblicato da Feltrinelli (Milano) nel 2017 (5).

Di *Memorie da una casa di morti* consiglio l'edizione Giunti (Firenze) del 1994 a cura di Fausto Malcovati (traduzione di Maria Rosaria Fasanelli).

La citazione da *Umiliati e offesi* è tratta dell'edizione Mondadori (Milano) del 2017, traduzione e cura di Serena Prina.

L'edizione dei *Demòni* che ho preso come riferimento è quella tradotta da Rinaldo Küfferle per Mondadori (Milano), uscita negli Oscar Classici nel 1987.

La storia della proposta di matrimonio di Dostoevskij a Anna Korvin-Krukovskaja è in: Sof'ja Kovalevskaja, *Memorie d'infanzia*, traduzione di Cristina Buronzi Orsi, Pendragon, Bologna 2000.

La frase di Kjuchel'beker sul fatto che in Russia si scrive troppo correttamente viene da: Jurij Tynjanov, *Kjuchlja*, traduzione di Agnese Accattoli, Metauro, Pesaro 2004.

Le citazioni da *Zapiski iz podpolja* sono prese da Fëdor Dostoevskij, *Memorie del sottosuolo*, traduzione di Paolo Nori, Voland, Roma 2012. L'edizione tradotta da Tommaso Landolfi si intitola *Ricordi dal sottosuolo* ed è stata pubblicata da Rizzoli (Milano) nel 1975.

Le citazioni da *Oblomov* sono prese da Ivan Gončarov, *Oblomov*, traduzione e cura di Paolo Nori, Feltrinelli, Milano 2012.

Parte dell'articolo di Nikolaj Dobroljubov *Che cos'è l'oblomovismo* è pubblicato in appendice all'edizione di *Oblomov* curata da Emanuela Guercetti (Mondadori, Milano 2010).

La *Storia della Russia* di Valentin Gitermann è pubblicata dalla Nuova Italia (Firenze) nella traduzione di Giovanni Sanna nel 1973.

La frase di Šklovskij sul rimandare a domani viene da: Viktor Šklovskij, *Testimone di un'epoca. Conversazioni con Serena Vitale*, Editori Riuniti, Roma 1979.

11. Delitto e castigo

Il saggio di Freud su Dostoevskij è in Sigmund Freud, *Saggi sull'arte, la letteratura e il linguaggio*, Bollati Boringhieri, Torino 1969 e 1991 ed è tradotto da Silvano Daniele.

L'edizione del *Giocatore* con la prefazione di Antonio Pennacchi è stata pubblicata da Mondadori (Milano) nel 2001; le citazioni del romanzo vengono però dall'edizione Garzanti, traduzione di Gianlorenzo Pacini, Milano 2016 (20).

Il pezzo sul singhiozzo viene da Venedikt Erofeev, *Mosca-Petuški. Poema ferroviario*, traduzione e cura di Paolo Nori, Quodlibet, Macerata 2014.

12. L'idiota

L'edizione da cui sono tratti i testi dei diari di Anna Dostoevskaja è: A.G. Dostoevskaja, *Dnevnik 1867 goda* (Diario del 1867), Nauka, Moskva 1993.

13. Gerusalemme

Il quinto angolo, di Izrail' Metter, è stato pubblicato da Einaudi (Torino), nel 1992, a cura di Anna Raffetto.

La notizia dell'arresto di Dostoevskij passato leggendo *I miserabili* viene da: Fausto Malcovati, *Introduzione a Dostoevskij*, Laterza, Roma-Bari 1992, p. 105.

L'edizione che consiglio dell'*Adolescente* è: Fëdor Dostoevskij, *L'adolescente*, traduzione di Luigi Vittorio Nadai, Garzanti, Milano 2019; quella dei *Fratelli Karamazov*: Fëdor Dostoevskij, *I fratelli Karamazov*, traduzione di Agostino Villa, Einaudi, Torino 2014.

Il Repertorio dei matti della letteratura russa è uscito nel febbraio del 2021 per Salani (Milano).

Indice

7	0	Sanguina ancora
14	1	Diventare Dostoevskij
46	2	Intermezzo
51	3	Una vita difficile
56	4	Puškin
77	5	Diventa difficilissima
115	6	La condanna
132	7	L'esilio
147	8	I nuovi romanzi
163	9	Tolstoj e Dostoevskij
170	10	Scrivere per vivere
200	11	Delitto e castigo
230	12	L'idiota
251	13	Gerusalemme
275		Nota
279		Bibliografia

Mondadori Libri S.p.A.

Questo volume è stato stampato
presso ELCOGRAF S.p.A.
Stabilimento - Cles (TN)

Stampato in Italia - Printed in Italy